Arne Hoffmann
Offene Worte: Dominas

Offene Worte: Dominas

16 Interviews und eine Reportage

von

Arne Hoffmann und Rüdiger Happ

MARTERPFAHL VERLAG

© 2008 by Marterpfahl Verlag Rüdiger Happ
Postfach 8 / Firstbergstr. 2, 72147 Nehren
www.marterpfahlverlag.com
marterpfahl.verlag@t-online.de
Umschlaggestaltung: Sibil Joho (www.ikarus-design.com)
unter Verwendung eines Fotos
von Thomas Haas (www.erotischeeinblicke.de)
Die Fotos im Buchinneren drucken wir mit
freundlicher Genehmigung der jeweiligen Domina
bzw. deren Fotograf oder Webmaster
(siehe dazu in einigen Fällen den
Bildnachweis bei dem Bild)
Druck: Veiters, Riga (www.veiters.lv)
ISBN 978-3-936708-47-9

Inhalt

Vorwort des Verlegers 6
Vorwort des Verfassers 8
Domina Nora:
»Ich fühlte mich das erste Mal wirklich weiblich.« 10
Mademoiselle Sheba:
»Hauptsächlich will ich selbst Spaß haben.« 18
Comtessa Loredana: »Für mich ist SM ein Ganzes.« 29
Baroness Mercedes: »Ich habe kein Mitleid, nur Mitgefühl.« 37
Lady de Cobra: »Sind nicht alle männlichen Kreaturen
ihrer Neigung nach Sklaven?« 51
Varah: »Ich führe meine Gäste in eine andere Welt.« 67
Miss Carina: »Als er unsere Bestellung beim Kellner aufgab,
spielte ich genüsslich an den Knöpfen …« 83
Nala: »Schmerzensschreie lassen mein Herz höher schlagen.« 97
Lady Alexa: »Sich völlig hinzugeben ist nicht einfach.« 111
Lady Teresa: »An verschiedenen Orten fielen Männer
vor mir auf die Knie.« 119
Madame Charlotte: »Grenzgänger lassen mich in die Seele sehen.« 139
Herrin Celeste: »Auch eine Erziehung auf Distanz ist möglich.« 151
Comtesse Noir: »Ein Sklave stand schon mal in Ketten
vor der Briefträgerin.« 159
»Sind wir hier bei ›Wünsch dir was‹, oder wie!?«
Als »Gefangener« im Notre Damm *(Rüdiger Happ)* 170
Lady Arachne: »In vielen Studios ist Lust ein Tabu.« 193
Lady Leona: »Manchmal bin ich high von den Sessions.« 209
»Warum gibt es die Flagellanten alten Schlages heute nicht mehr,
Lady Dana?« Der Wandel der SM-Szene
in den letzten 20 Jahren *(Rüdiger Happ)* 227

Vorwort des Verlegers

Was lange währt, wird endlich gut. (Hoffentlich). Bücher mit bunten Bildern im Buchinneren fallen mir mangels richtiger DTP-Programme und dazugehöriger Kenntnisse immer noch schwerer als größeren Verlagen, ich benötige dazu die Hilfe meiner Grafikerin; Arne Hoffmann berichtete mir, bei der Suche nach Interviewpartnern habe er es noch nie mit so vielen kapriziösen Frauen zu tun gehabt. Um so mehr freut es uns, dass wir eine ganze Reihe Dominas gefunden haben, die uns auch privateste Fragen geduldig beantwortet haben.

In der Tat wird jeder, der einmal hinter die Kulissen mancher Domina-Studios schauen konnte, bestätigen, welch heftige Zickenkriege dort mitunter toben; rivalisierende Geschäftsinteressen und die natürliche Tendenz vieler dominanter Frauen zu kapriziöser Wesensart schaukeln sich da oft gegenseitig hoch … Leider kann man das nicht in Buchform darstellen, aus verschiedenen Gründen, die Ihnen, verehrte Leser, hoffentlich einleuchten: Entweder erfährt man über diese Hintergründe und Zickenkriege nichts, oder man weiß so etwas »hintenrum«, ohne etwas beweisen zu können – und hat dann im Nu ein Verfahren am Hals, wenn man öffentlich darüber tratscht. Tja – es ist wie so oft im Leben: Wenn's wirklich interessant wird, wird abgeblendet …

Immerhin ist es den in diesem Band versammelten Frauen hoch anzurechnen, daß sie ihre kostbare Zeit als Geschäftsfrauen opferten, um schriftlich diese Interviews zu geben. »Meiner« Lady Dana hätte ich damit nicht kommen können; sie interviewte ich mit einem Kassettenrekorder und tippte das Ganze dann ins reine.

In der Tat hat eine Berliner Domina (eine der interessanteren, weil sehr aktiv) das Interview abgebrochen, weil es ihr »nichts bringe«. (Das stimmt wahrscheinlich, aber es ist trotzdem schade.) Bei einer anderen hat Arne Hoffmann das Interview abgebrochen, weil sie das Ganze allzu sehr als Marketing-Plattform für sich und ihre Produkte ansah. Eine retuschierte ihr Foto nach – es durften auf keinen Fall ihre nackten Möpse, d. h. die Brustwarzen zu sehen sein! Eine andere hatte offenbar einen neuen Freund oder einen neuen Hauptjob und wollte daher kein Bild mehr von sich publiziert sehen, auf dem ihr Gesicht zu erkennen war. Schade – das alte Bild von ihr (mit erkennbarem Gesicht) war schön, wenn auch etwas zahm, und hatte in der engeren Wahl für das Titelfoto dieses gesamten Bandes gestanden. Andere hatten inhaltliche Nachbesserungswünsche – dies oder jenes dürfe auf keinen Fall gesagt werden!

Das Bäumchen-wechsel-dich-Spiel, das Job-Hopping, ist im Bereich der Domina-Studios ziemlich ausgeprägt: Mal arbeitet eine Frau in diesem Studio, Monate später in jenem. Die eine oder andere Angabe in diesem Buch, das eigentlich schon letzten Herbst hätte erscheinen sollen, ist daher bereits überholt. Nala z. B. ist nicht mehr schwanger; ihr Kind dürfte mittlerweile die Halbzeit zum Kindergarten erreicht haben. Da es in diesem Buch aber um Grundsätzliches geht und weniger um Werbung, da dieses Buch vielleicht noch lieferbar sein wird, wenn Nalas Kind vor dem Wechsel aufs Gymnasium steht, ist das nicht allzu tragisch.

Und nun wünsche ich Ihnen, verehrte Leser, denselben Spaß mit dem Buch, den auch ich dabei hatte …

Nehren, Ende Mai 2008

Rüdiger Happ (Verleger und Mitautor)

Vorwort des Verfassers

WIE STELLEN SIE SICH EINE DOMINA VOR?
Die Chancen stehen gut, dass Sie, selbst wenn Sie niemals in Ihrem Leben einen Fuß in ein entsprechendes Studio gesetzt haben, ein ziemlich genaues Bild vor Augen haben. Die Domina ist eine moderne Ikone unserer Medienwelt geworden, auch wenn ihr Bild dort häufig verzerrt gezeigt wird und zum Klischee gerinnt. Häufig schimmert es zwischen Faszination und Abwertung: Am einen Ende der Skala steht die stolze Lederherrin, die mit ihrem dämonischen Willen jeden Mann augenblicklich in die Knie zwingt, am anderen Ende erscheint die Domina als bizarre Prostituierte, die besonders perverse Männer geschickt ausnimmt, indem sie sie die Erfüllung ihrer abartigen Neigungen Hunderte von Euros kosten lässt. Mit der Wirklichkeit haben beide Bilder wenig zu tun.
Immerhin sind im Lauf der letzten Jahre erotische Spiele mit Macht und Unterwerfung zumindest für die jüngere Generation immer normaler, wenn nicht gar beliebter geworden. Davon hat sicherlich auch das Bild der Domina profitiert, es ist ein wenig plastischer und weniger bedrohlich geworden. Aber noch immer geistern Vorstellungen durch Bücher, Zeitschriften und Fernsehsendungen, die eher wirklichkeitsfremde Fantasien transportieren. Mit diesem Buch möchte ich stattdessen lieber die Realität erkunden und die Frage stellen: Wie sehen das Wesen, das Leben und der Arbeitsalltag einer Domina *wirklich* aus?
Sehr schnell war dabei klar: Wenn man ein realistisches Bild der Profession Domina zeichnen möchte, dann wäre es der falsche Weg, nur eine einzige Domina ausführlich zu interviewen. DIE Domina gibt es nicht, sondern stattdessen einen ungeheuren Reichtum an Facetten. Es gibt junge und neugierig-verspielte Ladys ebenso wie solche mit langjähriger Berufserfahrung, leidenschaftlich sadistische und einfühlsam-sanfte (wobei beides einander keineswegs ausschließt); manche Dominas haben ihr eigenes Studio, andere arbeiten im Escort-Bereich oder unterwerfen ihre Sklaven ausschließlich im virtuellen Cyberspace. Diese ganze Bandbreite und noch mehr wollte ich zu Wort kommen lassen.
Also machte ich mich auf die Suche nach Dominas, die oft schon in ihren Internetauftritten zeigten, dass sie über Charakter und Tiefe verfügen und

einiges zu sagen haben. Mit ihnen nahm ich Kontakt auf. Nicht immer kam ein Interview zustande, manchmal versandete es auch in der Anfangsphase, aber die gesamte Vorab-Recherche und auch all die Gespräche, die letzten Endes in dieses Buch keinen Einzug fanden, halfen mir dabei, ein genaueres Bild von dieser Tätigkeit zu bekommen und die anderen Interviews um so kundiger und zielsicherer zu führen.

Die Ladys, die ich auf den folgenden Seiten porträtieren werde, haben jedenfalls die heute schon fast inflationär verwendete Bezeichnung »Powerfrauen« allesamt verdient – jede auf ihre eigene Weise. Sie werden beim Lesen schnell merken, wovon ich spreche. Und möglicherweise wird es Ihnen dabei ebenso gehen wie mir, als ich diese Interviews durchführte: Meine Faszination, mein Respekt und meine Sympathie gegenüber all diesen Damen ist nur um so mehr gewachsen, je intensiver ich mich mit ihnen unterhielt und je mehr ich darüber erfuhr, was genau ihre jeweilige Persönlichkeit ausmachte. Während auf erotischer Ebene zugegebenermaßen nur zwei von ihnen meine speziellen Saiten zum Klingen bringen (möglicherweise bin ich hier sehr wählerisch), spürte ich bei etlichen Frauen das starke Bedürfnis, mich noch viel länger und ausgiebiger mit ihnen zu unterhalten und noch sehr viel mehr über sie zu erfahren. Aber statt eines handlichen Buches wäre daraus dann eine kleine Bibliothek geworden.

Bei dieser Gelegenheit möchte ich all den von mir befragten Damen ganz herzlich danken, dass sie meine grenzenlose Neugierde so bereitwillig befriedigt haben. Ein besonderer Dank geht dabei an Lady Teresa, die mir dabei half, meine Fragen ein wenig zu erweitern, Lady Arachne, die sich die Mühe machte, meine Fragen mit ihrem gesamten Team durchzusprechen, und Lady de Cobra, die mir die Idee lieferte, dieses Buch durch das Einfügen von Bildern der porträtierten Ladys noch etwas anschaulicher zu machen.

Jetzt bleibt mir nur zu hoffen, dass Sie meine Faszination und mein Interesse teilen und sich darauf einlassen möchten, diese ganz besonderen Damen wenigstens ein bisschen näher kennenzulernen.

Arne Hoffmann

Domina Nora: »Ich fühlte mich das erste Mal wirklich weiblich.«

Die Hamburger Domina Nora präsentiert sich auf ihrer Website (www.nora-dom.de[1]) mit den folgenden Worten: »Konsequenz ist das Zauberwort, das hinter meinem Dasein als Domina steht. Jede Handlung erfordert eine Entscheidung; ob es meine strenge Hand ist, ob meine sanfte Stimme Dich verführt, ob ich eine Nadel durch Deinen Körper steche, den Rohrstock anwende oder Dich erniedrige … ich habe die Entscheidung getroffen zu tun, was ich tue, und zu sein, was ich bin. In jedem Moment bin ich mit all meinen Sinn wach und zuverlässig auf unsere Session konzentriert, und Du wirst sehen: Ich bin konsequent dominant. Glaube nicht, dass ich dadurch für Dich berechenbar bin. Dir begegnet in mir die Macht der Frau, die Du als Mann niemals verstehen wirst, die Dich ängstigt, aber auch unwiderstehlich anzieht. (…) Ich brauche keinen Männerhass, um Dich zu dominieren. Ich kenne wenige Tabus und meine Ideen sind zahlreich. Ich spiele nicht.«

Domina Nora war erfreulicherweise gern zu einem Interview mit mir bereit.

Arne Hoffmann: *Wann haben Sie zum ersten Mal entdeckt, dass Sie dominant sein können?*

Domina Nora: Die Idee, dass Sex mehr Facetten als das lustlose Ehe-Einerlei haben könnte, hatte ich vor ungefähr acht Jahren. Damals ging es erst einmal nur um Fesselung mit Handschellen und ein wenig Tease-and-denial; jedoch stießen meine Vorschläge keinesfalls auf Gegenliebe.– Ein paar Jahre später zog ich aus. In dieser Zeit fing ich zaghaft an, meine Fetischlust zu entdecken und mit Korsetts zu experimentieren. Erst vor gut zwei Jahren machte ich dann mit einem Freund die ersten praktischen Erfahrungen; wobei ich anfänglich von ihm lernte und mich dem Prinzip des *learning by doing* anvertraute. Tatsächlich hatte ich zu Anfang richtig Lampenfieber und konzentrierte mich auf eine, höchstens zwei Praktiken

---

[1] Die Website scheint (vorübergehend?) offline zu sein. *Der Verleger*

pro Session. Mit der Zeit wurde ich sicherer, entwickelte meinen eigenen Stil und fühlte mich auf einmal attraktiver, größer, unabhängiger, sicherer … Ich fühlte mich als Domina und das erste Mal auch wirklich weiblich.

Arne Hoffmann: *Vom Nur-zwei-Praktiken-Beherrschen zum Professionell-als-Domina-Arbeiten ist es ja eine ganz schöner Sprung, erst recht in nur zwei Jahren. Wie hat sich das bei Ihnen entwickelt?*

Domina Nora: Ich bin selbst überrascht, wie schnell sich alles entwickelte, aber es liegt wohl vor allem daran, dass ich mit Liebe und Leidenschaft dabei bin. Außerdem hatte und habe ich in meinem Sub einen sehr guten Lehrer, da er viele Jahre Kontakt zu professionellen und privaten Dominas hatte.
In Gesprächen habe ich viel gelernt und teilweise gab es sogar »Trockenübungen«, wenn es um Knoten oder das Austarieren der Stärke der Elektrobehandlung ging. Eines Tages nahm ich dann all meinen Mut zusammen und begab mich in die Herbertstraße. Ein Donnerstagvormittag … Natürlich waren nur wenige Fenster besetzt, und ich wandte mich eilig, da ich nicht wagte, mich ausgiebig umzusehen, an eine Frau von vielleicht Anfang 50, die im Lackbody über ein Kreuzworträtsel gebeugt im Fenster saß. Ein wenig atemlos brachte ich mein Anliegen vor: von einer echten Stiefelfrau ein paar Tipps für meine private SM-Beziehung zu bekommen – natürlich gegen Bargeld. Sie antwortete mir sehr freundlich, fast mütterlich, dass ich mich dann lieber an eine echte Stiefelfrau wenden sollte, sie arbeite »auf normal«. Schräg gegenüber fiel mir dann eine dunkelhaarige Frau in Korsett und langen Stiefeln auf, die im ersten Moment etwas abweisend reagierte, als ich an ihr Fenster trat, mich aber einließ, als ich ihr geschildert hatte, um was es ging. Von ihr erhielt ich dann in dieser Stunde die ersten professionellen Anleitungen.
Später ermöglichte sie es mir sogar, an einer Session mit einem ihrer Stammgäste aktiv teilzunehmen. Im Frühjahr 2005 verbrachte ich dann noch einmal zwei Tage bei einer Bizarrlady in der Herbertstraße für ein »Praktikum«. Außerdem bat ich die Dominas in einem Hamburger Studio um »Nachhilfe«. Sie nahmen sich ausgiebig Zeit für Gespräche und »Schlag-Unterricht«.
Im September 2005 bewarb ich mich dann in einem großen Hamburger Studio und fing ungefähr zehn Tage später dort an; hier lernte ich weiter … von meinen Gästen und von Kolleginnen in gemeinsamen Sessions.

Während der ganzen Zeit entwickelten sich natürlich auch neue eigene Fantasien, die ich mit meinem privaten SM-Partner oder meinen Gästen umsetze. Das ganze erworbene Wissen kann ich dann je nach Situation mit spontanen Ideen ergänzen.

Arne Hoffmann: *Welche Fantasien, Praktiken und Ideen sind Ihnen denn mit der Zeit am liebsten geworden?*

Domina Nora: Diese Frage ist für mich schwierig zu beantworten; denn vieles ist abhängig von meiner Tagesform.
Manchmal bevorzuge ich Latex. Es ist das Material, das das Gefühl vermittelt, die Hautoberfläche vergrößere sich, und das Gefühl jeder Berührung verstärkt sich, was natürlich zur Nähe einlädt. Nein, nein, auch an diesen Tagen gibt es keinen Sex im herkömmlichen Sinne.
Außerdem muss es an »Latex-Tagen« warm und nass zugehen, d.h. Natursekt in Mengen und meistens drücke ich mich verbal extrem dirty aus.
»Leder-Tage« sind ganz anders: Leder hat eine viel strengere, distanziertere Wirkung; d.h. an diesen Tagen spielt die Erniedrigung meines Session-Partners und die fetischistische Verehrung (Herrin/Stiefel/Korsett) eine viel größere Rolle.
Aber abgesehen von der Tagesform gibt es natürlich unabhängig von allem Praktiken und Fetische, die ich bevorzuge:
– klassische Dominanz
– Stiefel und Korsett
– Nadelungen
– Rohrstock, Paddel, Gerte
– verbale Dominanz; egal ob soft, dirty oder arrogant-dominant
– … und ich arbeite immer gerne mit Kolleginnen in Sessions zusammen, da sich dabei immer für alle Beteiligten Überraschungen ergeben.

Arne Hoffmann: *Haben Sie einen Gast jemals als dermaßen anziehend betrachtet, dass Sie nicht doch mal Lust bekommen haben, mit ihm näher auf Tuchfühlung zu gehen?*

Domina Nora: Nein. Sollte ich in einer Session Geilheit verspüren, so hat das eher mit der Atmosphäre (Beleuchtung, Raum, Flow, Gerüche, Fetische, Sympathie) zu tun, als dass es speziell den Mann vor bzw. unter mir betrifft. Und dann finde ich es sehr viel reizvoller, selbst Hand o.ä. an mich zu legen, während mir z. B. innig die Stiefel geleckt werden, oder mein Session-Partner fixiert vor mir steht und nur visuell teilhaben kann.

Ich brauche mehr als eine Dreiviertelstunde Gemeinsamkeit, um den Schwanz eines Mannes in mir spüren zu wollen.
Für den Wunsch nach Tuchfühlung, wie Sie es so hübsch umschrieben haben, brauche ich Vertrauen.
Durch diese Einstellung bleiben eben auch einige Themen der Partnerschaft vorbehalten, was ich für unbedingt notwendig halte.
Ich habe mir nicht vorgenommen, dass ich »Tuchfühlung« nur in der Partnerschaft habe; es ist wohl eher ein Beschluss meines Körpers, dass ich diese Spielart des Sex eben nur mit wirklicher Nähe und Vertrautheit reizvoll finde.

Arne Hoffmann: *Haben Sie eigentlich den Eindruck, als Domina inzwischen ausgelernt zu haben, oder lernen Sie bei Ihrer Tätigkeit immer noch neue Dinge dazu?*

Domina Nora: Nein, ganz bestimmt habe ich nicht ausgelernt. Ist das überhaupt möglich?
Besonders die Bereiche Klinik und Bondage sind so umfassend, dass ich immer wieder Neues dazulerne. Zum Beispiel habe ich noch nie mit einem Atemsack an einer Gasmaske gearbeitet und an Unterspritzungen habe ich mich auch noch nie herangetraut.
In der Zusammenarbeit mit anderen Dominas lernt man immer voneinander.

Arne Hoffmann: *Das sind einige interessante Punkte, die sie da anreißen. Aber zunächst mal: Was bezeichnet man im Domina-Studio als »Unterspritzungen«, und warum empfinden sie manche Leute als lustvoll?*

Domina Nora: Unter Unterspritzungen verstehe ich das subkutane Injizieren von Kochsalzlösung in den Hodensack oder in das Brustgewebe. Durch die injizierte Lösung schwellen diese Bereiche je nach Menge an, bis die Lösung vom Körper nach einigen Stunden wieder vollständig abgebaut ist.
Die teilweise extreme Dehnung ist einerseits schmerzhaft (was in diesem Gewerbe ja häufig Ziel der Praktiken ist …) und andererseits sieht es sehr bizarr aus: ein Zwei-Liter-Hoden oder »richtige« Brüste für einen TV-Sklaven.

Arne Hoffmann: *Das fällt schon in den Bereich Kliniksex, oder? Bieten Sie bereits andere Praktiken aus diesem Bereich an?*

Domina Nora: Es gibt viele Praktiken, die sowohl in den weißen als auch in den schwarzen SM-Bereich gehören: Nadelungen, Atemreduktion, Analdehnungen …

Was nach meinem Verständnis eindeutig in den Klinikbereich und zu meinem Repertoire gehört, sind Klistiere und Nähungen.

Zum Klinik-Bereich gehört auch immer ein Rollenspiel; denn ohne »Schwester Rabiata«, Frau »Doktor Streng« oder die »verführerische Schwester« macht, für meinen Geschmack, das Klinikambiente wenig Sinn.

Arne Hoffmann: *Gibt es Praktiken, die sich Kunden immer wieder von Ihnen wünschen, die Sie aber hassen?*

Domina Nora: Ich würde nicht sagen, dass ich es hasse … aber Geschlechtsverkehr kommt für mich mit Gästen nun einmal nicht in Frage und Anal-Fisting extrem (zwei Arme bis zum Ellenbogen) mag ich nicht.

Aber nein, es gibt keine Praktiken, die ich hasse; das hieße, dass ich die Bedürfnisse und Fetische anderer nicht ernst nehme. Manche Praktiken lehne ich einfach ab, weil ich sie nicht mag; aber das bedeutet nicht, dass ich sie hasse. Es handelt sich dabei sowieso um Praktiken, die selten verlangt werden, wie z. B. Kaviar oder Roman Showers (Kotzspiele).

Arne Hoffmann: *Können Sie sich grundsätzlich vorstellen, auch die passive Rolle einzunehmen?*

Domina Nora: Nein. Anfangs hatte ich ambivalente Fantasien und für kurze Momente habe ich versucht, die passive Rolle einzunehmen, aber … ich habe den sofortigen Impuls zurückzuschlagen. Ein »Ja, Herr …« kommt mir selbst als Schauspiel nur schwer über die Lippen und ich mag den Blick nicht senken. Ich bin dominant.

Arne Hoffmann: *Sie hatten den »Schlag-Unterricht« erwähnt, den Sie genossen hatten. Wie darf man sich das eigentlich vorstellen? Ich nehme an, man lernt dort zum Beispiel die Körperstellen kennen, die man besser verschonen sollte – was noch?*

Domina Nora: Natürlich lernt man als erstes, welche Körperpartien man tunlichst zu verschonen hat, damit es nicht zu inneren Verletzungen und bleibenden Schäden kommt. Des weiteren lernt man die unterschiedlichen Materialien kennen und ihre Wirkung auf die Haut. Es gibt Schlaginstrumente, die die Haut anheizen, andere lassen sie aufspringen und wieder andere verursachen kleine Risse in der Haut oder blaue Flecken, ohne dass die oberen Hautschichten beschädigt werden.

Beim Schlagen gibt es genauso einen Rhythmus wie bei Läufern: aufwärmen, hochschlagen, runterschlagen.

Auch das Führen eines jeden Schlaginstrumentes braucht Übung. Wie schlage ich mit einem Flogger, ohne dass der gesamte Rücken mit Striemen überzogen ist? Wie schnell schwingt ein Rohrstock und wie schnell der Latex-Rohrstock? Was muss ich bei einer Bastonade (Schlagen der Fußsohlen) beachten, da ich hierbei im Grunde den ganzen Körper schlage, der über die Reflexzonen angesprochen wird?

Das Schlagen mit einer Bullenpeitsche ist noch einmal ein ganz eigenes Thema, da es wirklich Training verlangt. Ich übe immer mal wieder an einem Kissen, um mich zu vergewissern, dass ich exakt den Punkt treffe, den ich auch anvisiere.

Arne Hoffmann: *Führen Sie eigentlich mittlerweile ein eigenes Studio?*

Domina Nora: Nein, ich arbeite weiterhin im Team eines größeren Studios und fühle mich sehr wohl dabei.

Arne Hoffmann: *Sie hatten in einer früheren Antwort erwähnt, dass Sie gerne mit Kolleginnen in Sessions zusammenarbeiten. Wie darf man sich das eigentlich konkret vorstellen? Sagt da also zum Beispiel ein Besucher zu Anfang, dass er gerne von zwei Damen gleichzeitig in die Mangel genommen werden möchte, und Sie wechseln dann einander ab oder was passiert da?*

Domina Nora: Manchmal trifft der Gast von vornherein eine Verabredung mit zwei Dominas; manchmal wird dieser Wunsch erst im Vorgespräch geäußert. Vor ein paar Monaten reiste ein Gast extra aus Süddeutschland an, der eine Verabredung mit meiner Kollegin und mir getroffen hatte. Die erste Stunde verbrachte ich mit ihm allein, die folgende Stunde haben wir ihn dann zu zweit »bearbeitet« und in der folgenden Stunde war er dann mit der anderen Domina allein.

Es gab auch schon Tage, an denen im Studio einfach kaum etwas los war; dann verbringt man auch manchmal aus purer Lust, etwas Zeit in der Session einer Kollegin … wenn es passt. Manche Sessions vertragen solche Zwischenspiele nicht.

Meiner Erfahrung nach kann eine Session bunter, amüsanter und intensiver werden, wenn sich zwei Dominas, Voraussetzung ist Sympathie, die Bälle zuspielen und so für noch mehr aufregende Überraschungen für den Gast sorgen.

In vielen Natursekt-Sessions ist es die Regel, dass mehrere Damen daran teilhaben – wegen der Menge …

Arne Hoffmann: *Vor gut zwei Jahren haben Sie mit einem Freund die ersten praktischen Erfahrungen gemacht; heute sind Sie bereits eine versierte Domina. Wenn Sie darauf zurückblicken, wie sehr Sie sich in relativ kurzer Zeit entwickelt haben – wie bewerten Sie das? Was geht Ihnen dazu durch den Kopf?*

Domina Nora: Nun, einerseits denke ich, dass ich viel früher hätte anfangen sollen, aber alles hat seinen Zeitpunkt. Ich hatte einen guten Lehrer und mehrere gute Lehrerinnen. Außerdem lerne ich ja auch noch durch jeden Gast etwas Neues. Die letzten zwei Jahre sind für mein Gefühl sehr schnell vergangen und haben enorm zu meiner persönliche Entwicklung beigetragen; denn der Beruf der Domina nötigt einen immer wieder, Frustrationen zu ertragen. Unsicherheiten kann man sich nicht erlauben. Die eigene Fantasie muss mit fremden Fantasien gefüttert werden, um etwas Neues zu erschaffen. Ich freue mich, dass ich diese Entscheidung für mich getroffen habe.

Arne Hoffmann: *Welche Frustrationen meinen Sie?*

Domina Nora: Es sind immer die gleichen Dinge, die frustrieren, und jede Domina hat so etwas wohl schon erlebt: geplatzte Termine (gar nicht oder 30 Minuten vor Beginn abgesagt). Mit der Zeit lernt man, darüber hinweg zu gehen; aber zuvor ist es wahrscheinlich das gleiche Gefühl, das ein Gast hätte, wenn eine Domina zum verabredeten Termin nicht erscheint. Man stellt sich auf die Fantasie des Gastes ein, eventuell hat man sich extra in ein besonders enges Korsett geschnürt und extra die langen Stiefel mitgebracht und angezogen. Mein Kopfkino läuft gegebenenfalls schon seit dem letzten Telefonat, und es baut sich im Körper eine Spannung auf … und dann … nichts.

Ein anderes Thema, von dem viele Gäste nichts wissen, ist »das große Warten«: Es gibt so viele Stunden oder sogar ganze Tage, an denen einfach kein Gast kommt. Man sitzt »gestiefelt und gespornt« herum, um zu lesen,

Kreuzworträtsel zu lösen, frugale Tütensuppen zu sich zu nehmen, oder was sonst so in den weiblich regierten Hinterzimmern passiert.

Frustrierend für beide Seiten ist eine abgebrochene Session. Ich hatte einen Gast, mit dem ich einfach nicht auf eine Ebene kam. Er hatte ein festes Bild im Kopf, von dem ich aber nichts wusste (trotz Nachfragen und langem Vorgespräch), und ich fand für ihn nicht die richtigen Schlüsselworte. So endete diese Session dann damit, dass mein Gast sehr wortkarg das Studio verließ. Schade, ich hätte lieber noch ein paar Worte darüber gewechselt.

Arne Hoffmann: *Der starke Umbruch in Ihrem Leben innerhalb von nur zwei Jahren – macht er sich für Sie auch privat bemerkbar? Was hat sich für Sie in diesem Bereich verändert?*

Domina Nora: Durch die Arbeit als professionelle Domina gibt es Situationen, in denen ich lügen muss. Wenn ich Termine außerhalb meiner normalen Arbeitszeit habe, dann muss ich mein Privatleben mit Babysitter entsprechend organisieren. Viele Menschen aus meinem privaten Umfeld wissen nichts von meiner Leidenschaft; jedoch waren die, die darum wissen, weniger erstaunt als erwartet. Von Kolleginnen und Gästen weiß ich, dass es für viele Dominas ein Problem ist, einen Partner zu finden, bei dem mehr entsteht als Privat-Sessions; denn ein Partner, der erträgt, dass man ggf. mehreren nackten und sexuell erregten Männern täglich begegnet und dass man diesen dann auch fast immer zu einem Orgasmus verhilft ... das ist sicherlich nicht immer einfach auszuhalten.

Eine unschöne Begleiterscheinung des Berufes ist zudem eine gewisse Desillusionierung über Bindungen. Wie häufig erlebt man als Domina Verehrung, die genau bei der sexuellen Erregung beginnt und mit dem Orgasmus endet. So lange ist man »angebetete, schönste und einzige Herrin« – und dann ist er weg ...

... und neulich stand im Gedränge an einer Fußgänger-Ampel jemand, der in meine Richtung murmelte: »Sieh an, die Nora«, aber leider gab er sich nicht zu erkennen, als ich mich umdrehte.

Und trotzdem – ich bin gerne Domina!

Mademoiselle Sheba: »Hauptsächlich will ich selbst Spaß haben.«

SHEBA ARBEITET IM HAMBURGER STUDIO REX, dessen Website (www.studio-rex.de[2]) sie mit den folgenden Worten vorstellt: »Sheba ist unsere Wildkatze (…). Die junge Schülerin bessert sich bei uns gelegentlich ihr Taschengeld auf. Mal verspielt, mal durch und durch herrisch lebt sie ihre dominanten Leidenschaften, denen sie schon seit ihrer Pubertät frönt, mit Ihnen aus. Sie liebt den Luxus und lässt sich auch zu edlen Abendessen, rauschenden Partys und exklusiven Einkaufstrips begleiten, gern mit einem anschließenden Spiel im Studio. Da Sheba tagsüber zur Schule geht, hat sie am frühen Abend sowie in Ferienzeiten auch nachmittags nach Terminvereinbarung für Sie Zeit.« Spontan machte ich einen Termin für ein Interview mit ihr aus.

Arne Hoffmann: *Normalerweise fragt man eine Dame ja nicht nach dem Alter, aber deine Domina-Website stellt dich explizit als »Schülerin« vor – möchtest du verraten, wie alt du bist?*

Mademoiselle Sheba: Ich bin zarte 27 Jahre alt und besitze tatsächlich einen Schülerausweis – es ist also kein Marketing-Gag. Ich mache eine schulische, private Ausbildung (meine vierte jetzt) zur pharmazeutisch-technischen Assistentin.

Arne Hoffmann: *In welchem Alter hast du denn SM für dich entdeckt, und wie lief das ab?*

Mademoiselle Sheba: SM lebe ich nunmehr seit 13 Jahren. Der Gedanke und die Umsetzung erfolgte zeitgleich mit meinem sexuellen Erwachen. Und meine Träume setzte ich schon immer direkt um. Allerdings hatte ich, bis ich 23 Jahre alt war, immer nur feste Partner, die ohne SM-Bezug waren. Daher holte ich mir meinen SM – zu diesen Zeiten war ich nur auf der Sub-Seite unterwegs – immer außerhalb der Beziehung, wovon der jeweili-

---

[2] Hier ist Mademoiselle Sheba allerdings nicht mehr zu finden, dafür entsteht dort »eine neue Internetpräsenz«: www.mademoiselle-sheba.de – allerdings tut sich da offenbar seit längerem nichts … *Der Verleger*

ge Partner natürlich nichts wissen durfte. Ich musste auf Grund dessen meine erste große Liebe sausen lassen. Ich stand vor der Wahl Beziehung ohne jeglichen SM bzw. Verständnis dafür oder ein kompletter Neuanfang. Ich ließ die Verlobung sausen und zog nach München, wo ich dann das erste Mal eine Partnerschaft mit SM erfuhr.

Gleichzeitig war dies mein Einstieg in die sogenannte Szene. Der SMigo-Stammtisch und FreieSMünchen waren sozusagen meine ersten Schritte. Nach mehreren Beziehungspleiten lernte ich den nächsten »Traumprinzen« kennen – jemanden aus Quickborn. Für diesen Mann zog ich schlussendlich nach Hamburg, was eine Lösung von sämtlichen mir wichtigen Dingen bedeutete. Drei Wochen nach dem Umzug – DANKE, SÖNKE! – war ich dann allein in Hamburg, denn er hat mich mit Hilfe einer SMS verlassen. Allerdings bin ich ein sehr geselliger Mensch, und ich fand schnell durch den Chillout vom Schlagwerk neue Bekannte, die mich zum damaligen Zeitpunkt liebevoll in ihren Kreis aufnahmen. Mittlerweile bin ich selbst ein Mitbetreuer dieses BDSM-Stammtisches im Café Sittsam, und der ist sehr zu empfehlen!

Zu diesem Zeitpunkt ahnte ich schon lange meine dominante Seite, konnte sie aber bis dahin nur im Kopf ausleben. In der Weihnachtszeit lernte ich dann einen sehr interessanten Dom kennen, dem ich durch eine Lebenskrise half. Dummerweise stellte er sich als Switch raus, höchst attraktiv, und irgendwie kam es, dass wir ein Pärchen wurden, unsere uns angestammten Seiten allerdings sehr schnell wechselten und bis heute in der Stellung verblieben. Das heißt, ich bin seine Herrin und er ist mein Subbie. Ab und an drehen wir das Ganze um, doch 98% dieser Zeit verbleiben wir in der vorhin genannter Konstellation.

Arne Hoffmann: *Wie bist du denn von der SM-Szene schließlich in einem professionellen SM-Studio gelandet?*

Mademoiselle Sheba: Das war dann wohl eher Zufall. Als Schülerin hat man ein leicht anderes Gehalt denn als Führungskraft im Management – um nicht zu sagen gar keines. Als mein Partner und ich ein anderes szeneaktives Pärchen kennenlernen wollten, stellte sich im Gespräch heraus, dass die weibliche Hälfte Inhaberin eines Studios war. Mein Partner war – mal wieder – viel zu spät dran fürs Treffen. Kurz entschlossen beschließen das Paar und ich, dass ich mir das Studio mal ansehe, und bei Gefallen eine Art »Praktikum« die Woche darauf dort ableisten würde. Mein Partner wusste, dass mir die Idee schon eine Weile im Kopf herumspukte; er war zwar leicht erstaunt, aber dann auch sehr schnell einverstanden mit der Idee. Nach zwei Tagen Praktikum stand meine Entscheidung fest, und eine Woche später empfing ich schon meinen ersten Gast. Und besser als Kellnern ist es allemal – denn im Vergleich dazu macht dieser Job viel Spaß, und man kann die angeborenen Leidenschaften einfließen lassen. Daher auch eher Hobby-Dommse als Domina – denn auf das Geld bin ich nicht angewiesen, sondern ich tu's aus Spaß an der Freud und als kleine Taschengeldaufbesserung ist's dann durchaus praktisch. Im Studio bin ich jetzt seit Anfang August beschäftigt, also noch relativ frisch dabei.

Arne Hoffmann: *Was waren in deinem Praktikum zur Domina deine Aufgaben und was hast du da erlebt, das dich sofort für diesen Job eingenommen hat?*

Mademoiselle Sheba: Zum einen habe ich die anderen Mädels im Studio kennengelernt, zum anderen habe ich die Atmosphäre dort in mich aufgenommen. Es war relativ unspektakulär. Die meiste Zeit saßen wir in der Küche rum. Ich hab die Mädels ausgequetscht zum Thema Erfahrungen, Klima im Studio etc.. Bizarrlady Tanja sowie die »Chefin« Undine haben mich auch zu Gästen mitgenommen, und ich wurde ins Spiel integriert. Da mir das Studio sehr gefiel und ich selten soviel gelacht habe wie an diesen beiden Tagen, fiel die Entscheidung sehr schnell. Die Mädels dort sind ausnahmslos super, denn es gibt dort keinen Zickenkrieg oder ähnliches. Des weiteren geht es bei uns darum, authentisch zu sein. Das heißt, jeder macht das, was ihm Spaß macht, und Tabus sind eben Tabus – man wird zu nichts gezwungen. Da wir Mädels alle unterschiedliche Vorlieben und Tabus haben, gibt es eben keinen Konkurrenzkampf. Bei Lust und Laune holt man sich auch mal eine zweite Dame mit ins Spiel, bzw. auch untereinander wird gespielt *(grinst)*. Sehr praktisch, dass ich nicht der einzige Switcher bin! Allerdings gibt es meine Sub-Seite nicht professionell, die ist nur auf Privat-Ebene verfügbar. Ich kann mir meine Gäste aussuchen, und verweise bei nicht vorhandener Sympathie gern auf die anderen Ladys – vor allem wenn der Gast Dinge möchte, die ich nicht anbiete, ich aber weiß, dass er zu den anderen Mädels besser passen würde. Hauptsächlich geht es mir darum, selber Spaß zu haben und auch »mitzufliegen« – wenn ich sehe, dass das nicht klappt, kommt es auch gar nicht zu einer Session.

Arne Hoffmann: *Hattest du bei deinen ersten Gästen kein Lampenfieber?*

Mademoiselle Sheba: Das mag jetzt vielleicht arrogant klingen, aber hatte ich nicht, nein. Ich stand vor meinem Domina-Dasein schon immer und oft im Mittelpunkt sowie in direktem Kontakt mit fremden Menschen, nur halt auf anderer Ebene. Ich habe mich eher auf die ersten Gäste gefreut. Das tue ich auch heute noch! Dem ersten habe ich auch gesagt, dass das für uns beide (er war auch Neuling) das erste Mal sein wird und dass die Zielsetzung ein riesenbreites Grinsen auf beiden Gesichtern sein sollte. Das haben wir schlussendlich auch geschafft und es war ein schöner Einstand. Da ich heute erst knappe drei Monate dabei bin, kann man mich wohl immer noch als Neuling bezeichnen. Doch durch ausreichende Vorgespräche kann man sich auf den Gegenüber einstellen, und Schüchternheit hätte ich mir manchmal schon von mir gewünscht. *(lacht)*

Arne Hoffmann: *Wie genau lief das denn ab zwischen deinem ersten Gast und dir?*

Mademoiselle Sheba: Der Gast kam zu mir als Anfänger. Seine erste Session, die er bei einer anderen Lady hatte, ging wohl glorreich schief. Er hatte mit ihr ein langes Vorgespräch, doch das böse Erwachen kam direkt im Anschluss. Die Lady ging nicht auf ihn ein, überschritt seine gesteckten Grenzen und hielt sich nicht an Vereinbarungen. Die Sucht trieb ihn dann erneut in ein Studio, doch mit erheblichen Ängsten dabei. Wir hatten sehr lange Gespräche bereits per Email – über Neigungen, Vorlieben, Ängste und Codewörter. Ich konnte seine Angst regelrecht spüren. Irgendwie hab ich ihn wohl dann doch überzeugt, und er kam ins Studio. Das Interessante dabei war seine Größe – nahezu zwei Meter – was auch genau in mein »privates Beuteschema« fallen würde, denn ich bin nur 1,56 Meter groß. Wir hatten nochmals ein sehr langes Vorgespräch, und ich sagte ihm auch, dass es auch für mich das »Erste Mal« sei. Dies beruhigte ihn. Ich holte ihn schließlich aus dem Bad ab, und hatte einen zitternden Zwei-Meter-Mann vor mir. Er wusste gar nicht, wie er sich verhalten sollte. Ich brachte ihm bei, wie man richtig kniet, Verhaltensweisen gegenüber einer Domina und ähnliches. Ausdrucksweise. Dies nahm ihm die Angst. Dann band ich ihn im Bondagerahmen, nackt, und gegenüber eines Spiegels. Nun, er wollte ein subtiles Spielchen. Er wollte Schlaginstrumente kennenlernen. Gerte, Peitsche, Rohrstock, Teppichklopfer und Kochlöffel. Außerdem Feuer, Wunderkerzen, und meine Fingernägel. Er hatte Angst und zitterte. Wollte immer wieder Körperkontakt und die Gewissheit, ein Mensch zu sein. Ich hielt die ganze Zeit seine gebundene Hand mit meiner Rechten, um Nähe aufzubauen, und gleichzeitig malträtierte ich ihn mit der Linken. Zum Finale durfte er sich dann drei Schlaginstrumente aussuchen – Rohrstock, die dünne Gerte und den Teppichklopfer, und wir zählten gemeinsam auf 20 hoch. Dann machte ich ihn los, und er ließ sich erschöpft fallen. Ich brachte ihn zurück ins Bad. Beim Nachgespräch hatte er Tränen in den Augen, und er war überglücklich. Schüchtern fragte er mich, ob er mich wohl berühren dürfte? Er drückte mich ganz fest zum Abschied und meinte: »Du weißt gar nicht, was du alles in mir gut gemacht hast.« Summa summarum: ein leichtes Spiel, ohne brutale Handlungsweisen, doch beide sind geflogen. Tage später erreichte mich ein Email, dass er immer noch »Fliegen« würde. Wir haben bis heute Kontakt.

Arne Hoffmann: *Ist das eigentlich üblich, dass du oder andere Herrinnen mit euren Sklaven vor und nach einem Studiobesuch intensiven Mailkontakt inklusive psychologischer Betreuung habt?*

Mademoiselle Sheba: Nun, mit dem Wort »üblich« kann ich grundsätzlich schon mal gar nichts anfangen … *(lächelt)*. Egal, ob nun jobmäßig, dominamäßig oder im Privaten – mich kümmert nicht, was üblich ist und was nicht. Diese Fesseln habe ich schon lange abgelegt. In diesem Falle hier kann ich dir nur erklären, wie ich meine Studio-Kontakte pflege – ich denke, dass das aber die jeweiligen Damen unterschiedlich handhaben. Die Kontaktaufnahme geschieht im Regelfall über Email oder das Telefon. Man tastet sich schon mal vorsichtig vor und vereinbart bei Gefallen einen Termin. Dort gibt's dann erst mal ein ausführliches Vorgespräch – wie wichtig das ist, erwähnte ich schon – und erst dann geht's zur Sache, oder eben nicht. Nachgespräche im Studio sind eher selten der Fall, denn meistens ist man von der vorhergehenden Situation noch zu gefangen. Oft erhalte ich hinterher noch eine Email. Es gibt Gäste, die kommen mehrmals zu einem, über diese weiß man auch entsprechend mehr und hat auch Kontakt zu ihnen. Dann gibt es die Einmal-Gäste, wo sich der Kontakt meistens verliert.

Arne Hoffmann: *Du hast erwähnt, dass ihr in eurem Studio alle ganz unterschiedliche Vorlieben und Tabus habt. Was sind denn deine?*

Mademoiselle Sheba: Nun, meine Vorlieben und Tabus decken sich fast mit meinen privaten. Ich behalte mir ein paar Dinge für meinen Partner vor

– der soll schließlich auch noch was von mir haben. Ich gehöre wohl zu der Kategorie »Unberührbare«, sofern man kategorisieren will. Ich sehe mich als Traumerfüllerin und nicht als Wichsvorlage. Das bedeutet im Speziellen, dass ich es liebe, meine Opfer zu quälen, physisch und psychisch. Ich halte nichts davon, anale, orale oder sonstige Dienstleistungen zu erbringen, weder aktiv, noch passiv. Mein Faible sind haushaltsübliche Gegenstände, bzw. alles, was nicht standardisiert ist. Klar kann ich auch mit Peitschen, Klammern und Ähnlichem umgehen, doch liebe ich das Spiel ohne Spielzeug. Die schönste Session hatte ich mit einem Gast, der mich in sexy Straßenkleidung sehen wollte – er war ein Spanking-Freund. Ich hatte entsprechende Sandalen an, die man prima in die Hand nehmen konnte. Ich habe ihm den Hintern versohlt – mit meinem Gürtel, mit meinen Schuhen, mit meiner Hand. Und er leuchtete in den verschiedensten Farben. Man sagt mir eine »gute Handschrift« nach. Auch Wachs mag ich sehr gern sowie das Spiel mit dem Feuer. Flammen. Wunderkerzen. Meine Fingernägel sind nicht umsonst so lang, wie sie nun mal sind. *(lächelt)* Zähne. Atemreduktion geht auch prima ohne Spielzeug. Vorteil ist auch, dass man sich beim Spiel ohne Studiospielzeug – vor allem auf Gastseite – keine großen Gedanken über Sauberkeit und Desinfektion machen muss Und der Überraschungseffekt ist herrlich dabei! Was liebe ich noch? Fußfetischisten! Ob nun eine Fußmassage, Schuhputzen, Füße küssen und verwöhnen, bis hin zu Trampling – alles! Sehr lecker, sehr beliebt. Ich spiele lieber auf eine subtile Art und Weise, und möchte mich keinesfalls zu den »Hau-Draufs« zählen. Auch im Beschimpfen bin ich nicht ganz so gut, lieber subtile, kleine Spitzen. Diese dafür um so gezielter gesetzt. Wunderbar war z. B. ein Spiel mit einem Gast, der die ganze Session über nichts sagte. Er wurde von den meisten Dominas falsch verstanden – sie haben ihn aufs Übelste beschimpft. Ich hab's auf die subtile Art und Weise versucht, habe ihn zu einem Möbel gemacht, und habe ihm erklärt, dass er nichts Besonderes ist, nur ein Stück Möbel. Und hab ihm erzählt, was ich und meine Freundinnen mit ihm machen würden. Schlussendlich hat er die Session verlängert, und wurde Wiederholungstäter – und ich freue mich jedes Mal wieder auf ihn, denn wir können herrlich gemeinsam fliegen. Outdoor-Session sind immer was Besonderes für mich. Einkaufen, erotisches Abendessen, Waldspaziergänge der besonderen Art, Kiezbesuche. Absolutes Tabu sind jegliche Drogen, Alkohol und alles, was mit dem Gesetz nicht konform geht. Ich halte nichts von Poppers, meiner Meinung nach auch eine Droge, denn ich hab den pharmazeutischen Hintergrund dazu.

Ein gutes Spiel kickt auch ohne jegliche Drogen. Ich behalte mir vor, jeden Gast des Studios zu verweisen. Ach ja, pharmazeutischer Hintergrund: man glaubt gar nicht, was man da alles noch für feine Sachen lernen kann! Man denke nur an Thermosalben, diverse Reagenzien etc. *(lächelt).*

Nun, ich könnte noch sehr lange so weitermachen, ich mach's einfach in Stichworten: Bondage, Nadeln, Fesselspielchen jeglicher Art (PVC!), Fetischisten, Transgender, Zwangsfeminisierung, Human Pets, Anfänger so gerne wie alte Hasen, Pärchen, Bi-Zusammenführungen und alles Extravagante.

Arne Hoffmann: *Bei dieser beeindruckenden Liste möchte ich mir zwei Spielarten herausgreifen, über die noch nicht so über die Maßen viel geschrieben wurde wie über andere: erotisches Einkaufen und Bi-Zusammenführungen. Wie darf ich mir das jeweils vorstellen?*

Mademoiselle Sheba: Erotisch Einkaufen macht sehr viel Spaß, und kann ganz unterschiedlich aussehen, je nachdem, was gewünscht wird. Ein paar Beispiele: – Wir unternehmen einen gemeinsamen Kiez-Bummel im Outfit.– Wir sind unterwegs in einer ganz normalen Fußgängerzone im gemäßigten (!) Outfit. Dabei findet eine gemeinsame Dessous- oder Strumpfprobe statt, jeweils für den Sub oder für mich, kommt ganz auf die Situation drauf an. Hier kann natürlich entweder mir beim Ankleiden geholfen werden, oder aber der Gast erfährt den Kick, zum Thema Strumpfhosen von mir und einer Verkäuferin fachmännisch beraten zu werden ... Das ist dann Nervenkitzel pur! – Einkäufe in Form von Zwangsfeminisierung, was bis hin zum Besuch eines Fingernagelstudios, eines Friseurs, oder einer Kosmetikerin geht. Weitere Ideen gibt es Tausende, und sie machen besonders viel Spaß! Nun, und Bi-Zusammenführungen ... *(grinst breit)* Ein Lieblingsthema!

Es gibt doch einige Sklaven, die diesen Wunschtraum haben, und ihn äußern bzw. während einer Session merkt man, wie sehr diese Vorstellung den jeweiligen Gast kickt. Man nähert sich über mehrere Sessions hinweg dieser Vorstellung, tastet hierbei Vorlieben und No-Nos ab, und irgendwann kann man ja vorschlagen, dass man diesen Tabu-Traum realisiert. Natürlich werden auch hier wieder Tabus abgesteckt, Wünsche und Vorlieben besprochen, und das Ganze will gut vorbereitet sein. Wenn nun ein Gast tatsächlich den Traum verwirklicht haben will, versucht man, einen Termin mit zwei Gästen gleichzeitig zu legen, und dann geht der Traum halt in Erfüllung. Das macht riesig Spaß, ist wahnsinnig erregend, auch für mich, und macht süchtig. Daher bezeichne ich mich gern auch als »Wunscherfüllerin«.

Arne Hoffmann: *Noch mal zurück zu eurem Einkaufsbummel: Bei dieser Aktion bindest du ja immer wieder Außenstehende ein. Wie sind denn deren Reaktionen – etwa wenn eine Dessousverkäuferin oder eine Kosmetikerin an deinem Sklaven tätig werden soll?*

Mademoiselle Sheba: Nun, natürlich ist man vorsichtig bei solchen Aktionen – man möchte ja niemanden korrumpieren. Der Einbezug der Kosmetikerin ist einfach. Sie ist eine eingeweihte Freundin, der ich manchmal auch dominante Eigenschaften zuordnen würde – was sie aber vehement abstreitet! Sie hat immer einen Heidenspaß an solchen Aktionen. Bei Dessous bzw. Strümpfen ist man dann doppelt vorsichtig – und man muss ja nicht immer die Verkäuferin miteinbeziehen. Doch die Verachtung, die diese Damen teilweise ausstrahlen, ist genau das, was der Gast ja will. Notfalls gleicht man das Entsetzen mit etwas Trinkgeld aus – viele Menschen sind entsprechend materialistisch, so dass dann schnell alles vergessen ist. Leider, muss man sagen.

Arne Hoffmann: *Hast du eine Lieblingsfantasie, welcher Art auch immer, die du als Domina gerne mal in die Tat umsetzen würdest?*

Mademoiselle Sheba: Darauf kann ich kurz und knapp mit »nein« antworten. Zum einen habe ich meinen Privat-Ehe-Anwärter-Sklaven zu Hause, mit dem ich mir alle Wünsche erfüllen kann, ob nun aktiv oder passiv. Und da ich mein Leben lebe, gibt's eigentlich im SM-Kontext bisher nichts, was ich dann nicht auch ausgelebt hätte – zumindest nichts, was in meinem Fantasiebereich liegt.

Arne Hoffmann: *Du hattest eben von einer »eingeweihten Freundin« berichtet. Wie sieht es denn sonst in deinem Umfeld aus – wissen Verwandte, Bekannte oder Mitschüler von deinem Dominajob?*

Mademoiselle Sheba: Freunde und Familie sind fast alle in meine SM-Neigungen eingeweiht – Oma ist die einzige Ausnahme, und das soll auch so bleiben. Von meinem Domina-Dasein wissen dann aber nur richtig Vertraute. Ich mache kein Geheimnis daraus: Wenn jemand fragt, dann kriegt er auch Antworten. Aber mein Privatleben findet in einem kleinen 5000-Einwohner-Dorf statt, mitten in der Lüneburger Heide. Dort stehe ich sehr in der Öffentlichkeit, und es wäre wohl schädigend für den Familienbetrieb, wenn nur die Neigungen ans Licht kämen – geschweige denn mein »Nebenjob«. Was heißt, dass ich hier am Lande ein Doppelleben führe, an das ich mich erst gewöhnen muss. In den Millionenstädten, in denen ich vorher lebte (Hamburg und München), hatte ich mir darüber keine Gedanken gemacht. Jetzt lebe ich seit einem halben Jahr in diesem Dorf, und da sieht die Welt noch etwas »heiler« aus. Gestaltet sich oft schwieriger, als man vermutet, aber da muss man wohl durch. Aufgeben werde ich meine Leidenschaften deshalb nicht.

Arne Hoffmann: *Du kennst ja jetzt Szene-SM und Studio-SM. Soweit ich orientiert bin, gibt es zwischen diesen beiden Welten manchmal Konflikte. Kannst du etwas dazu erzählen, oder hast du von solchen Spannungen noch nichts gemerkt?*

Mademoiselle Sheba: Natürlich habe ich solche Spannungen schon bemerkt, aber ich hab noch keine eigenen Erfahrungen damit. Ich bin sehr fest in der Szene verankert. Hier in Hamburg gehöre ich dem Schlagwerk an und bin unter anderem mit in der Organisation von CSD, Chillout-Stammtisch, Einsteiger-Partys und Themenabenden dabei. Somit eigentlich sehr eingebunden. Außerdem kenne ich eine Menge Menschen dort, mit denen wir viel unternehmen: von einem Wochenend-Trip nach Sylt über Zoo- und Flohmarktbesuche zu Grillabenden – eigentlich alles. Ich hätte mich schon sehr in den Menschen getäuscht, wenn sie mich jetzt fallen gelassen hätten. Allerdings geh ich mit meinem Dommsen-Dasein auch bei niemandem hausieren. Und sämtliche Stammtisch-, Party- oder Szenebesuche in Hamburg sind auf privater Ebene, wo Geschäftliches NICHTS zu suchen hat. Die strikte Trennung macht es also möglich. Allerdings weiß ich auch, dass andere Kolleginnen größere Probleme haben.

Arne Hoffmann: *Was heißt das?*

Mademoiselle Sheba: Ich weiß, dass gewisse Lokale gewisse Kolleginnen nicht haben möchten. Neid, Missgunst etc. spielen dabei wohl große Rollen. Doch bitte frag da die Betroffenen, ich kann nur für mich sprechen, und über andere tu ich das nur ungern.

Arne Hoffmann: *Verständlich. Was sind denn nun deine Erwartungen für die nächsten Jahre: Hat die Tätigkeit im SM-Bereich eine Zukunftsperspektive für dich? Auch nachdem deine Ausbildung beendet ist?*

Mademoiselle Sheba: Nun, es macht Spaß, und es ist ein gewisser Ausgleich gegeben. Da sich mein Leben aber die letzten Jahre dauernd und immer wieder auf seltsamste Art und Weise geändert hat, kann von bravem Spießbürgertum über Nebenjob/Hobby bis zu eigenem Studio wohl alles drin sein. Frag mich am besten in fünf Jahren wieder, dann kann ich dir mehr dazu sagen. Ich habe nicht vor, aufzuhören, aber manchmal kommt es anders, und vor allem als man denkt … n'est-ce pas?

Comtessa Loredana: »Für mich ist SM ein Ganzes.«

ALS »SIZILIANISCHE HERRIN« STELLT SICH COMTESSA LOREDANA gleich auf der Startseite ihrer Internetpräsenz (www.comtessa-loredana.de) vor. Zu Fotos, auf denen sie tatsächlich einen sehr rassigen Eindruck hinterlässt, gesellt sich ein ungemein sympathisch und warmherzig wirkender Text, mit dem die Comtessa gerade auch Unerfahrene herzlich willkommen heißt. Insofern war ich schnell überzeugt davon, Loredana guten Gewissens in meinen Interviewband aufnehmen zu können.

Arne Hoffmann: *Wie hast du zum ersten Mal gemerkt, dass du dominant sein kannst?*

Comtessa Loredana: Das ist noch nicht sooo lange her. Vielleicht vier bis fünf Jahre. Ich glaube sogar, dass es andere vor mir merkten. Zumindest begegneten mir schon damals Männer, die wohl aus meinem Erscheinungsbild etwas schlossen, dessen ich mir so noch nicht bewusst war.

Arne Hoffmann: *Kannst du uns ein bisschen genauer schildern, welche Entwicklung damals bei dir stattgefunden hat?*

Comtessa Loredana: Eine langsame zunächst. Unabhängig von einer Neigung genießt es wohl jede Frau, begehrt zu werden. Daraus ergeben sich halt einfach die Gelegenheiten, bei denen »das Ganze« langsam an Form gewinnen kann. Zuerst auf eher subtiler Ebene – hier eine kleine Doppelsinnigkeit, da eine Andeutung … Ich denke da manchmal schmunzelnd an meine ersten Teenie-Erlebnisse zurück. Da waren – zumindest bei mir – die ersten Erfahrungen ja auch harmlose Neckereien, bis es das erste Mal richtig funkte. Also einfach eine noch »unschuldige« und spielerische »Andersartigkeit«, so würde ich das im Nachhinein beschreiben. Dann ging alles langsam seinen Weg.

Arne Hoffmann: *Wie kam es schließlich, dass du beschlossen hast, dich als Domina selbstständig zu machen?*

Comtessa Loredana: Eine Freundin von mir, die schon länger im bizarren Bereich tätig war, lud mich in ihr Studio in Salzburg ein. Ich habe mir das angesehen und die Schwellenangst verloren. Dort habe ich dann gelernt. Es ist schließlich etwas ganz anderes, mit jemandem zu spielen, den man kennt, bei dem man also die Möglichkeit einer langsamen Annäherung hat, oder sich auf jemanden einstellen zu müssen, der vielleicht selbst noch nicht so genau weiß, wo's langgehen soll.

Die Balance zwischen dem eigenen Selbstverständnis und dem Agieren als Dienstleisterin, was bei der Tätigkeit einer professionellen Domina nun mal ein Aspekt ist, gehörte zu den schwierigsten Aufgaben zu Beginn meiner Laufbahn.

Arne Hoffmann: *Wie hat sich deine Anfangszeit in diesem Job entwickelt?*

Comtessa Loredana: Sehr angenehm. Die Atmosphäre in Salzburg war sehr familiär. Denn ob dominant oder nicht: Ein gewisses Lampenfieber hat frau anfangs einfach, und da hätte ich mich in einem großen etablierten Studio unsicherer gefühlt.

Es tut einfach gut, nach einer Session ehrliche Komplimente zu bekommen, und das hat mich schon zu neuen Ufern beflügelt. Die Gäste mochten mich, und ich mochte meine Gäste. Es war eine schöne und entspannte Zeit.

Arne Hoffmann: *Welche Praktik macht dir selbst am meisten Spaß?*

Comtessa Loredana: Für mich ist SM ein Ganzes.

Es hängt für mich sehr von der momentanen Situation und auch dem Gegenüber ab. Denn da für mich das Kontrollieren des männlichen Begehrens ein intensiver Lustfaktor ist, gibt es mir wenig, wenn ich eine Praktik ausübe, bei der mein Spielgefährte nicht nach meinen Erwartungen reagiert. Wenn ich bestrafe, törnt es mich aus wohl naheliegenden Gründen kaum an, wenn mein Sklave bei seiner Bestrafung freudig jauchzt.

Die jeweilige bevorzugte Praktik orientiert sich bei mir also an dem, was damit bezweckt werden soll.

Ich habe vergangenen Sommer auf der Fahrt zu einer Outdoor-Session einem Sklaven, dessen Verhalten mir unangebracht erschien, versprochen, ich würde an der nächsten Bushaltestelle anhalten, um ihn im Beisein der dort Wartenden auf seine Verfehlungen hinzuweisen. Es versteht sich von selbst, dass ich dann auch an einer Bushaltestelle gehalten habe. Seine Reaktion war für mich erregender, als wenn ich ihm dafür den Allerwertesten gestriemt hätte, denn damit hätte er gerechnet. Ach ja, er konnte mich durch sehr devotes Flehen davon überzeugen, wieder weiter zu fahren ... *(zwinkert)*

Arne Hoffmann: *Du präsentierst dich als »sizilianische Herrin«. Wird deine sizilianische Ader bei der Art und Weise, wie du dominierst, spürbar? Wenn ja, wie?*

Comtessa Loredana: Du willst also wissen, ob die allgemeine Vorstellung über das südländische Temperament stimmt? Hm ... das ist nicht so einfach zu beantworten, da ich mich selbst nur mit meiner sizilianischen Ader kenne.
Ein Gast meinte mal, dass meine Stimmungsschwankungen während einer Session das ausmachen, was er sich unter einer Sizilianerin vorstellt. Ich hatte damals schon überlegt, wie ich das am besten auslege. Aber wahrscheinlich hatte er recht. Ich hatte damals nämlich plötzlich Lust, ihm zu zeigen, was Stimmungsschwankungen meines Erachtens sind ... *(grinst)*

Arne Hoffmann: *Du machst auch deutlich, dass du eine »berührbare Herrin« bist. Was bedeutet das konkret? Und warum ist dir Berührbarkeit lieber?*

Comtessa Loredana: Das hängt davon ab, wie man seine eigene Dominanz definiert. Und auch davon, was man unter »berührbar« versteht. Unberührbarkeit würde ja auch – beispielsweise – Fußerotik ausschließen. Und ich möchte mich ganz bestimmt nicht um das Vergnügen der besonders hingebungsvollen Verehrung meiner Füße bringen wollen. Wie weit die Berührbarkeit aber tatsächlich gehen kann, hängt aber auch von meiner Tageslaune ab. In jedem Fall gibt es unumstößliche Grenzen.

Arne Hoffmann: *Wie läuft ein typischer Tag bei dir ab, wenn du nicht in deinem Studio arbeitest?*

Comtessa Loredana: Ich stehe auf, verprügele meinen Kellersklaven, streichele zärtlich die gewässerten Rohrstöcke und mache den Postboten zur Sau. *(lacht)*
Nein, alles ganz »normal«. Bad, dann Frühstück. Danach Gassigehen mit den Hunden und Small Talk mit anderen armen Menschen, die bei Wind und Wetter durch den Park schleichen und sich wahrscheinlich auch fragen, warum ein Hund nicht aufs Katzenklo gehen kann. Dazu kommen leidige, teils banale – eben alltägliche Erledigungen.

Kurz und bündig kann man sagen, dass mein alltägliches Leben nicht von meiner Neigung geprägt ist. Ich nehme für mich ja auch nicht in Anspruch, 24/7 zu sein.

Arne Hoffmann: *Kannst du dich an eine besonders schöne oder eine besonders unschöne Session erinnern?*

Comtessa Loredana: Ich kann mich an jede Menge schöne Sessions erinnern.
Ich glaube aber nicht, dass es möglich ist, in einem so kurzen Rahmen das »Dazwischen« während einer Session, was für mich eine Session erst zu einer richtigen Session macht, zu vermitteln. Dieses »Dazwischen« resultiert ja oft aus einer schon länger währenden Bekanntschaft, was es ja noch komplexer macht.
Ich könnte jetzt berichten, was ich tat und wie mein Sub reagierte. Aber ich fürchte, damit würde ich es zu einer bloßen Abhandlung degradieren.
Von wirklich unschönen Sessions bin ich bis jetzt tatsächlich verschont geblieben. Ich glaube über eine sehr gute Intuition zu verfügen. Wenn ich während des Vorgesprächs das Gefühl bekomme, dass die Chemie nicht stimmt, lehne ich ab. Oft bemerke ich dann auch eine gewisse Erleichterung bei meinem Gegenüber. Es ist wirklich so, dass in so einem Moment mancher Gast sich scheut, von sich aus zu äußern, dass es halt »nicht passt«. Aber auch hier muss Frau dann eben Führung übernehmen.

Arne Hoffmann: *Du schreibst auf deiner Website auch: »Die unfreiwillige Komik aller aufgesetzten Verhaltensweisen lehne ich für mich strikt ab. Der Weg in den Keller, um zu lachen, ist nicht mein Weg ... « Welche Verhaltensweisen meinst du, mit denen du nicht so viel anfangen kannst?*

Comtessa Loredana: Ich denke, der Text spricht eigentlich für sich. Als positiv denkender Mensch könnte ich als gegenteiliges Beispiel erwähnen, dass ich vor und nach der Session ein humorvoller, umgänglicher Mensch bin, der gerne lacht. Wenn man sich besser kennt, kommt es durchaus auch oft vor, dass man während der Session lacht. Da hätte sicher mancher noch irgendeine Zote auf Lager.

Arne Hoffmann: *Von persönlichen Geschmacksfragen einmal abgesehen – gib unseren Lesern bitte einen Tipp: Worauf muss der Kunde achten, damit er in einem Studio keinen Reinfall erlebt?*

Comtessa Loredana: Einen Tipp für so eine komplexe Frage?! Da drängt sich mir eine bekannte Story als Analogie auf: Ein besorgter Computernutzer stellt die Frage, wie er denn hundertprozentig sicher im Internet verkehren könne und erhält als Antwort: »Stecker ziehen!« *(grinst)*
Nein, im Ernst, da spielen doch wirklich zu viele Faktoren eine Rolle. Wenn ich mich auf einen Tipp beschränken müsste, könnte ich jetzt sagen: »Hör auf dein Gefühl!« Aber das würde zu Recht für müdes Gähnen sorgen.
Andererseits hörte ich von Gästen, die mir von negativen Erlebnissen berichtet haben, immer wieder, dass sie schon vor der Session ein ungutes Gefühl hatten. Also doch kein Gähnen?

Arne Hoffmann: *Gibt es auch etwas, was dir an deinem Beruf als Domina auf die Nerven geht?*

Comtessa Loredana: Eigentlich beschränkt sich das eher auf die üblichen Problemchen wie nicht eingehaltene Termine, die dann oft auch noch nicht mal abgesagt werden. Das führt natürlich dazu, dass ich Stammgästen Vorrang vor neuen Terminen gebe. Das ist für neue Gäste dann zwar oft ärgerlich, aber ich brauche nun mal eine gewisse Planungssicherheit. Ansonsten bin ich eigentlich recht nervenstark.

Arne Hoffmann: *Was hältst du vom allgemeinen Bild der Domina, wie es in den Medien und der öffentlichen Wahrnehmung existiert?*

Comtessa Loredana: Diesem Bild zufolge sind wir mittlerweile ja schon fast gesellschaftsfähig. Ich meine damit, dass speziell bei der jüngeren Generation die Schwellenangst nicht mehr so groß ist, wie es vor zehn Jahren wohl noch der Fall war. So ist das Bild, das in den Medien vermittelt wird, aus meiner Sicht akzeptabler geworden. Zumindest größtenteils. Man merkt das auch daran, dass man heute bei einem Besuch des örtlichen Bizarrshops schon jede Menge Frauen dort sehen kann, die mit ihrem Lebens- oder Spielgefährten dort einkaufen, während man früher als Frau in solchen Shops eher erstaunt wahrgenommen wurde. Da ich nicht davon ausgehe, dass das alles professionelle Damen sind, sehe ich, dass sich da schon eine Menge getan hat. Auch wenn sich das eher auf die Bizarrerotik im Allgemeinen bezieht, unabhängig von der jeweiligen Rollenverteilung. Im Gesamten denke ich, dass das allgemeine Bild der Domina an Starre verloren hat.

Arne Hoffmann: *Aus sizilianischer und aus dominanter Sicht: Was ist dein Eindruck von deutschen Männern und von deutschen Frauen?*

Comtessa Loredana: Um das wirklich unterscheiden zu können, hätte ich in Sizilien aufwachsen müssen. Aber dann wäre ich wahrscheinlich kaum Domina geworden.

Arne Hoffmann: *Hatte dein Job auf Dinge wie Partnersuche, Partnerschaft etc. je Auswirkungen gehabt?*

Comtessa Loredana: Klar. Es ist nun mal nicht jedermanns Sache zu wissen, dass die Lebensgefährtin in einem gewerblichen Etablissement arbeitet. Wenn so was nicht von vorneherein wirklich geklärt ist, macht das keinen Sinn.

Arne Hoffmann: *Könntest du dir vorstellen, beim passenden Partner auch die devote Rolle einzunehmen?*

Comtessa Loredana: Zunächst mal glaube ich, dass viele SMler beide Seiten in sich tragen. Eine Seite wird halt immer stärker sein. Und da es ja auch immer wieder vorkommt, dass ein SMler seine Rolle zugunsten des entgegengesetzten Parts aufgibt, schließe ich für mich nichts aus, was anderen schon »passiert« ist. Aber momentan bin ich mit meiner Rolle ganz zufrieden.

(… und für alle Interessierten hier noch mal die Website der Lady: www.comtessa-loredana.de. *Der Verleger*)

Baroness Mercedes: »Ich habe kein Mitleid, nur Mitgefühl.«

BARONESS MERCEDES BETREIBT IHR STUDIO IN GELSENKIRCHEN. Auf ihrer Website (www.domina-baroness.de[3]) berichtet sie von ihrer Philosophie: »Ich höre viel zu oft, dass SM als brutale und perverse Sache abgetan wird. Auch werde ich häufig gefragt, ob ich dabei im Kasernenhofton mit meinem Gegenüber spreche. Doch das sind alles nur dumme Klischees, die mit der Realität rein gar nichts zu tun haben. SM ist das Spiel zweier oder mehrerer Personen, die sich fallen lassen in eine andere, ganz eigene und immer unterschiedliche Welt. Es gibt natürlich auch den Liebhaber des Kasernenhoftons, aber in einer klassischen SM-Session bevorzuge ich die leisen Töne. Eine melodische, leise und feine Stimme löst bei den meisten Menschen eine Gänsehaut aus. Schreie dagegen stoßen zurück. Zuhören wird man(n), wenn alles ruhig und harmonisch ist. Wenn dann dieser Dialog durch ein Stöhnen oder das Klatschen einer Ohrfeige unterbrochen, oder besser gesagt, begleitet wird, dann ist es noch immer keine Brutalität, sondern das knisternde Spiel von Macht und Unterwerfung, von Fallenlassen und Auffangen.«

Die Website enthielt auch viele Erlebnisberichte von Besuchern ihres Studios, die in mir den Eindruck erweckten, dass es sich bei der Baroness um eine bemerkenswerte Persönlichkeit handelte. Das Interview, das ich daraufhin mit ihr führte, bestätigte meine Erwartungen.

Arne Hoffmann: *Wann und wie hast du zum ersten Mal entdeckt, dass du dominant sein kannst?*

Baroness Mercedes: Ich habe mit 13, 14 Jahren wahnsinniges Interesse an einem Mann gehabt. Wohlgemerkt: einem *Mann*, wesentlich älter als ich. Den größten Spaß hatte ich, als ich seine Empfindungen von Desinteresse ins Gegenteil umgekehrt hatte und dadurch recht schnell merkte, dass und wie ich ihn steuern konnte. Zeitgleich entwickelte sich das Faible zu Lack

---

[3] Auf der Site gibt's mittlerweile nur noch eine Weiterleitung zum neuen Webauftritt der Lady: www.baroness-mercedes.com. *Anmerkung des Verlegers.*

und Leder. Doch als die »Beziehung« endete, blieb es erst einmal bei diesem Faible für martialische Kleidung.

Drei Jahre später traf ich besagten Mann wieder, und der Wille, ihn zu beherrschen, war sofort wieder da. Ich spannte ihn also seiner Freundin aus, machte ihm aber gleichzeitig klar, dass ich keine Beziehung mit ihm haben wollte. Ich spielte über ein Jahr mit ihm, ohne auch nur einmal mit ihm ins Bett zu gehen. Ich brauchte keinen Sex, um ihn zu beherrschen.

Irgendwann ließ ich von ihm ab, denn das, was ich wollte, wäre zu hart für ihn gewesen. Dafür mochte ich ihn zu sehr. Irgendwie liebte ich ihn, doch halt nur irgendwie. Auf eine andere Art und Weise.

Ich ging in einen Club mit SM-Raum und fand mehr oder weniger schnell ein neues williges Opfer. Er hatte zuvor noch nie etwas mit SM zu tun gehabt. Doch er musste schnell feststellen, dass ich ihn wie Scheiße behandelte und er mich mehr und mehr liebte. Je grausamer ich wurde, desto abhängiger wurde er. Als auch er mir nicht mehr reichte, ging ich nach Holland in verschiedene Studios. Ich wollte Erfahrungen sammeln, die man mir in deutschen Studios aufgrund meines Alters verwehrte.

Arne Hoffmann: *Und welche Erfahrungen hast du dann dort gesammelt?*

Baroness Mercedes: Ich habe zum ersten Mal wirkliche Einblicke in die professionelle Szene bekommen. Man hat mich Behandlungen unter Anleitung durchführen lassen, so dass ich Praktiken z. B. im Klinikbereich lernen konnte.

Ich habe in Holland mit tollen Frauen zusammengearbeitet. Sie besaßen so viel Fantasie und vermittelten ihr Wissen mit Freude. Ich lernte von ihnen Bondage und den Klinikbereich. Alles andere kannte bzw. beherrschte ich schon. Doch trotzdem würde ich sagen, dass ich dort routinierter wurde, weil mir die Dominas zeigten, dass sie meine Art, an das Thema SM zu gehen, schätzten und dass sie mich trotz meiner Jugend als vollwertige Domina ansahen.

Die »kleine Schulung« in Klinik und Bondage wurde nicht einer Schülerin gezeigt, sondern einer Kollegin. Man machte schon nach kurzer Zeit mit mir gemeinsame Sessions, nicht mehr um mir etwas zu zeigen, sondern einfach aus Spaß an der Sache. Aus der Lust heraus, einen Sklaven zu zweit zu erziehen.

In Deutschland hingegen gab es zu der Zeit kein Studio (zumindest nicht im Ruhrgebiet und Umgebung), welches bereit gewesen wäre, eine so junge Frau direkt als Domina arbeiten zu lassen. Man hätte sich quasi als Zofe hocharbeiten müssen.

Arne Hoffmann: *Wie darf man sich eine »kleine Schulung« im Bereich Kliniksex vorstellen?*

Baroness Mercedes: Es wurden mir typische Klinikbehandlungen gezeigt, Klistier, Katheter legen, Blasenspülung etc.. Dazu gab es jede Menge Lesestoff. Das war allerdings freiwillig. Doch ich wollte mich halt nicht nur über die Spaß-Seite informieren, sondern auch die Risiken kennen. Nur wenn man die Risiken der einzelnen Behandlungen kennt – im schwarzen Bereich genauso wie im weißen – kann man sie minimieren oder sogar ganz ausschalten. Doch da man ja nicht alles durch Bücher lernen kann bzw. dadurch keine Praxis erhält, musste ich halt die eine oder andere Magensonde unter Aufsicht legen und auch einige Katheter versenken.
Das waren Dinge, die ich zuvor nie gemacht hatte. Damals fand ich es auch, ehrlich gesagt, nicht sooo spannend. Doch heute bin ich froh, es gelernt zu haben, da mir der Klinikbereich mindestens soviel Spaß macht wie der schwarze Bereich.

Arne Hoffmann: *Das klingt ja spannend! Kannst du jemandem wie mir, der sich vor diesen Klinik-Dingen eher gruselt, erklären, was daran – gerade aus dominanter Sicht – so reizvoll ist?*

Baroness Mercedes: Reizvoll wird die Sache durch die Reaktionen meines Gegenübers. Es gibt natürlich diese Vorstellung, dass der »Sklave« keine eigenen Wünsche hat und nur den Launen und Wünschen seiner Domina entspricht. Doch wer die Leidenschaft, die von SM-Spielen ausgehen kann, spüren möchte, spielt anders – spielt im Taburahmen seines Gegenübers. Das Ziel ist es, Grenzen lustvoll zu erweitert. Nicht, sie von Beginn an zu ignorieren.
Wenn ich also im Klinikbereich »spiele« und an meinem Spielpartner Behandlungen durchführe, die im realen Leben, sprich im Krankenhaus, durchaus auf ihn zukommen könnten, und ich seine (trotzdem oder sogar gerade deswegen vorhandene) Erregung spüre, wird es reizvoll. In der Realität würden ihn die gleichen Behandlungen kalt lassen oder sogar verängstigen. Doch durch die Geilheit wächst er über sich hinaus. Diese Geilheit zu steuern ist meine Aufgabe.

Es unterscheidet sich – von dieser Seite betrachtet – nicht wirklich vom schwarzen Bereich. Die Behandlungen sind anders und auch das Ambiente unterscheidet sich, doch der Grundgedanke ist gleich.

Du schaust in diese geweiteten Augen der Person, die zusieht, wie das erste Mal ein Katheter in ihrem Penis verschwindet oder die Nadel kurz davor ist, die Brustwarze zu durchbohren. Ein Zimmer weiter wäre es die Peitsche, die angstvoll betrachtet würde.

Für angehende Dominas ist der Klinikbereich gut geeignet, um ruhiger zu werden. Dabei muss man sich konzentrieren und Ruhe ausstrahlen. Die muss manche erst einmal selber finden. In der »schwarzen Session« können sie lauter und schneller agieren – gefällt mir persönlich gar nicht, aber jeder hat einen anderen Geschmack –, doch in einer »weißen Session« sind Lautstärke und Hektik fehl am Platz. Egal ob die Session bizarr und versaut-geil oder möglichst realitätsnah ausfallen soll, die Behandlungen müssen immer sauber durchgeführt werden. Es geht dabei nicht um einen Striemen an der falschen Stelle, sondern um unangenehme und teilweise schmerzhafte Folgen für den »Patienten«, der dann unter Umständen wirklich ärztliche Hilfe benötigt.

Der Reiz entsteht – für mich in beiden Bereichen – durch die Reaktionen meines Spielpartners.

Zu sehen, wie dicht Schmerz und Lust, Angst und Lust beieinander liegen. Zu sehen, wie viel er bereit ist, für mich zu ertragen, zu sehen, dass ich es in der Hand habe, wie weit er geht.

Wenn ich es geschafft habe, dass sich mein Spielpartner fallen lässt, nur noch aus der Lust heraus agiert bzw. reagiert und sein Handeln nicht mehr durch bewusstes Denken steuert, sondern sich einfach leiten lässt, dann habe ich eine für mich befriedigende Session gehabt.

Arne Hoffmann: *Was gehört denn neben Kliniksex noch so zu deinen liebsten Behandlungsmethoden, die du in deinem Studio anbietest?*

Baroness Mercedes: Ich bin leidenschaftliche Flagellantin und – ehrlich gesagt – recht sadistisch veranlagt. Ich genieße es, wenn mein Spielpartner Lust und Schmerz rausschreit. Natürlich stelle ich mich auf meinen Gast ein und überrumpel ihn nicht mit meinen bösen Fantasien, doch wenn ich einen richtigen Maso im Studio begrüßen darf, freue ich mich immer wieder.

Ein weiteres Faible ist die Zelle. Ich liebe Inhaftierungen. Den Sklaven warten lassen auf das, was kommt. Eine ungewisse Anzahl von Stunden ist dabei noch viel prickelnder als eine abgesprochene Zeitspanne.

Ansonsten gefällt mir die klassische Erziehung, das Spiel mit Nähe und Unerreichbarkeit, Gummi – eine schöne Schwitzkur kann ganz schön mürbe machen – und Bondage.

Das alles kann man sehr schön in verschiedene Rollenspiele einbinden, aber genauso gut in der eigenen Identität, also als mein Gast Peter, Georg oder Damian und Mercedes, erleben.

Kaviar und Kotzspiele gehören für mich nicht mehr zu SM. Wenn sich zwei finden, die daran Spaß haben, finde ich es toll, wenn sie es ausleben, doch für mich ist es nichts. Auch Babyerziehung ist nicht mein Ding. TV-Erziehung und Tierdressuren biete ich an, doch ich finde es langweilig, wenn sich ganze Session nur damit beschäftigt. Man kann doch so viel mehr machen, als jemandem eine Stunde lang zu erklären, wie sich ein Hund verhält.

Wichtig ist halt bei allem die Fantasie. In Frauenkleidern und -schuhen gehen lernen kann jeder zu Hause, dafür brauche ich keine Domina.

Arne Hoffmann: *Auf deiner Website findet man ja Erfahrungsberichte deiner Gäste, und die lesen sich manchmal schon etwas brutal. Mir ist das Grundkonzept hinter dem Wort »Sadismus« schon klar, aber ich habe mich beim Lesen trotzdem gefragt: Muss man nicht erst mal eine enorme innere Sperre überwinden, um einem anderen Menschen sehr weh zu tun? Konntest du das von Anfang an, oder musstest du dir das erst mal aneignen?*

Baroness Mercedes: Ich konnte es von Anfang an. Doch ein Monster bin ich natürlich nicht. Ich könnte nie einem Menschen Schmerzen zufügen, der das nicht selber möchte – es sei denn, ich werde angegriffen. Wenn ich hier foltere, dann geschieht das auf den direkten Wunsch des Gastes. Natürlich ist es nicht nur Lust, sondern stellenweise Schmerz, der selbst den Gast an seine Grenzen bringt. Doch Mitleid darf ich nicht haben.

Ich habe vor einigen Jahren das Interview eines Mannes gesehen, der Leichen für den offenen Sarg präpariert. Er hat einen natürlich wesentlich härteren und ganz anderen Job als ich, doch was er sagte, trifft durchaus auf eine Domina zu: »Ich habe kein Mitleid, nur Mitgefühl.«

Mitleid macht einen kaputt. Es verhindert, dass man diesen Beruf lange ausübt, und würde jegliche Freude an SM ganz und gar zunichte machen. Mitgefühl ist jedoch sehr wichtig. Ich muss mich auf mein Gegenüber einstellen, muss spüren, wie weit ich gehen kann, muss erkennen, dass ich vielleicht auch einmal zu weit gegangen bin. Wenn das passiert, darf ich trotzdem nicht sofort aufhören – egal, was ich tue –, sondern muss langsam wieder runterregeln oder meinem Partner klarmachen, dass er wenigstens ein paar Sekunden für mich auszuhalten hat.

Wenn der Spielpartner maso veranlagt ist, bedeutet der Schmerz für ihn Lust. Das gibt mir wieder ein gutes Gefühl. Ist er nicht maso, werde ich ihm auch keine Schmerzen zufügen, sondern ihn anders bestrafen.

Arne Hoffmann: *Ich würde jetzt gerne wieder auf deine Karriere, deinen Werdegang als Domina, zurückkommen. Wie hat sich das entwickelt von deinem Aufenthalt in Holland bis zu deinem eigenen SM-Studio?*

Baroness Mercedes: Ich habe einfach Heimweh gehabt. Obwohl Holland und Deutschland gar nicht mal so unterschiedlich sind, merkt man immer wieder, dass es nicht das Heimatland ist. Also zurück nach Deutschland. Doch ich wollte gerne mein eigener Herr sein. Ich empfinde die Selbstständigkeit nicht als vorteilhaft, doch sie ermöglicht mir, meine Vorstellungen zu verwirklichen. Ich wollte mich nicht wieder in einen Studiobetrieb einfinden und ankündigen müssen, an welchen Tagen ich vorhabe zu arbeiten bzw. wann ich gedenke, frei zu machen.

Es gab also nur eine Alternative: ein eigenes Studio. Ich habe klein angefangen, einen Raum nach dem anderen eingerichtet und wenn ich ehrlich bin, hundertprozentig fertig bin ich noch immer nicht. Wahrscheinlich werde ich es auch nie sein, da ich Veränderungen liebe. Irgendwann sitze ich wieder zu Hause auf der Couch und werde vom Ideenblitz getroffen. Diese Idee reift dann so lange in meinen Gedanken, bis sie – in meinen Augen – perfekt ist. Dann setze ich sie um. Ich kann mir nicht vorstellen, dass sich das jemals ändert. Solange ich Spaß an der Sache habe, werde ich auch immer wieder neue Ideen für die Raumgestaltung haben und diese auch immer wieder umsetzen.

Arne Hoffmann: *Wobei ich mir vorstelle, dass zur Etablierung eines eigenen Studios noch einiges mehr gehört als SM-Kenntnisse allein. Welche Eigenschaften und Fähigkeiten, würdest du sagen, sind wichtig, um ein solches Studio erfolgreich führen zu können?*

Baroness Mercedes: Ich denke, es gehört Durchsetzungsvermögen und Geduld dazu. Am Anfang kommen natürlich viele erst einmal gucken. Dann kommt die Flaute und durch die muss man durch. Man sollte auf keinen Fall den Fehler machen, sich vom geplanten Weg abbringen zu lassen. Ratschläge gibt es viele und anhören sollte man sich jeden, doch nicht alle umsetzen.

Die Gäste kommen aus verschiedenen Gründen. Auf Mundpropaganda, auf dein Erscheinungsbild, welches sie aus der Werbung kennen, und manche – allerdings die wenigsten –, weil sie bei dir etwas nutzen wollen (Service oder ein bestimmtes Möbelstück), was sie woanders vermissen.

Zum ersten Punkt: Meine Gäste sind in der Regel zwei bis zweieinhalb Stunden im Haus. Vorgespräch, Nachgespräch, duschen vor und nach der Session und die Session selber. Wenn der Gast spürt, dass man sich gerne auf ihn einstellen möchte und es nicht als notwendiges Übel betrachtet, mit ihm diese Gespräche zu führen, dann wird er sich auch wohl fühlen. Wenn es dann in der Session selber auch noch funktioniert, kommen die Gäste – in der Regel – gerne wieder.

Zum zweiten Punkt: Man sollte meiner Meinung nach darauf bedacht sein, dass Werbefotos und das Original nicht so weit voneinander entfernt sind. Professionelle Fotoaufnahmen von gestylten Dominas sind was Tolles, doch wenn eine ganz andere Frau dem Gast die Tür aufmacht, sind viele enttäuscht. Das höre ich sehr oft von meinen Gästen.

Zum dritten Punkt: Hier gilt eigentlich das gleiche. Das, was ich auf Fotos biete und vielleicht auch bei telefonischer Nachfrage des potenziellen Gastes verspreche, muss ich halten können.

Doch am allerwichtigsten ist – wieder meiner Meinung nach: Man sollte es nicht nur fürs Geld machen. SM braucht Leidenschaft. Wenn jemand nur an die Kohle denkt, die er verdienen möchte, dann fehlt genau diese Leidenschaft und das Interesse an der Sache und an meinem Gegenüber. Wenn mein Partner das spürt (und das wird er früher oder später), dann wird er mit Sicherheit nicht wiederkommen, und das Thema Mundpropaganda ist dann auch durch – allerdings anders als gewollt.

Eine Domina braucht Spaß am Spiel, Fantasie, Einfühlungsvermögen, Härte und Humor. Und mit das wichtigste: Menschenliebe.

Arne Hoffmann: *Kannst du noch ein bisschen mehr über die Vor- und Nachgespräche erzählen, die du so führst? Wie nimmst du gerade Anfängern ihre Nervosität, wie fängst du sie auf?*

Baroness Mercedes: Das kommt eigentlich immer auf die Person an. Manchmal ist es einfacher, das Gespräch gar nicht auf SM zu lenken, sondern erst mal ein wenig zu plaudern. Manch einer vergisst vor Nervosität, dass ihm ein Mensch gegenüber sitzt. Wenn man jedoch über Alltägliches redet, sieht er, dass auch hier nur mit Wasser gekocht wird und meine Gedanken, Sorgen oder Hobbys sich nicht großartig von denen anderer Menschen unterscheiden.

Einige meiner Gäste umgehen auch ganz intelligent das Vorgespräch, indem sie es schon nach einer Session fürs nächste Mal halten. Sie wollen vor der Session nichts zerreden; da aber doch etwas zu sagen ist, besprechen sie es lieber nach der Session fürs nächste Mal.

Anderen hilft es wiederum, über ihre Ängste zu sprechen. Wobei ich ihnen vielleicht auch die Behandlung erkläre. Dadurch merken sie, dass zumindest eine der beiden anwesenden Personen weiß, was sie tut, und sie beginnen zu vertrauen.

Beim Nachgespräch ist es ähnlich. Ich hoffe natürlich immer auf eine ehrliche Kritik – egal ob positiv oder negativ –, doch die gibt es nicht immer. Manchmal, weil derjenige nicht ehrlich sein möchte. Das sind oft Menschen, die keinen Spaß an der Session finden konnten, sei es durch meine Schuld oder weil die Vorstellung doch erotischer war als die Realität. Dann sagen sie lieber nicht viel, bevor sie zu viele Lügen verzapfen müssen. Denn ehrlich zu sagen »War nicht meine Ding, weil …« ist für viele eine unangenehme Aufgabe, der sie lieber aus dem Weg gehen.

Wieder andere sind durchaus zufrieden, schämen sich aber doch ein wenig für das eben Erlebte. Dann bohre ich auch nicht weiter nach. Lieber noch ein wenig Small Talk.

Oft erlebe ich aber, dass die Session die Zunge löst und meine Gäste danach, wie befreit, alles mögliche erzählen.

Doch es gibt auch Gäste, die das Erlebte erst noch verarbeiten müssen. Sie nehmen es mit nach Hause und sprechen gar nicht oder erst beim nächsten Treffen darüber.

Arne Hoffmann: *Wenn du dich mit so vielen Menschen, die vielleicht auch nicht immer einfach sind, so intensiv auseinandersetzt, wie du das als Domina ja fast zwangsläufig tust – ist das nicht auch seelisch belastend oder zehrend?*

Baroness Mercedes: Ich habe schon früh in der Gastronomie ähnliche Erfahrungen sammeln können. Ich war irgendwie immer Ansprechpartner für alle möglichen Probleme. Ich glaube, man ist ein Typ dafür oder eben nicht. Ich persönlich gehe gerne mit Menschen um und freue mich über das

Vertrauen, das mir manche Gäste entgegen bringen, wenn sie mir ihre Probleme mitteilen.

Viel enttäuschender sind Gäste, die einen nicht in ihre Welt lassen. Das hinterlässt einen faden Nachgeschmack. Seltsam, doch das ist für mich viel zehrender als die stellenweise doch sehr privaten und mit Problemen und Sorgen angefüllten Gespräche. Ich kann mir allerdings gut vorstellen, dass manch einer oder eine damit Probleme hat oder nach einigen Jahren bekommt.

Arne Hoffmann: *Hat deine Tätigkeit als Domina auch deine privaten Beziehungen zu Männern verändert? In deiner Antwort auf meine erste Interviewfrage hast du von Männern berichtet, die du dir offenbar mehr oder weniger hörig gemacht hast. Ist das ein wiederkehrendes Muster geblieben?*

Baroness Mercedes: Seit ich die Möglichkeit habe, SM tagtäglich zu genießen, habe ich privat eher nach einem »würdigen Gegner« Ausschau gehalten. Das klingt allerdings etwas zu hart, doch streng genommen ist es schon so. Ich führe seit vier Jahren eine Beziehung mit einem dominanten Partner. Das funktioniert wunderbar. Wenn wir streiten, fliegen die Fetzen, und es steht fast jedes Mal kurz vorm Ohrfeigen. Dazu gekommen ist es bis jetzt noch nie. Das liegt am Respekt, den wir beide voreinander haben. Wenn andere einen Streit zwischen uns mitbekommen, kann sich keiner vorstellen, dass es danach noch eine Beziehung geben wird. Doch nur so funktioniert es.

Vor meinem Lebensgefährten war ich verheiratet mit einem sehr lieben Mann. Doch er war, glaube ich, zu lieb. Als er sich dann durch Drogen und Alkohol veränderte und mir im Vollrausch eine Flasche auf dem Kopf zerschlagen wollte, konnte ich ihn nicht mehr ernst nehmen. Er merkte es, ließ die Flasche fallen und reagierte sich verbal ab. Das war der Anfang vom Ende. Mit diesem Moment war das Ende der Beziehung eingeleitet. Ich trennte mich schweren Herzens, und es tut mir noch heute leid. Doch die Beziehung wäre nicht mehr zu kitten gewesen.

Als ich mit meinem heutigen Lebensgefährten zusammenkam, musste ich mich durchbeißen. Er hatte selber eine Ehe (mit einer Domina und dominanten Partnerin) hinter sich und war eigentlich auf eine devote Partnerin bedacht. Doch erstens kommt es bekanntlich anders und zweitens als man denkt.

Ich habe mich im wahrsten Sinne des Wortes durchgeboxt. Heute stehen wir auf einer Ebene. Wir lieben und respektieren uns. Man dominiert den anderen nur in Momenten, in denen man weiß, dass der Partner gerade jetzt die Stärke des anderen braucht. Ansonsten teilen wir uns den »ersten Platz«.

Männer zum Spielen sind schön, doch für mich werden sie privat genau dann langweilig, wenn ich sie da habe, wo ich sie haben wollte. Das Ziel ist erreicht, und schon ist man auf der Suche nach etwas Neuem. Doch das kann man mit sportlichen Zielen machen, nicht mit Menschen.

Arne Hoffmann: *Deine Berichte über deine Anfangsjahre als Domina klingen so, als sei das schon einige Zeit her. Wie hat sich die Dominaszene in Deutschland seit deinen Anfangsjahren verändert?*

Baroness Mercedes: Ich muss gestehen, dass ich die ersten Jahre die Dominaszene in Deutschland nicht wirklich verfolgt habe. In Holland bekam ich davon auch gar nicht viel mit.

Erst seit ich wieder in Deutschland bin und vor allen Dingen hier werbe, habe ich Einblicke in die deutsche Szene bekommen. Sie zu beurteilen ist schwer. Es gibt so unglaublich viele Damen, die ihre Leidenschaft professionell ausleben. Doch ich habe das Gefühl, dass sich da eine positive sowie eine negative Entwicklung durch die Szene schiebt. Auf der einen Seite werden immer bessere und schönere Studios aufgebaut. Die Ideen werden ausgereifter, und es gibt fast nichts, was der Gast nicht erleben kann.

Auf der anderen Seite gibt es natürlich auch schwarze Schafe. Gästen, oder besser gesagt potenziellen Gästen wird am Telefon Gott weiß was erzählt, und wenn sie dann da sind, handelt es sich eher um ein Bordell als um ein Studio.

Allerdings ist unsere deutsche BDSM-Szene beeindruckend. Es gibt tolle, ambitionierte Damen und wunderschöne Studios. Nur wenige Länder verfügen über eine solche Auswahl an Studios und Damen. Und jeder Trend hat irgendwann ein Ende. Wenn es also wieder uninteressant wird, Domina zu sein, wenn diese Modeerscheinung langsam in Vergessenheit gerät, werden nur die wirklich Veranlagten übrig bleiben. Damit wird auch der größte Teil an schwarzen Schafen ausgemerzt sein. Zur Zeit wird dieses Thema dafür noch zu heiß gehandelt. Fast jeder Fernsehsender hat in den letzten Wochen etwas zu BDSM gebracht. Das finde ich auch klasse, da wir »Perversen« nun als nicht mehr ganz soooo pervers gelten und man sich langsam aus der Schmuddelecke herausbewegt. Wenn aber wieder

etwas Ruhe eingekehrt ist, werden nach und nach Studios (sogenannte) und die dazugehörigen Damen von der Bildfläche verschwinden. Bleiben werden die, die sich in den letzten Jahren, stellenweise Jahrzehnten, einen Namen in der Szene gemacht und durch harte Arbeit den persönlichen Wunsch, Domina zu sein, erfüllt haben.

Arne Hoffmann: *Und wie siehst du deine ganz persönliche Zukunft in den nächsten Jahren?*

Baroness Mercedes: Es ist nichts wirklich geplant. Sicher ist, dass ich diesen Beruf so lange ausüben möchte, wie er mir Spaß macht. Ob ich das weiterhin in Deutschland machen werde, steht noch in den Sternen. Es könnte durchaus sein, dass es mich wieder in die Ferne zieht.
Doch ein Leben ganz ohne SM ist für mich, zumindest jetzt, unvorstellbar. Ich gehöre zu den wenigen Menschen, die ihr »Hobby« zum Beruf machen konnten, und das genieße ich.
Ob ich hier bleibe oder ins Ausland gehe, hängt zum einem von der wirtschaftlichen Entwicklung Deutschlands ab. Denn wenn wir mal ehrlich sind, ist ein Besuch bei einer Domina eine Art Luxus. Sogar vergänglicher Luxus. Wenn die Stunde erlebt ist, kann man sie nicht mehr weiterverkaufen. Dadurch bemerken Frauen in diesem oder vergleichbaren Berufen eine wirtschaftliche Krise als erste. Sobald ein Krieg auf der Welt ausbricht oder der Spritpreis zu stark ansteigt, sinkt der Verdienst.
Zum anderen hängt es einfach von entstehendem oder eben nicht entstehendem Fernweh ab. Doch auch in einem anderen Land würde ich mich wieder bemühen, ein Privatstudio aufzubauen, in dem ich mich so wohl fühle wie in meinem Wohnzimmer.

Lady de Cobra: »Sind nicht alle männlichen Kreaturen ihrer Neigung nach Sklaven?«

Lady de Cobra gehört wohl zu den bekanntesten deutschen Dominas, da sie einen ganz eigenen, unverwechselbaren Stil pflegt. Auf Ihrer Website www.residenz-cobra.de, auf der sich ein weiteres Interview, Erlebnisberichte und andere aufschlussreiche Texte finden, erzählt sie von sich, worauf es ihr ankommt:

»Einfühlsame Grausamkeit! Mit diesen zwei Worten würde ich meinen Stil beschreiben. Jeder, der das Glück hat, mich besuchen zu dürfen, soll wissen: Tabus werden respektiert, jedoch Grenzen setze ich alleine. Ich greife Wünsche eines Sklaven nur insoweit auf, wie sie mit meinen Wünschen identisch sind. Ich bin gerne Traumerfüllerin, aber nur und ausschließlich meiner eigenen Träume. Jede männliche Kreatur, die meine Residenz betritt, muss wissen, dass es ausschließlich meine Regeln sind, die ein Objekt zu befolgen hat. Die Hürden sind hoch, um in den Genuss meiner Gesellschaft zu gelangen, und ich verspreche nicht, dass es für Sklaven wirklich ein Genuss wird. Es könnte für dich zu einem Albtraum werden, also überlege es dir gut. (…) Ich bin keine Dienstleisterin für Sklaven. Bitte verschont mich! Geht zu anderen! Es gibt so viele schöne, bunte Studios, mit allem erdenklichen Service. Dort seid ihr willkommen. Ich bin Dienstnehmerin! Begreift es! Ich nehme, euch erwartet: Kälte, Ignoranz, Arroganz, Schmerzen, Härte und das Gefühl, dass ihr mich niemals zufrieden stellen könnt. Jedoch die, die von mir empfangen wurden und eine Sklavennummer erhielten, wissen genau dies zu schätzen, und das sind Sklaven, in deren tiefster Seele der Wunsch eingebrannt ist zu leiden, zu dienen und zu erleben, was es heißt, Sklave der Lady de Cobra zu sein.«

Lady de Cobras Residenz findet man in Andernach, einer Kleinstadt am Rhein zwischen Koblenz und Bonn.

Arne Hoffmann: *Lady de Cobra, wann und wie haben Sie zum ersten Mal festgestellt, dass Sie dominant sein können?*

Lady de Cobra: Mit Anfang 20 lebte ich ihn einer Beziehung, in der ich erstmalig mit SM in Berührung kam, ohne überhaupt zu wissen, was eigentlich SM ist. Angeregt von meinem damaligen Partner, probierte man sich aus, und natürlich wurden auch die Seiten gewechselt. Schnell stellte ich fest, dass nur der dominante Teil meinen Neigungen entspricht. Es kam allerdings nicht über das Stadium von Hausfrauen-SM (das soll nicht abfällig klingen) hinaus. Das war für diese Zeit vollkommen okay, und meine wirkliche SM-Leidenschaft lag noch im Dämmerzustand.
Jahre später, meine damalige Beziehung war längst beendet, lernte ich meinen jetzigen Partner und Leibsklaven kennen. SM spielte beim Kennenlernen keine Rolle, und es handelte sich eher um eine Zufallsbekanntschaft. Trotzdem gestand er mir am ersten Abend, Masochist zu sein. Meine Neugier war geweckt, und da er mir darüber hinaus »gefiel«, bin ich noch heute mit ihm zusammen. Die Entwicklung verlief rasend schnell. Ich lernte neue Dinge kennen und stellte fest, dass der SM der extremeren Varianten meine Neigung beflügelt. So war es nur eine Frage der Zeit, dieses nun immer mehr im Mittelpunkt meines Lebens stehende Thema auch zu meinem Beruf zu machen.

Arne Hoffmann: *Möchten Sie uns verraten, was genau Sie mit »SM der extremeren Varianten« meinen?*

Lady de Cobra: Nun ja, mit extremeren Varianten meine ich nicht nur einzelne Praktiken, sondern den gesamten Umgang mit »der Kreatur Sklave«. Bei mir ist der Sklave vom Betreten der Residenz, ja schon im Vorfeld am Telefon, bis zum Verlassen der Residenz Sklave und nur Sklave. Es gibt kein: »Schön dass du da bist!« oder: »Herzlich willkommen!« Auch beim Verlassen der Residenz findet kein Gespräch in »normaler« Atmosphäre statt. Sklaven sind Sklaven, und es wird in keinem Fall »die Illusion« genommen, dass SM nicht das wirkliche Leben sei. Sklaven finden bei mir SM in absoluter Realität und nicht als Spiel vor.
Besondere Praktiken der extremeren Art aufzuzählen wäre in diesem Zusammenhang eher langweilig und führt zu nichts. Vielleicht in einem anderen Zusammenhang, um zu verdeutlichen, wie weit manche Folterungen gehen, aber um einen Unterschied zu den meisten anderen Studios zu verdeutlichen, ist die obige Beschreibung im Umgang mit den Sklavenkreatu-

ren schon wichtig und extrem, denn ich weiß, dass in anderen SM-Etablissements durchaus Gespräche, Begrüßungen und Verabschiedungen in normaler freundschaftlicher, gleichberechtigter Art üblich sind.

Arne Hoffmann: *Wird dieser Umgang, wie Sie ihn im Gegensatz zu manch anderer Domina anbieten, denn von vielen Männern gewünscht?*

Lady de Cobra: Eine Kurzfassung der Antwort lautet: ES INTERESSIERT MICH NICHT, WAS KREATUREN WOLLEN!!!!!!
Eine ausführlichere Antwort dazu: Ich spreche grundsätzlich nicht von Männern. Gibt es überhaupt welche? Sind nicht alle männlichen Kreaturen ihrer Neigung nach Sklaven?
Wer meine Residenz betritt, unterwirft sich meinen Anforderungen und Bedingungen. Es ist seine freie Entscheidung, eine Audienz zu erbitten, jedoch NICHT seine Entscheidung, wie ich mit ihm umgehe.
Ich ziehe ohne Kompromisse mein Ding durch, und es scheint anzukommen. Zu anderen Dingen bin ich nicht bereit. Aufgrund meiner Unabhängigkeit, geistig und wirtschaftlich, kann ich es mir auch leisten.
Es dürfen sehr wohl im Vorfeld per Mail Wünsche und Fantasien geäußert werden. Jedoch ich alleine entscheide, welche davon mir so zusagen, dass ich bereit bin, diese oder einen Teil davon zu übernehmen.
Einzig eine Vorgabe beachte ich IMMER: Wenn eine Kreatur keine Spuren haben möchte.
Es bedeutet auch nicht, dass ich keine Tabus gelten lasse, sondern es bedeutet lediglich, dass ich die Fantasien unter Umständen in meinem Tun berücksichtige oder wohlwollend beachte.

Arne Hoffmann: *Ihre Einstellung äußern Sie ja auf Ihrer Website: »In Wahrheit trägt jede männliche Kreatur das Sklave-Sein in sich.« Wie kommen Sie auf diesen Gedanken?*

Lady de Cobra: Es gibt genügend Beispiele. Eins sei stellvertretend erwähnt – und es spielt nicht in meiner Residenz, denn dort kann ich es sogar verstehen, weil es mein Refugium ist und jede männliche Kreatur im Vorfeld weiß, dass dort ganz besondere Regeln einzuhalten sind, nämlich meine.
Ich besuchte vor einiger Zeit den Painball in Karlsruhe. Hin und wieder bin ich dort anzutreffen, weil mir das Ambiente zusagt und auch das Publikum okay ist. Ich kettete meinen Leibsklaven irgendwo, für jeden zugänglich und zur freien Verfügung an, um mich anschließend, durch ihn ungestört,

zu amüsieren. Ich nutzte ihn an diesem Abend ausschließlich als Chauffeur. Nach kurzer Zeit kam ich mit einem sehr gutaussehenden, durch Kleidung und Auftreten eindeutig als »Dom« erkennbaren »Mann« ins Gespräch. Wir sprachen irgendwann auch darüber, was jeder beruflich so täte. Seine Augen leuchteten, als ich ihm von meiner Residenz und meinem Umgang mit Sklaven erzählte. Eigentlich wollte ich nur eine gute, humorvolle Unterhaltung führen. Ich merkte jedoch, dass er langsam ein wenig zurückhaltender wurde, herumdruckste und so fragte ich ihn, was denn los sei.

Darauf warf er sich mir vor die Stiefel und bettelte darum, auf dem Klo meinen NS zu bekommen. Enttäuscht, wieder mal meine Ansicht zu männlichen Kreaturen bestätigt zu wissen, ließ ich ihn meine Stiefelsohlen sauber lecken, und es störte ihn auch nicht, dass diese sehr schmutzig waren, denn draußen war eine Baustelle gewesen, und ich war dummerweise in eine Matschpfütze getreten. Ich verlangte von ihm einen entsprechenden Obolus, den er anstandslos ablieferte, und pisste ihn an Ort und Stelle von oben bis unten an, so dass auch seine Kleidung eingesaut war. Anschließend bugsierte ich ihn mit Tritten bis zum Eingangsbereich. Dann verschwand ich wieder in der Menge. Gesehen habe ich ihn danach nicht mehr, nur viele geile Blicke von Sklaven und bewundernde Zurufe von einigen Ladys erntete ich, die das ganze Schauspiel mitbekommen hatten.

Es gäbe viele Beispiele mehr. Dieses allerdings ist ein exemplarisches, gut verständliches, wieso ich die Meinung, dass alle »Männer« mehr oder weniger Sklaven sind, vertrete. Dabei alleine entscheidend ist der Umgang mit ihnen. Aus jedem männlichen Wesen kann man einen Sklaven machen. Auch funktioniert »der Mann« am besten, je mehr er unter der Knute des Weibes steht.

Es gibt Sklaven, die zu Hause ihre Ehefrau verprügeln. Das sind teilweise hochbezahlte und hochintelligente Managertypen. Deren Frauen sollten mal bei meinen Sessions anwesend sein. Ich glaube, man könnte danach einige Frauenhäuser schließen und sie zu Männerhäusern machen. Leider sind sich die wenigsten Frauen darüber im Klaren, wer wirklich das starke Geschlecht ist. Es sind wir, wir Frauen.

Arne Hoffmann: *Das klingt stellenweise schon extrem überdrüssig und entnervt von solchen Männern. Würden Sie sich denn wünschen, endlich einmal einem Mann zu begegnen, der sich in Ihren Augen als dominant oder zumindest ebenbürtig behaupten kann?*

Lady de Cobra: Die Hoffnung, einen Dom zu finden, der mir auf gleicher Augenhöhe begegnet und mit dem ich gemeinsam meinen Leibsklaven weiter abrichte, habe ich inzwischen tatsächlich weitestgehend verworfen. Dies stellt jedoch kein Problem dar, es wäre lediglich eine Vervollständigung meiner Vorstellungen und Fantasien gewesen.

Allerdings, damit kein falscher Eindruck entsteht, muss ich den Begriff des Leibsklaven, der auch mein Ehemann ist, relativieren und gleichzeitig erweitern. Es ist keine Beziehung, die sich als reine 24/7-SM-Beziehung darstellt, denn dafür ist mein Leibsklave zu wenig devot, sondern mehr masochistisch. Das ist auch gut so, denn es gibt, wie in jeder Beziehung, Dinge, die gemeinsam besprochen und entschieden werden müssen, auch wenn im Zweifelsfall meine Meinung den Ausschlag gibt. Trotzdem muss und soll er ja ein »normales« Leben mit einem Beruf und sozialen Kontakten führen. Und nicht zuletzt hat auch eine Domina das Bedürfnis, sich ganz einfach mal fallen zu lassen oder im Krankheitsfall auch pflegen und versorgen zu lassen. Dies relativiert meine Dominanz ihm gegenüber in keinster Weise, was wiederum bei ihm auf einen Charakter schließen lässt, der soviel Selbstvertrauen besitzt, das ein Ausnutzen dieser »Schwächeperioden« nicht in Frage kommt. Somit habe ich durchaus einen nicht nur sklavenhaften, sondern auch männlichen Part an meiner Seite, der voll und ganz ausreichend und befriedigend ist.

Deshalb soll meine vorherige Antwort weder entnervt noch verdrießlich klingen, sondern sie ist einfach Realität, wenn auch nur meine Realität, die durch die entsprechenden Erfahrungen geprägt ist.

Arne Hoffmann: *Sie sprechen da einen Punkt an, den ich interessant finde. Die verschiedenen Dominas haben sich in der Anfangsphase ihres Kontaktes mit mir sehr unterschiedlich präsentiert. Sie, Lady de Cobra, sind in unser Interview mit einigen deutlichen sprachlichen Dominanzgesten hineingegangen. Machen Sie das, weil Sie schlicht in der Dominarolle antworten wollten, oder trennen Sie Rolle und Alltagsperson überhaupt nicht mehr? Falls letzteres der Fall ist: Ist es nicht unglaublich anstrengend und erschöpfend, ständig Dominanzsignale senden und Stärke ausdrücken zu müssen und sich keine Schwäche zu erlauben?*

Lady de Cobra: Nein, ich muss mich dafür ganz und gar nicht anstrengen, weil es keine Rolle ist, die ich spiele. ICH BIN SO!!! Das mag vielleicht für Außenstehende unwirklich oder aufgesetzt erscheinen, aber, sorry, so ist es nun mal.

Ich habe keine Last mit der Dominanz, und ich schauspielere auch nicht für andere. Wenn dies so wäre, hätte ich nicht die Arroganz, von mir selbst zu behaupten, dass ich meinen Beruf aus Leidenschaft und mit Überzeugung ausübe. Dann würde ich mir auch nicht privat meinen Leibsklaven halten, denn zu Hause das »kleine Mäuschen« und in meiner Residenz gestylt die knallharte Domina geben, das würde nicht lange gut gehen. Und die um eine Audienz bittenden Objekte würden das auch spüren.

Nichtsdestotrotz ist natürlich nicht jeder Tag gleich. Und wie ich schon in einer vorherigen Antwort schrieb, habe auch ich hin und wieder das Bedürfnis, mich anzulehnen oder einfach zu kuscheln. Wenn dies bei meinem Leibsklaven und Ehemann zur Folge hätte, dass er deshalb in mir nicht mehr seine Herrin, Gebieterin und Domina sehen würde, wäre er nicht der Richtige.

Er hat deshalb also in keinster Weise weniger Respekt, Achtung, ja vielleicht sogar Angst vor mir oder besser gesagt, Angst vor den Folgen. Es ist auch ein Teil von mir, und es wird respektiert. Ich denke auch nicht darüber nach, sondern bin einfach, wie ich bin.

Zusätzlich wäre es wohl vollkommen unnormal, im Krankheitsfall zum Beispiel mit Grippe und Fieber noch mit der Peitsche im Bett zu liegen. Das fände ich doch sehr aufgesetzt und unglaubwürdig. Sich dann aber ohne schlechtes Gewissen, jemandem zur Last zu fallen und Unbequemlichkeiten zu bereiten, verwöhnen und pflegen lassen, das empfinde ich wiederum als Privileg, denn wie viele Ehefrauen und Mütter haben ein schlechtes Gewissen, wenn sie krankheitsbedingt mal ausfallen und plötzlich auf Hilfe angewiesen sind.

Zusätzlich schulde ich meinem Sklaven keinen Dank, denn dafür ist er ja auch da. Und er ist vielleicht mehr bemüht als ein »normaler« Ehemann, denn die Strafe wäre sicherlich grausam, wäre ich mit seinen Diensten unzufrieden.

Arne Hoffmann: *Als ich mir Ihre Website über Ihre Residenz und diverse Einrichtungen darin so durchgelesen habe, dachte ich mir stellenweise: Hui, das muss nicht ganz billig gewesen sein. Die ganzen Kosten müssen sich ja auch erst mal amortisieren. War es für Sie eigentlich schwierig, sich als Domina gleich mit einer kompletten Residenz selbstständig zu machen?*

Lady de Cobra: Nein, billig ist nichts. Es würde auch nicht meinem Style entsprechen. Die Kunst liegt zum einem in einem günstigen Einkauf, der mir möglich ist, weil ich einen geradezu grandiosen und preislich anständigen Gerätebauer habe, der meine Ideen verwirklicht und ich somit viele Spezialanfertigungen habe, die es sonst in dieser Art und Stabilität wohl nirgendwo gibt. Das gleiche gilt für meinen Lederschneider, der als absoluter Lederfetischist Feinheiten in Uniformen, Hosen, Jacken und sonstigen Kleidungsstücken einarbeitet, die auf Bildern gar nicht sichtbar sind. Zusätzlich ist die Qualität des Leders einfach klasse.

Zum anderen bin ich finanziell unabhängig, was nicht bedeutet, dass ich Geld verschenke oder unüberlegt investiere, sondern weil ich damit umgehe, wie ich immer damit umgegangen bin, auch vor meiner Zeit als Domina. Ich habe mir diesen Status hart erarbeitet und noch heute gilt: Kosten, die ich nicht produziere, muss ich nicht erarbeiten. Es ist allerdings sehr angenehm zu wissen, dass ich meine Vorstellungen und Konzepte umsetzen kann, ohne gegenüber männlichen Kreaturen Kompromisse machen zu müssen. Ich weiß, dass das bei den meisten in diesem Gewerbe Tätigen ganz anders aussieht. Wer also glaubt, mir meine Prinzipien im Umgang mit Sklaven abkaufen zu können, der sollte seinen Obolus besser anderweitig an die Frau bringen.

Arne Hoffmann: *Eine der Einrichtungen Ihrer Residenz ist ein sogenanntes »Schlachthaus«. Von »Schweineschlachtungen« im Rahmen von SM-Aktionen hatte ich bislang noch nichts gehört; erst in der Vorbereitung zu diesen Interviews habe ich auf den Websites einiger weniger Dominas davon gelesen. Was genau darf man sich darunter vorstellen, und was ist daran so reizvoll?*

Lady de Cobra: Das Schlachthaus *(lächelt).*
In diesem Raum wurden früher tatsächlich hin und wieder Tiere geschlachtet, denn die Villa war früher im Besitz eines Tierhändlers, und so wurde der Raum ab und an dazu genutzt, Tiere zu schlachten. Heute werden dort »nur« noch Scheinschlachtungen durchgeführt.
Ein Bereich, den ich seit einiger Zeit bewerbe, weil ich das Optimum der Räumlichkeiten habe und es auch ganz ansprechend finde, diese dunklen Fantasien umzusetzen.
Es befriedigt mein Amüsement, denn um so realitätsnäher man das Ganze inszeniert, um so realer ist die Angst bei den zu »schlachtenden Kreaturen«. Das Einstellen auf die absurdesten Fantasien eines »Schlachtviehs« ist eine Herausforderung, vor allem diese durch die Realität zu übertreffen, so dass tatsächliche Angst entsteht.

Ich habe im Outdoorbereich einen Stall, wo die Kreaturen erst mal eine Zeit gehalten werden. Nach einiger Zeit fange ich sie in diesem Stall regelrecht ein und zerre sie mit einem alten Strick um ein Bein so hinter mir her, dass sie zu Boden gehen und tatsächlich teils schleifend, teils kriechend den Weg zum Schlachthaus nehmen.

Gerne helfe ich auch mit Stockschlägen oder mit einer Forke nach. Die genauen Details möchte ich dir ersparen, allerdings hängen sie nach einiger Zeit kopfüber am Flaschenzug, abgeflämmt, gebürstet und mit Wasser abgespritzt, auf das Ausweiden wartend. Das Bolzenschussgerät schenke ich mir hier, weil es realistischerweise nicht zum Einsatz kommen kann. Allerdings sehen es die »armen Viecher«.

Mit einem Messer, aus dem Theaterblut spritzt, wird der Kadaver dann kopfüber ausgeweidet. Wie man auf Bildern sehen kann, steht auch eine große Kühltruhe im Raum, so dass ich den Delinquenten gerne vermittele, wo sie anschließend landen.

Das ist natürlich eine Kurzform dessen, was genau passiert, denn eine solche Session kann über mehrere Stunden gehen.

Ich glaube, auf meiner Website gibt es dazu sogar einen Erlebnisbericht, sehr zu empfehlen.

Es steht mir nicht zu, sexuelle Fantasien von männlichen Kreaturen zu bewerten – allerdings sei gesagt, dass eine wirklich gute Domina mehr ist als eine Gebieterin, Herrin, Schlächterin oder was auch sonst. Sie muss vor allem eine sehr gute Psychologin sein, denn sonst wird sie keinen Erfolg haben. Und eins habe ich in all den Jahren gelernt: Die Abgründe der menschlichen Sexualität sind das tiefste Loch auf Erden.

Arne Hoffmann: *Kommt es bei all diesen emotional intensiven Inszenierungen eigentlich jemals vor, dass es Ihnen selbst zu viel wird? So dass Sie sich zum Beispiel sagen: Jetzt nehm ich mir mal lieber zwei Wochen Auszeit, sonst krieg ich noch Albträume?*

Lady de Cobra: Also Albträume habe ich keine, denn Dinge, die ich nicht machen will, mache ich nicht. Ich schließe allerdings nicht aus, dass einige Sklaven Albträume nach dem Besuch in meiner Residenz bekommen *(lacht)*.

Denn natürlich ist bei vielen die Fantasie ausgeprägter als dann anschließend die Neigung, dies auch auszuhalten. Dies ist jedoch nicht mein Problem, und ich habe oft die Erfahrung gemacht, dass gerade diejenigen wiederkommen, von denen ich es nicht erwartet hätte. Es ist wohl folgendermaßen: Das Kopfkino läuft, und man bittet um eine Audienz. Wird diese Audienz erteilt und der Sklave erscheint, kann es passieren, dass einige Dinge tatsächlich passieren, die er erträumt hat. Zusätzlich passieren natürlich auch noch ganz andere Dinge. Während der Session merke ich, dass es für die Kreatur zu extrem, zu brutal und hart ist. Ich ziehe es oft trotzdem durch. Ich weiß genau, er findet diese Session nicht toll und ist maßlos überfordert. Er würde am liebsten fliehen, aber er ist so fixiert, dass es nicht möglich ist. Wenn er meine Residenz nach der Session jedoch verlässt, dauert es einige Zeit, bis seine Geilheit zurückkehrt, und schon ist wieder das Kopfkino da, nur dass er jetzt Teile davon erlebt hat. Dass es für ihn kein Zuckerschlecken war, verdrängt er, denn in seiner Fantasie kann er ja jetzt wieder viel mehr ertragen. Die Bindung zu mir besteht also oftmals in der Nacharbeitung, und somit kommt er wieder, um neue Nahrung für sein Kopfkino zu finden.

Weshalb sollte ICH also Albträume haben? Wenn dies so wäre, würde ich Dinge tun, mit denen ich nicht klarkomme, und das gibt es bei mir nicht.

Was den Abstand anbelangt, so kann man jeden Beruf supergerne und sehr gut ausüben, trotzdem braucht es hin und wieder eine Auszeit. Nicht nur der Entspannung willen, sondern auch, um sich selbst zu überdenken und neue Ideen zu entwickeln. Auch gibt es Urlaube, gemeinsam mit meinem Ehemann und Leibsklaven, wo das Wort SM tagelang nicht einmal präsent ist. Das Leben ist zu vielschichtig, um es vollkommen eindimensional zu betrachten, auch wenn man für sich einen Bereich gefunden hat, in dem man sich glücklich fühlt.

Arne Hoffmann: *Haben Sie eigentlich je erlebt, dass einer Ihrer Besucher einen regelrechten psychischen »Absturz« hatte, also einen kleinen seelischen oder nervlichen Zusammenbruch, nach dem erst mal gar nichts mehr ging? Wenn ja, wie sind Sie damit umgegangen?*

Lady de Cobra: O ja, das habe ich erlebt. Allerdings hing das nicht mit der Session zusammen, sondern wegen sehr großer familiärer Probleme des Sklaven. Er bekam während der Session gefühlsmäßig einen Zusammenbruch. Da es sich um eine Langzeitsession handelte, entließ ich ihn aus meiner Residenz, um mich, mit ein wenig Zeitabstand, mit ihm in einem Lokal zu treffen. Nach diesem Treffen kam er zwei Stunden später wieder in meine Residenz, und die Session ging weiter, als sei nichts geschehen.

Grundsätzlich bin ich nicht dazu da, Sklavenkreaturen »aufzufangen«. Das wissen diese auch, denn ich werde einen Sklaven niemals trösten und damit die »Illusion« der »totalen Sklaverei« aufheben.

Bei diesem oben beschriebenen Sklaven handelte es sich allerdings um einen langjährigen Bekannten, dessen private Situation mir vertraut war. Trotzdem hätte ich ein »normales« Gespräch nicht in meinen SM-Räumlichkeiten mit ihm geführt. Deshalb wurde von mir ein entsprechendes Lokal ausgewählt, um auch dem Gegenüber klar zu machen und zu zementieren, dass er in meiner Residenz nur Sklave ist und er dort keinerlei Vergünstigung zu erwarten hat.

Ob das eine oder andere Objekt einen Zusammenbruch hat oder gefühlsmäßige Probleme bekommt, wenn sie die Residenz verlassen haben, weiß ich nicht und es interessiert mich auch nicht. Es sind Sklaven, und folgerichtig werden sie genau so behandelt.

Wer ein weniger durchgängiges und weniger krasses Ambiente und Behandlung möchte, der ist bei mir definitiv vollkommen falsch. Ihm sei unbedingt empfohlen, jemand anderes aufzusuchen als gerade mich.

Allerdings möchte ich erläutern, dass ich häufig merke, dass es oft nur noch eines kleines Schrittes bedarf, um einen Sklaven an den Rand des psychischen Absturzes zu bringen. Diesen Schritt dann zu tun ist reizvoll, allerdings lässt mein Verantwortungsbewusstsein das nicht zu. Ein Sklave kann und soll sich fallen lassen. Dafür ist unabdingbar, dass er seiner Herrin und Domina blind vertrauen kann, so dass er weiß, dass diese jederzeit Herrin der Lage ist und eben nicht die Kontrolle verliert.

Dies in absoluten Grenzsituation immer wieder zu leisten ist extrem schwierig, aber auch reizvoll, und es ist eine Aufgabe, die ich mir gerne selbst abverlange.

Arne Hoffmann: *Für viele Sadomasochisten stellt »safe, sane and consensual« (sicher, gesund und einvernehmlich) ja eine wesentliche Richtschnur dar. Halten Sie diese für komplett überbewertet, oder können Sie damit zumindest teilweise etwas anfangen?*

Lady de Cobra: Vielleicht habe ich mich schlecht oder unverständlich ausgedrückt. Es interessiert mich nicht, wie es der Kreatur geht. Das bedeutet jedoch nicht, dass ich es nicht wüsste.

Natürlich kann man jeden Sklaven nicht mit der gleichen Intensität behandeln, aber ich weiß genau, was ich der jeweiligen Kreatur zumute.

Ich bin sicher, dass ich vor dem Sklaven weiß, was er aushält und was nicht. Ganz bewusst gehe ich oft über die Grenzen dessen, was er aushält, hinweg – manchmal nur ganz kurz, um ihm seine Machtlosigkeit zu demonstrieren. Trotzdem muss er so viel Verantwortungsbewusstsein durch mich spüren, um sich gehen zu lassen. Ich kann Macht vollkommen instinktlos ausnutzen oder kann sie ganz gezielt für meine Zwecke einsetzen. Es ist ein Spiel, obwohl ich das Wort sehr ungern benutze, in dem ich den Sklaven an oder über Grenzen führe, ihm danach vielleicht kurze Erholungspausen gönne und ihn in Sicherheit wiege, um danach je nach seelischer und körperlicher Belastbarkeit wieder umso härter und unnachgiebiger mit ihm umzugehen.

Da ich in der Szene als eine der extremeren Damen gelte, ich mir diesen Ruf hart erarbeitet habe und gut mit dieser Charakterisierung lebe, ist es mir schon wichtig, dass kein Sklave meine Residenz verlässt und denkt: »Na, das hätte aber ruhig härter kommen können.« Nein, dann ist es mir lieber – auch aus Gründen, die ich schon einige Fragen vorher beantwortet habe – er jammert, es sei zu hart gewesen. es ist für mich die eindeutig bessere Variante. Das bedeutet aber niemals, gesundheitliche Schädigungen in Kauf zu nehmen, wobei zu klären wäre, was man darunter versteht.

Auch Sicherheitsaspekte dürfen nie außer acht gelassen werden, sondern sind elementar. Dinge, die ich nicht beherrsche, werde ich nicht tun. So lege ich z. B. keine Magensonden. Das ist zwar nicht sehr schwer, aber es reizt mich nicht, und ich habe es mir bisher nicht angeeignet, also tue ich es nicht.

Kurz noch mal zu gesundheitlichen Schädigungen: Für manche gehören Narben, die durch das Ausdrücken von Zigaretten entstehen dazu, für andere nicht mal ein richtiges Branding.

Meine Sklaven haben die Möglichkeit, ihre Tabus in schriftlicher Form zu benennen. Somit weiß ich im Vorfeld, wie das Objekt tickt. Mehr muss ich in der Regel gar nicht wissen.

Da ich grundsätzlich keine Session von einer halben Stunde anbiete (was sollte man auch groß in einer halben Stunde machen, eine Stunde ist schon sehr wenig) und hauptsächlich in Langzeitsessions agiere, gerne auch über mehrere Tage, weiß ich nach zehn Minuten der Session alles, was ich bis dahin nicht wusste.

Arne Hoffmann: *Falls eine Frau sich an Sie wenden würde, die von Ihrem ganz besonderen Ruf gehört hat – könnten Sie sich vorstellen, auch sie zu dominieren?*

Lady de Cobra: Natürlich. Da es sowieso nicht zu sexuellen Kontakten mit mir kommt, ist es für mich nicht sonderlich relevant, ob es sich um männliche oder weibliche Objekte handelt.
Die Nachfrage von Sklavinnen ist allerdings kaum messbar, weil es für Sklavinnen kein Problem sein dürfte, ihre Veranlagung in einer Partnerschaft auszuleben, da das Verhältnis zwischen SM-veranlagten Männern und SM-veranlagten Frauen vollkommen unausgeglichen ist.
Es geschieht jedoch hin und wieder, dass Paare gemeinsam SM in meiner Residenz erleben wollen, wobei sie sowohl nur die Räumlichkeiten mieten können als auch mit mir vereinbaren, dass ich mit dieser Dame gemeinsam ihren Sklaven weiter abrichte. Auch kommt es hin und wieder vor, dass beide Partner devot oder masochistisch sind, so dass ich dann beide gemeinsam dominiere.
Interessant ist in diesem Zusammenhang noch festzustellen, dass Sklavinnen in der Regel belastbarer sind als Sklaven. Außerdem schätzen sie ihre Belastbarkeit wesentlich realistischer ein. Also auch in diesem Bereich ist das weibliche Geschlecht das wirklich starke *(lächelt)*.

Arne Hoffmann: *Damit bei unseren Lesern nicht nur das Schlachthaus hängen bleibt: Möchten Sie nicht doch eine besonders gelungene Session der letzten Zeit beispielhaft schildern?*

Lady de Cobra: Nein! Möchte ich eigentlich nicht, zumindest nicht ausführlich. Die größte Zahl, ich würde behaupten: ca. 90% der Sessions verlaufen sehr gut und die restlichen 10% sind nicht so toll.
Das liegt dann daran, das es nicht gelingt, zwischen dem Sklaven und mir die richtige Chemie zu finden.
Es ist auch nicht so, dass ich einer unerschöpflichen Anzahl von Sklaven Audienzen gewähren würde, denn ich lehne im Vorfeld sehr viele Bittgesuche ab, weil ich überzeugt davon bin, dass vieles nicht zu mir passt. Deshalb ist die Anzahl der dann gelungenen Sessions sehr hoch.
Jemand, der SM als Modeerscheinung betrachtet, einfach neugierig ist oder »körperlichen Kontakt« braucht, ist bei mir definitiv falsch.

Was ich schon in einem anderen Interview sagte, gilt noch immer: Derjenige sollte zu einem der »üblichen« Studios gehen. Es gibt viele und leider immer mehr davon.

Wer jedoch die wirkliche Sklaverei als Veranlagung in sich trägt oder bereit ist, ohne Einschränkung zu dienen, der darf gerne um eine Audienz bitten.

Wenn ich hier eine Session beschreiben müsste, die mir besonders gefallen hat, bestünde die Gefahr, dass du es aus Jugendschutzgründen nicht abdrucken würdest. Eine einzige Session stellt nicht im entferntesten die Vielfalt der Möglichkeiten und Fantasien dar, die ich an und mit meinen Kreaturen umsetze.

Gerne kannst du aber als Antwort nochmals auf meine Homepage verweisen, denn dort gibt es verschiedene Erlebnisberichte, die ebenfalls einen unvollständigen, aber doch weiträumigeren Überblick über die Dinge geben, die ich mit meinen Objekten anstelle.

Eine kleines Sessionbeispiel möchte ich dann doch in absoluter Kürze erzählen. Ob du das wirklich abdrucken willst, überlasse ich dir. Es könnte sein, dass dann die Neugier der Leser in Abscheu wechselt. Ich empfinde es nicht als außergewöhnlich.

Einen Sklaven, der regelmäßig zu mir kommt, fixiere ich erst mal mit Nägeln durch Vorhaut und Brustwarzen an ein großes Holzgestell im Folterkeller. Anschließend wird durch die Nägel Strom geleitet. Falls ich während der Session rauche, werden die Zigaretten auf seinem Körper ausgedrückt, auch auf seiner Zunge. Der Sklave wird zusätzlich mit Stacheldraht gefesselt und anschließend wird er mit einem Stock, der dick ist wie ein Besenstiel, geschlagen. Der Clou: Dieser Stock ist mit Stacheldraht umwickelt, und man kann sich vorstellen, wie dieses Objekt aussieht, wenn die Session zu Ende ist. Auch die Wände und der Boden des Folterkellers sind dann vollkommen mit Blut besudelt und bespritzt.

Na, ob das Dinge sind, die im Buch stehen sollten, weiß ich nicht, aber du hast danach gefragt, und das ist nicht mein extremster Sklave.

Manche stehen auf Brennen mit Lötkolben, manche auf ein Skalpell *(lächelt)*. Es ist eben bei mir anders, als es in manchen TV-Reportagen gezeigt wird. Diese SM-Reportagen – ich schaue mir so was schon gar nicht mehr an – haben wenig mit meiner SM-Realität zu tun.

Arne Hoffmann: *Wie alle meine Gesprächspartnerinnen möchte ich auch Sie zum Abschluss gerne fragen, ob es von Ihrer Seite noch Aspekte gibt, nach denen ich mich gar nicht erkundigt habe, die Sie aber gerne erwähnt hätten?*

Lady de Cobra: Eigentlich weniger, denn ich stelle hier ja nicht die Fragen. Vielleicht wäre noch wichtig zu vermitteln, dass nicht der Eindruck entstehen sollte, dass SM nur rohe Gewalt darstellt. Bei SM geht es um Macht und Ohnmacht. Dieses Wechselspiel bedarf nicht immer Gewalt, sondern es kann auch subtilere Dinge wie Demütigung, Hilflosigkeit, Benutzung bedeuten. Dies wollte ich nur noch mal klarstellen, damit nicht der Eindruck entsteht, dass in jeder meiner Sessions Blut fließen muss.

Varah: »Ich führe meine Gäste in eine andere Welt.«

»VARAH – bezaubernd und durchtrieben«, so stellt sich meine nächste Interviewpartnerin auf ihrer Website unter www.black-roses.org vor. Eine Fotogeschichte vor wildromantischem Hintergrund lässt Varah ebenso anziehend wie sympathisch wirken, auch weitere Bildergalerien sind überaus ansprechend. Varah beschreibt sich mit folgenden Worten:
»Ich bin eine außergewöhnliche Frau, die ihren Weg geht, jenseits aller Konventionen. Ich lebe meine Neigungen mit Herz und Leidenschaft. Mein Spielplatz ist das Studio mit seinen kleinen und großen Herausforderungen, wo ich mich nach Herzenslust austoben kann. (…) Ich nehme kein Blatt vor den Mund, erzähle dir meine schmutzigsten Fantasien bis ins kleinste Detail und ermutige dich, das gleiche zu tun. Ich liebe es, lächelnd Tabus zu brechen: Möchtest du nicht auch noch den letzten Rest deines Verstandes, deiner Kontrolle verlieren …? Ich liebe es, in verschiedene Rollen zu schlüpfen, in passender Verkleidung und Umgebung, kleine fantasievolle, skurrile Geschichten mit dir gemeinsam zu kreieren. Ich liebe das Wechselspiel zwischen lieb und böse. Wenn du immer lieb sein musst, kannst du bei mir mal so richtig böse sein, denn ich möchte einen Raum schaffen, wo alles sein darf. Ich bin offen für alle Varianten des Spiels, sowohl für den Erfahrenen, von dem ich mich gerne in seine Fantasien entführen lasse, wie auch für den Anfänger, der noch auf der Suche nach seiner Erfüllung ist. Mein Angebot ist für alle Menschen, egal ob jung oder alt, dünn oder dick, schön oder ›hässlich‹, beweglich oder eingeschränkt. Wobei das alles nur Äußerlichkeiten sind, die das Auge sieht und das Gehirn beurteilt. Für mich hat jeder Mensch eine innere Schönheit und Ekstase – und die möchte ich zum Strahlen bringen.«
Klar, dass ich auch diese Frau unbedingt interviewen wollte.

Arne Hoffmann: *Varah, du siehst du dich weniger als Domina denn als bizarre Gespielin. Was bedeutet das für dich?*

Varah: Eine Domina zu sein würde für mich bedeuten, gänzlich ohne Körperkontakt zu arbeiten und immer aktiv zu sein. Ich aber genieße das

Gefühl, zu tanzen zwischen Macht und Unterwerfung und Menschen mit meiner offenen und unkomplizierten Art behutsam und mit einem Lächeln auf den Lippen an ihre Tabugrenzen heranzuführen. Bevor ich anfing, in diesem Bereich zu arbeiten, gab ich vier Jahre lang Tantra-Massagen und hatte dort gelernt, mit der sexuellen Energie zu spielen, sie zu steigern und dann wieder abflauen zu lassen wie Ebbe und Flut. Ich genieße es immer sehr, in sexueller Energie zu baden. Im SM-Bereich lernte ich die bizarre Seite kennen und lieben. Ich spiele gerne im bizarren Bereich, je skurriler und fantasievoller, um so besser. Da bin ich voll in meinem Element, und da ich eh im Großen und Ganzen ein sehr verspielter Typ bin, und die herkömmlichen Bezeichnungen wie z. B. Bizarrlady nicht auf mich passten, bekam ich den Namen »bizarre Gespielin«.

Arne Hoffmann: *Du bietest SM ebenso an wie Tantra. Hast du jemals Versuche unternommen, beides miteinander zu verbinden? Wenn ja: Wie genau darf man sich das vorstellen?*

Varah: Ja das habe ich und ich tue es immer noch. In meine Arbeit als bizarre Gespielin mit devoten und auch dominanten Gästen lasse ich immer die Tantra-Energie mit einfließen. Für mich ist die Verbindung von SM und Tantra wie die Vereinigung von Licht und Schatten, wobei das eh mein zentrales Lebensthema auf allen Ebenen ist. Erst mal eine kurze Erklärung, was ich darunter verstehe, da ja heutzutage jeder was anders darunter versteht.

Tantra ist ein sanfter behutsamer Weg, sich selbst, seinem ureigenen Wesen zu begegnen, die Energien in unseren Körpern zu spüren, die sexuelle Energie zu wecken, sie zu steigern, mit ihr zu spielen. Dazu gibt es zahlreiche Möglichkeiten. An erster Stelle steht da für mich die Tantra-Massage. Durch unterschiedliche Berührung kommuniziere ich mit den Körpern, erschaffe Räume des Loslassens und des unkontrollierten Gehenlassens – das beinhaltet, dass alles sein darf, was kommen will: Bewegungen, Laute, Orgasmen.

SM ist auch ein Weg zu uns selbst, nur kann man durch SM schneller an die körperlichen und auch psychischen Grenzen kommen. Denn die Berührungen sind anderer Art und die Sinneserfahrungen viel intensiver. Durch z. B. verbundene Augen und bewegungslose Fixierung sensibilisiert auch noch der Aspekt von Spannung unseren Körper und Geist. Im SM sehe ich auch eine Möglichkeit, unseren Ängsten spielerisch in einem Schutzraum zu begegnen und sie eventuell dadurch aufzulösen.

In der Verbindung SM und Tantra ist Raum, alle Gefühle zuzulassen und rauszulassen. Es gibt die Möglichkeit einer SM-Session nach den Wünschen des Gastes, und danach kommt nach der Spannung die Entspannung mit einer Tantra-Massage, oder ich kreiere eine Tantra-Massage mit SM-Elementen, denn der Mix aus Fixierung, Spannung, Erregung, Lustschmerz und Zärtlichkeit ist eine der besten Methoden, aus unserer kontrollierten Welt auszusteigen in unsere Urdimension von ekstatischem freiem Sein.

Arne Hoffmann: *Wenn du deine Gäste auf solch intensive Wege geleitet hast – hast du dann schon mal besonders heftige Reaktionen ausgelöst – Abstürze, das Triggern von früheren Missbrauchs- oder Gewalterlebnissen, plötzliches Zurückfallen ins Kleinkindverhalten, Erfahrungen von Subspace oder anscheinend telepathische Verbindungen?*

Varah: Warte – das sind ja gleich vier Fragen in einer! Ich beantworte sie mal getrennt, weil es so unterschiedliche Bereiche sind.
Zu Abstürzen und Erinnerungen von Missbrauchs- oder Gewalterlebnissen: Nein, jedenfalls für mich nicht sichtbar oder spürbar, denn ich stecke nicht drin, was mir die Gäste von dem zeigen, was in ihnen vorgeht und was nicht. Aber ich weiß aus meinen eigenen Erfahrungen von frühkindlichen Missbrauchs- und Gewalterlebnissen, dass es sehr schwer, wenn nicht sogar unmöglich ist, dass eine fremde Person so was auslösen kann. Der Grund ist, dass der Gast sich in einer Session nie so tief auf mich einlässt wie z. B. in einer Beziehung oder einem privaten freundschaftlichen Verhältnis – da es ja eine bezahlte soziale Dienstleistung in einem vorher genau abgesprochenen Rahmen ist, mit einem Codewort, das jederzeit eingesetzt werden darf. Es ist ein Schutzraum, wo jeder in erster Linie die Verantwortung für sich selbst trägt, denn wir sind ja erwachsene Menschen. Wenn ich dennoch das Gefühl habe, dass sich ein Gast zu viel zumuten will, spreche ich das offen an und frage nach: wo sein Fokus ist, warum er zu mir gekommen ist und wo er hinmöchte bzw. was seine Wünsche und Fantasien sind.
Zu plötzlichem Zurückfallen ins Kleinkindverhalten: Diese Form der Lust begegnet mir hauptsächlich in der Babyerziehung erwachsener Männer, deren größte Erfüllung es ist, alle Verantwortung über ihren Körper und ihren Geist abzugeben, um einfach wieder an der »Mutter«-Brust saugen zu können, um das verloren gegangene Gefühl der Geborgenheit für eine begrenzte Zeit wieder zu erleben.

Auch die Erfahrungen von Subspace, in der Umgangssprache gerne als »Fliegen« bezeichnet, kenne ich aus beiden Perspektiven, sozusagen von oben und von unten. Durch die Einführung in ein Rollenspiel, in dem ich abwechselnd mit Körper, Psyche, Lust und Schmerz spiele und alles wohldosiert einsetze, kann ich mein Gegenüber unter Berücksichtigung seiner vorher mit ihm abgesprochenen Vorlieben und Tabus in eine andere Welt führen. In diesem Raum kann er sich dann vollkommen seinen Trieben, seiner Lust, seinen Gefühlen hingeben und sich sicher fühlen, weil ich auf ihn aufpasse. Da mein Gegenüber dann wahrscheinlich nicht mehr aus dem Kopf heraus reagiert und handelt, sondern eher aus dem Bauch, d. h. aus seinem Gefühl heraus, ist es sehr wichtig, ihn in dieser Situation nicht aus den Augen zu lassen. Diese »Flugerfahrung« ist eine ursprüngliche Form von Sein, die in unserer Gesellschaft leider gänzlich in Vergessenheit geraten ist. Sie ist aber ungeheuer wertvoll, da dieser »Rauschzustand des Fliegens« völlig ohne Drogen, Alkohol oder chemische Mittel, die nur die Funktion haben, unserem Alltag zu entfliehen, sondern allein durch die Ausschüttung der körpereigenen Drogen in einer Schmerz-Lust-Situation erreicht wird. Die Bereitschaft, sich dieser Erfahrung auszusetzen, sich dem aktiven dominantem Gegenüber für eine begrenzte Zeit vollständig hinzugeben, auszuliefern, anzuvertrauen, kann unser verloren gegangenes Urvertrauen und somit unsere angeborene Fähigkeit zur Ekstase zurück bringen.

Was schließlich telepathische Verbindungen angeht ... hm ... ich würde es eher Energien nennen, denn alles um uns herum ist Energie und lebt auf seine Weise. Die stärkste Energie ist die Energie unserer Gedanken. Sie können uns den Himmel oder die Hölle auf Erden bescheren. Und alle diese Energien stehen in Verbindung miteinander, auch alle Menschen – manche mehr, manche weniger, das kommt auf den Grad ihrer Verbindung an. Je weiter man sich einem anderen Menschen öffnet, der dann das gleiche tut, um so mehr steht man in Verbindung. Es ist wie ein unsichtbares Band zwischen Menschen, die sich nahe stehen. Wie könnte es sonst sein, dass einer das ausspricht, was der andere gerade denkt, oder genau in dem Moment anruft oder vor der Tür steht, wenn ich an ihn denke oder umgekehrt? Das bewirkt dieses Energieband. Die, die nicht daran glauben, nennen es Zufall. Aber ich bin der Meinung, Zufälle gibt es nicht. Bei besonders großer Sympathie tauscht man sogar die Stimmlagen und spricht dann im gleichen Tonfall wie der geliebte Mensch, oder man übernimmt fast automatisch seine Redensarten. Natürlich können diese Energieverbindungen auch in einer Session mit einem Gast entstehen, lösen sich aber in den meisten Fällen wieder automatisch einige Zeit nach der Begegnung. Je intensiver jedoch die beiderseitige Begegnung war, um so länger bleibt sie uns im Gedächtnis. Deshalb kann es schon passieren, dass wir den anderen mit unseren Gedanken »rufen«. Das könnte man dann auch als Telepathie bezeichnen.

Arne Hoffmann: *Du hast berichtet, du würdest Menschen gerne an ihre Tabugrenzen heranführen. Magst du ein bisschen schildern, wie du dabei vorgehst?*

Varah: Ja, gerne. Zuerst habe ich mir mal Gedanken gemacht, was ein Tabu überhaupt ist. Ich denke, Tabu ist eine Definition von Dingen, mit denen Menschen sich nicht beschäftigen wollen und die sie vielleicht auch überfordern. Das können Dinge sein, die ungute Gefühle auslösen wie Angst, Ekel etc. Kurz gesagt: Tabu ist alles, womit man nichts zu tun haben will. Ich differenziere da aber ganz klar zwischen Tabus und Straftaten. Handlungen, bei denen eine andere Person gegen ihre Willen körperlich oder psychisch verletzt wird, würde ich niemals harmlos als Tabu deklarieren.
Viele Tabus fangen beim eigenen Körper an, traurig aber wahr! Viele ekeln sich vor sich selbst und dem, was sie in bestimmten Situationen von sich geben: alle Körperprodukte, auf die wir als Kind stolz waren und über die wir uns freuten, wie Schweiß, Speichel, Urin und Kot. Wir haben uns so sehr davon entfremdet, dass sie heute tatsächlich bei einem erschreckend großen Teil der Menschen als Tabu gelten. Und das gilt auch noch als normal in dieser Gesellschaft.
Nur – der Knackpunkt dabei ist: Wie können wir unseren Partner in einer sexuellen Begegnung voll und ganz annehmen und ihm/ihr das Gefühl geben, er/sie darf da sein mit allem, was er mitbringt? Wenn wir uns vor uns selber ekeln, vor unseren eigenen Ausscheidungen, unseren Körperdüften, werden wir dieses Gefühl auch auf den anderen übertragen. Deswegen wird heutzutage so viel für teure Parfüms ausgegeben. Die Parfümindustrie floriert, weil alle gut riechen wollen, damit sich andere Menschen zu ihnen hingezogen fühlen. Die natürliche Anziehung, der natürliche Eigengeruch unseres Gegenübers geht dabei förmlich in einer betörend duftenden Parfümwolke unter. Die Folge davon ist, wir können uns nicht mehr riechen, wie wir auch gar nicht mehr wissen, wie der andere tatsächlich riecht.

In meiner Arbeit versuche ich, meine Gäste spielerisch an ihre Tabugrenzen heranzuführen und den Ekel vor dem eigenen Körper aufzulösen. Dabei finde ich schon im Vorgespräch mit humorvoller Leichtigkeit durch diverse Fragen heraus, wo die Tabus meines Gegenübers wirklich liegen. Das drückt sich nicht nur durch Sprechen aus, sondern auch durch Körperhaltung, Mimik und Gestik. Da ich mich jahrelang mit solchen Praktiken, meine Mitmenschen zu studieren, befasst habe, kann ich sozusagen, wenn die Stimme verstummt, aus Gesicht und Körperausdruck lesen, und das ist oftmals eine klarere Aussage, als es Worte je könnten.

Meine Lieblingsantwort auf die Frage an meinen Gast »Was hast du für Tabus?« ist »Ich habe keine Tabus.« Da frage ich dann schon innerlich schmunzelnd weiter und zähle absichtlich Bereiche auf, wo die meisten angewidert das Gesicht verziehen. Spätestens dann finden wir ganz schnell seine Tabus. Aber natürlich nie alle auf einmal. Vieles liegt noch im Verborgenen, weil es vielleicht noch keine Gelegenheit gab, es auszuprobieren, oder man noch nie an so was gedacht hatte. Wer kennt sich heute schon wirklich?

Einige Tabus können auch noch während eine Session auftauchen, die ich dann natürlich immer respektiere, z. B. wenn vom Codewort Gebrauch gemacht wurde oder ich intuitiv spüre, dass das jetzt eine Grenze ist, deren Überschreitung in der jeweiligen Situation nicht gut wäre. Ich lasse mich da innerhalb des vorher besprochenen Rahmens weitestgehend von meinem Gefühl leiten. Gerne baue ich solche »Sprünge über Tabus« in Sklavenbestrafungen und Züchtigungen mit ein. Auch der Satz vieler Sklaven »Herrin, für Sie würde ich alles tun!« erzeugt so etwas in mir wie Schadenfreude im positiven Sinne. Wer das zu mir sagt, wird auf jeden Fall gründlich getestet im Bereich seiner körperlichen Tabugrenzen. Das kann dann alles mögliche beinhalten, z. B. dass der Sklave sein eigenes Sperma vom Boden auflecken oder ins Glas pinkeln und es danach austrinken muss – und noch einige Möglichkeiten mehr, die ich hier nicht alle verraten will. Erstaunlich dabei ist, dass der Sklave sich dabei vor seinem eigenen Urin mehr ekelt als vor dem doch fremden Urin der Herrin. In diesem Fall springt er meiner Meinung nach gleich über zwei Tabugrenzen. Dabei ist für mich immer wieder erstaunlich, was Menschen scheinbar plötzlich mühelos alles fertigbringen bei entsprechender Vorbereitung und in einem entsprechenden Rahmen. Wenn ich ihnen im Vorgespräch gesagt hätte, was sie nachher anstandslos alles tun würden, hätten sie mir wahrscheinlich den Vogel gezeigt.

Arne Hoffmann: *Wie geht es deinen Gästen damit, dass du sie über ihre Tabugrenzen geführt hast? Kommen sie jemals wieder? Oder besuchen dich einige gerade deshalb?*

Varah: Wie es meinen Gästen damit geht, weiß ich nur, wenn sie es mir erzählen. Das tun leider die wenigsten. Wenn ich unsicher bin, frage ich auch im Nachgespräch. Was ich oft wahrnehme: Wenn Menschen ihre Tabugrenzen überwunden haben, liegt eine gewisse Stärke, die von innen nach außen strahlt, ein Ausdruck von Befreiung in ihrem Gesicht. Viele wirken jünger, frischer, ihre Augen leuchten voller Erstaunen – als wollten sie sagen: Das hätte ich nicht gedacht, dass ich das kann, das machen würde und vielleicht noch Lust dabei empfinden könnte. Der Kick, etwas Verbotenes, Unanständiges zu tun, um danach wieder in ihren Anzug zu steigen und wieder in ihren oft tristen Alltag zurückzukehren – aber die Erinnerung daran bleibt. Ein gewisser Kick bleibt im Kopf. Niemand da draußen weiß, was ich gerade getan habe – das ist etwas sehr Reizvolles, das weiß ich aus Erfahrung.
Meistens ist die gedankliche Theorie der Überwindung von Tabus viel von Ängsten, Ekel etc. überschattet. In der Praxis schaffe ich einen Rahmen; da tut man es oft einfach und denkt vielleicht erst hinterher darüber nach. Wie so oft in anderen Bereichen des Lebens ist das Denken auch hier oftmals problematischer als das Tun.
Es ist unterschiedlich, ob sie wiederkommen oder nicht nach so einer Erfahrung, ob sie weitergehen wollen und Lust bekommen haben, sich noch tiefer zu erfahren, Neues auszuprobieren, oder erst mal genug haben. Über diese Gründe kann ich nur Vermutungen anstellen, weil die wenigsten offen darüber sprechen. Auch wenn sie nicht wiederkommen, kann das alle möglichen Gründe haben. Zum Beispiel: Sie haben herausgefunden, dass das Ausleben dessen, was sie die ganze Zeit im Kopf hatten, nicht die gleiche Erfüllung brachte wie die bloße Vorstellung davon. Oder sie lieben die Abwechslung, die Vielfalt und gehen nie zweimal zu der gleichen Frau, brauchen jedes Mal aufs Neue das Abenteuer des unbekannten Gegenübers, was ja auch eine gewisse Spannung erzeugt. Die Gäste, die wiederkommen, wollen entweder weitergehen auf diesem Weg, um damit zu experimentieren und ihre wirklichen Grenzen herauszufinden, oder sie fanden Gefallen an dem Spiel der eigenen Grenzerfahrung und brauchen dazu einfach eine Person, die ihnen von Mal zu Mal immer vertrauter wird, um

diese Form von Intimität voll auszukosten und sich vertrauensvoll fallen zu lassen.

Arne Hoffmann: *Soviel zu den Männern. Wie hat dich selbst deine Tätigkeit als bizarre Gespielin seelisch verändert?*

Varah: Hm ... was soll ich dazu sagen? Alles verändert sich, verändert mich Tag für Tag. Das Leben ist Veränderung. Deshalb ist es schwer, einen Bereich herauszugreifen, der mich alleine verändert haben soll.
Aber okay, ich versuch's: Seit ich eine bizarre Gespielin bin, ist noch mehr unbeschwerte Leichtigkeit in mein Leben gekommen. Mein Spieltrieb wurde neu belebt. Ich spüre mich sehr in meiner Lust, meinem Körper, genieße das Spiel der Körper, die Spaß miteinander haben. Ich genieße den offenen lust-igen, lust-vollen Umgang mit Tabuthemen in diesem Bereich, wo es manchmal schon etwas ungewöhnlich und »unnormal« zugeht, denn konservative Normalität ist für mich auf Dauer unerträglich. Aus meinem Beruf wurde meine Berufung, die mich auch seelisch berührt. Ich wachse daran und entwickle mich weiter – zusammen mit den Menschen, denen ich begegne, die sich mir öffnen und mir ihre intimsten Wünsche und Vorlieben anvertrauen. Und ich darf sie gemeinsam mit ihnen in die Tat umsetzen. Das ist ein unermeßliches Geschenk für mich. Ich sehe es auch nicht als Arbeit. Es ist mein Spielplatz, wo ich andere dazu animiere, spielerisch zu sein, aus sich herauszugehen und etwas zu wagen. Aus Vertrauen wird dann Zutrauen, und das Erforschen von Fantasien, Bedürfnissen und Grenzen ist auch oft mit viel Experimentierfreude und Humor verbunden. Natürlich nur wenn es in die Vorstellung, zu seiner momentanen Verfassung und zum Menschentyp des Gegenübers passt. Ich stelle mich da individuell immer wieder auf jeden Gast neu ein und hole ihn dort ab, wo er ist. Denn ich kann auch streng und konsequent auf meine Art sein. Aber nie ohne die Freude in meinem Inneren, wieder einem Menschen, der zu mir gekommen war, die Gelegenheit zu geben, mit mir zusammen den Raum seiner Kopfgeburten zu betreten, in dem ich oft auch als Geburtshelferin fungiere, auch wenn er noch gar nicht weiß, was geboren werden will. Ich kann im Großen und Ganzen sagen, dass ich noch einfühlsamer, wachsamer, verständnisvoller geworden bin im Umgang mit den verletzlichen Themen, Vertrauen, Intimität, Grenzen bei meinen Gästen und bei mir selbst. Denn ich lerne, wachse und entwickle mich Tag für Tag durch meine Erlebnisse und Erfahrungen ein Stückchen mehr. Und da ich sehr offen und interessiert bin, meine Mitmenschen zu erleben, zu erfahren und viel-

leicht auch zu verstehen, genieße ich es mit meinen Gästen, mit Hilfe meiner Intuition immer wieder neue, manchmal auch ungewöhnliche Wege zu Befreiung und Erfüllung zu gehen.

Arne Hoffmann: *Wie wirkt sich all das auf dein Privatleben aus?*

Varah: Das wirkt sich so aus, dass ich genau so wie jeder Mensch hier auf der Welt das Bedürfnis habe, eines Tages eine richtige Beziehung zu haben, einen Partner zu finden, der mich mit all dem annimmt und so liebt, wie ich bin.
Aber das ist leider ein schwieriges Thema für die meisten Männer: sich auf so eine Frau wie mich einzulassen. Dass ich auch noch sehr selbstbestimmt und freiheitsliebend bin, macht die Sache nicht gerade einfacher. Und dass ich diesen Beruf auch nicht nur als Beruf zum Geldverdienen mache, sondern als meine Berufung sehe, trägt noch mehr zu Verwirrung und manchmal Unverständnis bei. Vielleicht bekommt man von mir den Eindruck, ich bin so erfüllt von meinem Beruf, dass ich keinen Partner bräuchte, sich der Partner überflüssig fühlen könnte, weil ich dort ja alles habe. Aber der Sex, den ich in meiner »Arbeit« lebe, ist ein Unterschied wie Tag und Nacht zum Sex in einer Liebesbeziehung. Es mag wohl die absolut gleiche Handlung sein, aber niemals das gleiche Gefühl, weil keine emotionale Nähe da ist. Manchmal sage ich zu den Männern, die das nicht verstehen können oder wollen: Diese Arbeit ist für mich ein rein körperliches spielerisches Vergnügen. Ich verkaufe auch nicht meinen Körper, sondern ich arbeite mit ihm. So wie ein Postbote mit seinem Fahrrad die Briefe ausfährt, ist mein Körper mein Gefährt zu meinen Gästen, das ich ihnen zum Spielen und Neue-Erfahrungen-Machen zur Verfügung stelle. Dann kommt meistens das Thema Eifersucht und Besitzanspruch ins Spiel, aber ich will nicht mehr darum kämpfen müssen, so genommen zu werden, wie ich bin, oder existenzielle Opfer bringen zu müssen um des lieben Beziehungsfriedens willen, nur damit ein Mann bei mir bleibt. Was sowieso Unsinn ist, weil: Mich gibt es nur ganz oder gar nicht. Ich glaube, richtig alleine werde ich niemals sein mit dem Freundeskreis, den ich im Laufe der Jahre um mich herum aufgebaut habe, sozusagen als liebevolle Ersatzfamilie, die mich bedingungslos so akzeptiert und schätzt wie ich bin. Das ist ein tolles Umfeld, in dem ich sehr viel bekomme, wo ich mich inspiriert und bereichert fühle. Und doch, trotz allem, ist da immer noch die Sehnsucht nach einem Zuhause, nach Zugehörigkeit, nach »meinem Mann« …

Arne Hoffmann: *Du arbeitest ja auch als Sexualbegleiterin mit Behinderten. Was kannst du uns darüber erzählen?*

Varah: Ich kann nur sagen, dass mich diese Arbeit zutiefst in Herz und Seele berührt und noch eine größere Berufung für mich ist. Es sind ja sozusagen Gleichgesinnte – mit dem einzigen Unterschied, dass ihre Verletzungen sichtbar sind, im Gegensatz zu den Narben auf meiner Seele, die meine Kindheitsgeschichte hinterlassen hat.

Es erfüllt mich sehr, diesen Menschen etwas geben zu dürfen, was sie vielleicht schon abgeschrieben oder wo sie resigniert hatten, weil sie es nie bekommen haben. Weil ihre Mitmenschen sich nicht zu nicht alltäglich aussehenden Körpern so hingezogen fühlen, um sie berühren zu wollen, sich von ihnen berühren zu lassen oder gar Sex mit ihnen zu haben. Aber es sind nicht nur gefühllose Körper, es sind Menschen, die sich dadurch abgelehnt und ausgestoßen fühlen.

Ich habe keine Angst vor Andersartigkeiten. Es ist für mich immer eine Herausforderung, andere Welten zu betreten, und ich bin der Meinung, man kann überall Schönheit erkennen, denn Schönheit ist niemals äußerlich. Sie kommt von innen und strahlt nach außen. Schönheit wird sichtbar durch kleine Dinge, die wir nur sehen, wenn wir wachsam, offen und bereit sind hinzuschauen. Tag für Tag begleiten mich strahlende Augen, entspannte, erfüllte und erleichterte Gesichter und Körper auf dem Weg meiner Tätigkeit als Sexualbegleiterin. Ich erlebe behinderte Menschen oft authentisch und direkt im Ausdruck ihrer Wünsche und Bedürfnisse. Sie sind für mich Meister des Lebens, sehr erprobt in Schmerz, Problem- und Lösungserfahrung und sich damit offen zu zeigen, denn verstecken lässt sich eine Behinderung meist nicht. Viele Nichtbehinderte haben Angst vor der Tatsache, dass es ihnen auch so ergehen könnte, schneller, als sie vielleicht gedacht hätten. Deswegen schauen sie so oft weg, denn wie schnell passieren heutzutage Unfälle mit lebenslangen Folgen. Durch Angst, Ignoranz und Mitleid unserer nichtbehinderten Mitmenschen werden diese Menschen am meisten verletzt und bestraft für ihr Schicksal, das sie meist gar nicht selbst verschuldet haben. Es ist ein absolutes Armutszeugnis unserer Gesellschaft, ein trauriges, unmenschliches Bild, andere Menschen aufgrund ihrer Behinderung, ihres Aussehens oder ihres andersartigen Verhaltens auszugrenzen. Dieser Problematik möchte ich etwas entgegensetzen, durch die Legalisation und Integration ihrer völlig natürlichen Bedürfnisse nach körperlicher Nähe, Berührung, Zärtlichkeit und Sexualität.

Behinderte Menschen sind Menschen wie du und ich, keine Wesen vom anderen Stern, die das alles nicht brauchen oder keine Sehnsucht danach verspüren. Im Gegenteil: Durch die große Tabuisierung ihrer sexuellen Bedürfnisse in unserer Gesellschaft wird die Sehnsucht, die im Verborgenen schwelt, ihre Sexualität real auszuleben, immer größer und unüberschaubarer. Ich freue mich, dass es Menschen gibt, die dieses Problem in die Hand nehmen und mit allen ihnen zur Verfügung stehenden Mitteln daran arbeiten, dass sich diese Situation verbessert. Ich bin auch ein Mensch, dem sehr viel daran liegt, und ich werde alles tun, was in meiner Macht steht, um die Isolation behinderter Menschen in unserer Gesellschaft aufzulösen, damit sie sich als vollwertiges Mitglied der Gesellschaft fühlen und uns neue Anregungen, Sichtweisen und Wege näherbringen können, mit Krisen und Problemen und überhaupt mit dem Leben selbst umzugehen. Wir sollten unsere Augen und Ohren öffnen, um bewusst wahrzunehmen, welche Einzigartigkeit und Individualität in jedem von uns steckt, ob behindert oder nicht behindert.

Arne Hoffmann: *Wie stellst du dir deine Zukunft vor – hast du bestimmte Pläne?*

Varah: Hm ... wo fange ich am besten an? Bei dem Thema, was mir gerade am meisten am Herzen liegt.
Ich möchte Ansprechpartnerin für Sexualbegleitung behinderter Menschen in Baden-Württemberg sein. Ich möchte dieses Thema behutsam in die Öffentlichkeit bringen durch Infoabende in Behinderteneinrichtungen, Interviews über diese oft falsch oder missverstandene Arbeit geben und durch Öffentlichkeitsarbeit in jeglicher Form Unsicherheiten und Ängste abbauen. Ich möchte noch mehr Menschen, Männer und Frauen, finden, die die gleiche Intention haben und bereit sind, mit mir in diesem Bereich zusammenzuarbeiten, denn Sexualität ist ein menschliches Grundbedürfnis, das jedem zusteht.
Im Bereich SM und Tantra möchte ich neue Varianten erfinden, diese scheinbaren Gegensätze zu kombinieren. Ich möchte neue Möglichkeiten zum Stress- und Spannungsabbau entwickeln, damit wir mehr aus dem Denken herauskommen – zurück ins Fühlen, unserem eigentlichen Ursprung.
Ich möchte SM für Frauen anbieten als einen Weg, eine Möglichkeit, in ihre weibliche, wilde Urenergie zurückzufinden; geschützte Räume schaffen, wo Menschen sich gehen lassen können mit allem, was da ist; unseren

Schattengefühlen einen konstruktiven Rahmen schaffen, um sie zulassen und rauslassen zu können. Das befreit ungemein (das weiß ich aus Erfahrung) und setzt blockierte Energie wieder frei. Immer mehr Lösungsmöglichkeiten kreieren, um vom Schatten wieder ins Licht zu kommen, ohne dabei Gefühle unterdrücken zu müssen. Missbrauchs- und andere Gewaltopfer unterstützen mit den mir zur Verfügung stehenden Mitteln (Gespräche, Coaching, Rollenspiele aller Art, Tantra-Massagen etc.). Selbstheilungsmöglichkeiten weitergeben, um Blockaden und Verletzungen zu spüren und eventuell aufzulösen. Workshops für Paare mit dem Schwerpunktthema liebevolle Kommunikation in der Partnerschaft; wie Missverständnisse, wenn man nicht aufpasst, schnell zu ausgewachsenen Problemen werden können. Dabei aus meinem reichen Beziehungs-Erfahrungsschatz schöpfen, das Wissen, das Bewusstsein, meine Erkenntnisse an andere weitergeben durch Gespräche, Coaching, Bücher, die ich herausbringe, am liebsten Gemeinschaftsprojekte mit befreundeten Künstlern – mit Themen, die die Welt und die Menschen bewegen. Mit Gleichgesinnten eine neue Welt erschaffen, wo Attribute wie Zusammenarbeit, gegenseitige Inspiration und Unterstützung keine Fremdwörter sind. So, wie ich in der Lebensgemeinschaft, in der ich zur Zeit lebe und die ich so lange wie möglich erhalten möchte, mich ständig neu finden, er-finden, meiner Intuition und meinem Herzen folgen und gespannt sein will, wo es mich noch überall hinführt …

… und am liebsten noch alle meine Ideen und kreativen Einfälle verwirklichen. Aber da müsste ich wohl ewig leben.

Miss Carina: »Als er unsere Bestellung beim Kellner aufgab, spielte ich genüsslich an den Knöpfen ...«

Carina S. bietet eine spezielle Form der erotischen Beherrschung an: Sie arbeitet nicht in einem Studio, sondern als Escort-Domina, begleitet also mit Stil und Fantasie Männer, die sich in Hotels, Restaurants oder beim Einkaufen gerne von ihr dominieren lassen. Auf ihrer umfangreichen Website www.carina-s.com finden sich unter anderem zahlreiche Erlebnisberichte ihrer zufriedenen Verehrer, eine mehr als ansprechende Bildergalerie, eine Preisliste, ein Gästebuch und ein von Miss Carina geführtes Blog. Das alles war so intelligent und hingebungsvoll gestaltet, dass Miss Carina zu den ersten Damen zählte, mit denen ich für dieses Buch Kontakt aufnahm. Erfreulicherweise erwies sie sich auch in diesem Interview als eine anregende Gesprächspartnerin.

Arne Hoffmann: *Miss Carina, wie haben Sie zum ersten Mal entdeckt, dass Sie dominant sein können?*

Miss Carina: Ich hatte zusammen mit meinem Freund die Idee, in so ein »sündiges« Gewerbe einzusteigen. Ich fand es sehr, sehr aufregend, mir so etwas nur vorzustellen. Eine schöne, attraktive Frau zu sein (die ist man ja im Alltagslook nicht unbedingt gleich auf den ersten Blick) und mit Männern zu tun zu haben, die einen anbeten: fantastisch!
Ich weiß übrigens gar nicht mehr genau, ob wir beide vorher schon für uns privat die bizarre Erotik ausprobierten oder ob das erst nach meinem professionellen Einstieg kam.
Jedenfalls nahm ich mir das Stadtmagazin und suchte mir die Adressen von SM-Studios raus. Ich fand dann eines, das junge Frauen als Dominas suchte. Dort lernte ich das Handwerkszeug. Am Anfang suchte auch ich erst mal eine Orientierung, fand manches lächerlich und war nicht immer so sicher in meiner Dominanz. Aber die Gäste haben es einem oft leicht gemacht, weil sie sich einfach auf ihre passive Rolle einstellen und der Domina (auch einer jungen, unerfahrenen) damit den Weg ebnen. Und mit den

Jahren (ja, es waren wirklich Jahre!) wurde ich sicher, wusste, was mir gefällt und was mir gut tat und welche Art von Dominanz ich eigentlich verkörpere, d.h. auch wirklich authentisch rüberbringen kann.

Arne Hoffmann: *Nämlich?*

Miss Carina: Es ist eine sehr sinnliche und erotische Form von Dominanz. So etwa wie die femme fatale, die mit ihrem Verehrer spielt und ihn mit kleinen »Piksern« hochpeitscht.

Das fängt mit meiner Stimme an, die eigentlich sehr sanft, warm und gemäß jahrelangem Feedback hocherotisch ist – und damit einen starken Kontrast zum Wesen einer Domina darstellt. Daneben mag ich Männer wirklich gern, ich kam mit ihnen schon immer besser klar als mit Frauen. Ich mag ihre Geradlinigkeit und ihre Art zu kommunizieren, ihren Charme. Und ich bin drittens auch in keinster Weise (mehr) aggressiv – ein Merkmal, das ich an vielen Kolleginnen erlebt habe und das vielleicht dort auch eine reichhaltige Energiequelle darstellt.

Nein, ich habe eine warme Stimme, mag Männer und bin ziemlich ausgeglichen. Was also sollte ich Männern wirklich Böses wollen? Deshalb spiele ich lieber mit Erotik. Das heißt, ich nutze geeignete Hilfsmittel (wie Brustwarzen-Klammern oder Peitschen oder Fesseln oder meine Stimme oder Rollenspiele), um Männer scharf zu machen, sie dann wieder fallen zu lassen und wieder hochzupeitschen.

Authentisch bin ich dann, wenn ich in normaler, erotisch verhauchter Stimme rede, nicht schreie und auch mal streichle. Denn SM ist für mich keine berührungslose Cyber-Erotik, sondern eine intelligente Form von Sex. Wobei Sex im weitesten Sinne gemeint ist, denn Beischlaf oder sonstige Intimitäten gibt es bei mir nicht.

Und zur Authentizität gehört für mich auch, sehr wählerisch zu sein: Wählerisch gegenüber den Männern, die bei mir um einen Termin bitten, und wählerisch gegenüber den Fantasien, die geäußert werden. Ich habe z. B. absolut keinen Spaß an Kaviar, Klinik oder irgendwelchen Blutspielen (um nur einiges zu nennen), und daher gibt es das bei mir auch nicht. Es mag auch eine bestimmte Rollenspiel-Fantasie sein, die mir jemand per Mail zuschickt und die mir nicht behagt – und dann mach ich das auch nicht.

Ich begegne also nur noch Männern, die mich interessieren, mit Fantasien, die ich teile. Dann bin ich gut und authentisch. Und dann habe ich auch das Gefühl, in keinster Weise eine Prostituierte zu sein.

Arne Hoffmann: *Warum haben Sie sich dafür entschieden, Escort-Domina zu werden, statt weiter in einem Studio zu arbeiten?*

Miss Carina: Ich wollte
– frei sein,
– allein arbeiten und meine Ruhe haben (kein Geschnatter mehr in der Küche, kein Getratsche über dies und den und keine nervigen Allüren von Seiten der Studioleitung),
– exklusiv(er) und hochpreisiger arbeiten,
– länger mit Männern zusammen sein als die übliche eine Stunde im Studio und sie auch über eine Session hinaus kennenlernen,
– direkt den Kontakt herstellen zu potenziellen Kandidaten (und nicht über eine Kollegin, die vielleicht schnoddrig am Telefon über mich Auskunft gibt),
– meinen Hintern nur dann bewegen, wenn ich auch wirklich jemanden erwarte (und nicht vielleicht einen Tag umsonst im Studio rum sitzen)
– kreativer arbeiten (denn die Studio-Utensilien haben mich gelangweilt und meine Kreativität getötet. Die Dominanz in einem schönen Hotelzimmer ist zehnmal interessanter für mich.)
Dieses ganze Bündel von Gründen hat mich zu meiner Entscheidung bewogen, die eine meiner besten Entscheidungen war. Ich habe es nicht einen Tag bereut und würde nie wieder, wirklich nie wieder, als »Angestellte« in einem Studio arbeiten.
Es ist natürlich auch schwer im Escort-Markt, sich eine Bresche zu schlagen, besonders in Berlin angesichts der schwierigen wirtschaftlichen Lage hier, der mangelhaften Fluganbindung (die merkt man einfach im Vergleich zu München oder Frankfurt) und der fehlenden Wirtschaft. Aber ich weiß mittlerweile, dass es viele Männer gibt, die sich im Escort-Bereich mit seinen Gepflogenheiten und Preisen auskennen. Und dass es genug Männer gibt, die meine spezielle Kombination (Dominanz und Escort) sehr schätzen und ohne weiteres viel Geld dafür bezahlen. Ja, alle meine Erwartungen haben sich erfüllt und ich bin sehr viel zufriedener als früher mit meiner Arbeit.

Arne Hoffmann: *Was sind das eigentlich für Menschen, die eine Escort-Domina buchen? Kann man zumindest bei der Mehrzahl eine Gemeinsamkeit ausmachen, was z. B. Alter, soziale Stellung, Charaktereigenschaften etc. angeht ..?*

Miss Carina: Meine Gäste sind in der Mehrzahl vielleicht so zu beschreiben: Zwischen Anfang 40 und Mitte 50, selbstständig oder leitende Angestellte, sehr gebildet, arbeiten sehr viel, von der Gesinnung her meist mehr oder weniger konservativ, humorvoll, optimistisch, Erfolgs- und Machertypen (zumindest im Beruf, im Privatleben mal so, mal so), keine extrovertierten Typen (eher normal mit einer ruhigen, überlegten Ader), sehr höflich und stilvoll, westlich (Deutsche, Niederländer, Engländer, Amerikaner – keine Russen z. B. oder Chinesen).
Ja, so weit reichen vielleicht die größtmöglichen Gemeinsamkeiten, danach gehen dann die individuellen Unterschiede los.

Arne Hoffmann: *Wenn man Ihre Website so liest, könnte man ja schon neidisch werden: Sie verdienen in zwei Stunden soviel wie andere Leute im Monat und gehen dabei noch einer Beschäftigung nach, die für Sie extrem lustvoll zu sein scheint. Klingt nach einem traumhaften Leben. Sind Sie glücklich?*

Miss Carina: *(schmunzelt)* Ja, ich bin glücklich, so frei bestimmt zu arbeiten und mit interessanten Männern zu tun zu haben, mit denen ich »interessante« Begegnungen habe. So wie ich diese Männer erlebe, tun das nur wenige oder niemand.
Was das Geld betrifft: Natürlich ist mein Honorar hoch, aber gerade in Amerika oder Australien, auch in Großbritannien, gibt es Frauen, die nehmen das Vierfache von meinen Preisen. Von daher halte ich mich noch für recht preiswert..
Da ich das nur nebenberuflich mache, nicht jeden Tag einen Termin habe und die Nachfrage auch schwankend ist, wäre es aber falsch zu glauben, ich lebte in Saus und Braus. Natürlich werde ich jetzt nicht in die Details meiner Finanzen gehen, aber es ist momentan okay, könnte aber mehr sein. Aber jedes Business muss mit einem langen Atem aufgebaut werden, und ich bin ja auch noch nicht so lange im Escort drin.
Um noch einmal zu meinem Glück zurück zu kommen: Mir geht es wie den meisten anderen Menschen auch. Man wird nicht (un)glücklicher, weil man als Domina arbeitet und – auf den ersten Blick betrachtet – einen hohen Stundensatz hat. Außerdem speise ich mein Glück auch aus anderen Quellen: meiner Familie, meinen hauptberuflichen Aktivitäten, Freunden, Meditation (wenn ich nur mal wieder dazu käme ...)

Arne Hoffmann: *Was genau kann ein Mann eigentlich von Ihnen erwarten?*

Miss Carina: Ich verstehe mich als dominante Begleiterin. Das heißt, mein Gegenüber kann erst einmal eine Frau erwarten, die mit ihm gepflegt ausgehen sowie intelligent und charmant kommunizieren kann. Und zum zweiten kann er eine Frau erwarten, die eine Domina ist und als solche auch mit ihm spielt – und zwar innerhalb eines klar definierten Rahmens mit Beginn und Ende. Soll heißen: Ich habe sicher eine selbstbewusste, auch dominante Ausstrahlung als Frau, aber ich lasse die Domina nicht während unserer ganzen gemeinsamen Zeit raushängen.
Als Domina kann er eine Frau erwarten, die gut in Rollenspielen ist und sich für – so nenne ich das – Dominanz im normalen Leben begeistert: subtile Spiele mit einem versteckten Elektrogerät im Restaurant, mit meinen Nylons an ein Hotelbett gefesselt, beim Schuheinkauf auf die Knie gezwungen etc. Das hat nie etwas Exhibitionistisches (denn das geht mir völlig ab), sondern bezieht sich einfach auf das alltägliche Kopfkino, das bei vielen Männern so abläuft, die irgendwo eine schöne, dominante Frau sehen und selbst passive Neigungen haben. Und es bezieht sich auf meine Abneigung gegen schwarze Studio-Dominanz, die ich für mich als kreativitätsfeindlich empfinde.

Arne Hoffmann: *Möchten Sie einmal den Verlauf eines solchen Abends beispielhaft nacherzählen, damit man sich eine konkretere Vorstellung machen kann? Die »subtilen Spiele mit einem versteckten Elektrogerät im Restaurant« beispielsweise hören sich reizvoll an ...*

Miss Carina: Nun, ich war z. B. einmal mit einem meiner Gäste im Restaurant und hatte ihn vorher im Hotel mit einem Elektrogerät versehen, zu dem ich eine Fernbedienung in den Händen hielt. Die Elektroden waren uneinsehbar an seinen Geschlechtsteilen angebracht, und das Empfangsgerät musste er ein bisschen unterm Sakko verstecken – ich hatte die Fernbedienung ganz praktisch in der Handtasche. Wir plauderten charmant, und als er unsere Bestellung beim Kellner aufgab, spielte ich genüsslich an den Knöpfen. Er musste enorme Anstrengungen aufbringen, um sich nichts anmerken zu lassen: Es durchzuckte ihn an seinen empfindlichsten Stellen mit Strom und er musste ganz ruhig weitersprechen: »... ein Waldpilzsüppchen mit gebratener Wachtel, ääh ...«. Herrlich. Und wenn er im Zwiegespräch zu vorlaut oder frech wurde, gab es ebenfalls etwas Strom.

Spaßig war es auch, wenn er zur Toilette musste und ich ihm den Weg dorthin (zwischen vollen Tischen) ein bisschen erschwerte …

Arne Hoffmann: *Ein auffällig häufig auftretendes Motiv auf Ihrer Website sind Spiele, bei denen Sie Ihren Sklaven zum Objekt machen: etwa zum Aschenbecher, Kleiderständer, Picknicktisch, Sitzkissen oder Urinal. Was finden Sie gerade an solchen Inszenierungen so besonders reizvoll?*

Miss Carina: Ich möchte ganz ehrlich sein: Ich kann es nicht sagen oder es fehlen mir die Worte dafür oder ich habe mir das noch so theoretisch durchdacht. Oder ein bisschen von allem.
Letztlich habe ich eine Menge ausprobiert und festgestellt, was ich toll finde und was ich nicht mag. Und das, was ich toll finde, mache ich nun. Es tut mir leid, hierzu weiß ich wirklich (selbst als Psychologin) keine bessere Antwort.
Gerade fällt mir aber noch etwas ein: Ich werde ja als Psychologin oft gefragt (gern von Gästen, aber auch von Kolleginnen), was ich von dieser oder jener Fantasie halte. Ich mache mir keine Gedanken darüber, woher solche Fantasien kommen und wohin sie vielleicht führen. Ich habe das alles immer sehr spielerisch betrachtet und tue es immer noch: Da steht mir jemand gegenüber, der an dieser oder jener Idee Gefallen findet. Kann ich mit meinen (dramaturgischen, schauspielerischen u.ä.) Künsten diese Idee umsetzen, finde ich sie ebenfalls reizvoll und ist mir der Mann sympathisch? Das ist es, was ich mich frage. Wenn ja, kommen wir zusammen. Wenn nein, dann nicht. Und durch dieses Verfahren gehe ich immer wieder.
Ich bin keine veranlagte SMlerin, die solche Spiele ständig braucht – und ich habe die Vermutung, zumindest meine Gäste gehören in dieser Hinsicht zur gleichen Gattung. Wir spielen – im wahrsten Wortsinne. Und zum Spielen gehört es auch, sich nicht so viele Gedanken zu machen. Dass sich also diese Themen immer wieder auf meiner Seite finden, ist das Ergebnis von Versuch und Irrtum und Treffer.

Arne Hoffmann: *Mich fasziniert die Frage schon, warum Menschen es derart erregend finden, zum Beispiel statt dem Aufzug die Treppe benutzen zu müssen, dass sie viel Geld dafür bezahlen.*

Miss Carina: Das Spiel ist eigentlich ganz einfach: Mächtige Männer möchten auch mal klein sein und gehorchen müssen. Damit die Balance wieder stimmt. Und an Erotik scheinen auch alle Männer mehr und minder ständig zu denken. Das Detail mit der Treppe, das Sie anführen, ist ja nur ein Beispiel und nur ein Detail aus einem Gesamt-Arrangement. Und für dieses große Ganze wird bezahlt, dafür, sich für eine definierte Zeit fallen lassen zu können (im Wortsinne: fallen und nichts bestimmen müssen, aber auch fallen lassen können, d. h. aufgefangen zu werden). Das verschafft ihnen die nötige Entspannung, die sie brauchen. Klingt alles ganz profan und wenig aufregend – aber ich denke, so ist es wirklich: Kluge und mächtige Männer haben zwar kluge und ausgefeilte erotische Fantasien, aber letztendlich brauchen auch sie das alles nur, um das angestaute Level an Anspannung wieder aufzulösen. Nun ja – und dass Männer für erotische Dienste bezahlen, hat ja nun auch schon eine lange Tradition..

Arne Hoffmann: *Ist ein abgeschlossenes Psychologiestudium eigentlich besonders hilfreich bei Ihrer Art, mit Männern zu spielen?*

Miss Carina: Nein, ist es nicht. Ein Psychologiestudium qualifiziert nicht explizit zu einem einfühlsamen Umgang mit Menschen, eher zu einem ständigen Hinterfragen. Ich halte mich da für eine eher untypische Psychologin. Wenn ich noch richtig informiert bin, lehnt ja zumindest die Psychoanalyse auch BDSM als Perversion ab. Meine Spiele sind von der Tendenz her immer warm und einfühlsam. Ich beobachte meinen Spielpartner, die Mimik und die Körpersprache immer ganz genau und weiß daher ziemlich gut, wo es gut läuft und wo gerade nicht. Das ist eher meine »Lizenz zum Spielen«, denke ich, und das ist eine ganz persönliche Qualifikation, die mit dem Studium nichts zu tun hat. Allerdings bin ich durch meine Bildung an sich, auch durch das Studium, auf einem gewissen intellektuellen Niveau, das mit dem meiner Gäste gleichzieht. Und ich glaube, die schätzen das auch außerordentlich, mit einer klugen Frau zu reden und zu spielen. Von daher: Das Studium hat eine hilfreiche Funktion im Generellen, ein Psychologie-Studium als besonderes aber nicht.

Arne Hoffmann: *Sie wählen ja häufig auch sehr delikate Settings, bei denen die Unterwerfung öffentlich oder halböffentlich geschieht, am Rande also auch Dritte einbezogen werden (Verkäuferin im Schuhladen, Taxifahrer etc.) Wie sind da in der Regel die Reaktionen? Kam es dabei schon einmal zu unerwartet »harten« Reaktionen, die Ihr erotisches Spiel torpediert haben, und wenn ja: Wie sind Sie damit umgegangen?*

Miss Carina: Ich verhalte mich eigentlich immer so diskret, dass das nicht bemerkt wird oder höchstens ambivalent für den Dritten ist, so dass er nicht weiß, ob da jetzt wirklich was war. Ich bremse da eher meine Gäste, weil zumindest einige von denen es manchmal schon gern offensichtlicher hätten. Aber ich bin überhaupt nicht exhibitionistisch, null, und ich will keinerlei Aufsehen erregen. Ich mag das nicht. Deshalb mache ich alles immer sehr, sehr verborgen. Damit auch zu ihrer zweiten Unterfrage: Es kam daher auch noch nie zu unerwartet harten Reaktionen.

Arne Hoffmann: *Ist es jemals in anderer Hinsicht vorgekommen, dass die von Ihnen gestaltete Spielsituation unerwartet heikel geworden ist – etwa indem ein Mann plötzlich stärkeres Nervenflattern bekam als gewünscht oder indem es auf einmal zu einem Konflikt kam? Falls ja: Wie sind Sie damit umgegangen?*

Miss Carina: Dass ein Mann Nervenflattern bekommt, kommt bei mir häufig vor. Einer hat deswegen mal (allerdings noch rechtzeitig zwei Tage davor) abgesagt, die meisten sagen es mir aber einfach ganz direkt: dass es ihnen leid tue, aber sie seien im Moment ein bisschen nervös … Das legt sich aber.
Ich erinnere mich an ein einziges Mal, wo ich Angst bekam: Es war noch zu der Zeit, als ich im Studio arbeitete. Da hatte ich einen neuen Gast, der ein Transvestismus-Spiel wollte. Und im Spiel kam er plötzlich meinem Befehl nicht nach und starrte mir in die Augen, total wirr und unberechenbar. Ich hatte wirklich Angst und dachte, der geht mir gleich an den Hals. Und dann sagte ich:»Ist alles klar mit dir?« Und da ist er dann sofort eingeknickt und fragte mich, ob ich jetzt Angst bekommen hätte, was ich bejahte. Er entschuldigte sich. Ich weiß gar nicht mehr, ob und wie es danach weiterging. Aber ich hatte auf jeden Fall meine Fassung wieder zurück. Keine Ahnung, ob er mir wirklich Angst machen wollte oder einfach in irgendeinem »Psycho-Film« war, der ihm diesen stieren Blick verliehen hat …
Interessanterweise war das ein Fall im Studio. Während des Escorts hatte ich noch nie, auch nicht grenzwertig, eine ähnliche Erfahrung – obwohl ich ja mit meinen Gästen oft über einen langen Zeitraum allein in einem Hotelzimmer bin. Alle fragen mich, ob ich denn da keine Angst hätte oder das nicht gefährlich sei. Weder noch! Ich checke meine Gäste via Email genau durch und verlasse mich auch bei der ersten Begegnung ganz auf meinen Bauch. Damit bin ich immer gut gefahren. Was nicht heißt, dass ich naiv darauf vertraue, das würde immer so sein. Nein, man muss seine Antennen wirklich immer wieder neu ausfahren.

Arne Hoffmann: *Eine andere Domina, die ich für dieses Buch interviewe, sagte mir in ihrer Antwort gerade, kaum jemand könne sich vorstellen, wie hart dieser Job psychisch sei. Empfinden Sie Ihren Job auch manchmal als seelisch stark fordernd oder zehrend – und wenn ja, wie bewältigen Sie diese Belastung, wie schützen Sie sich?*

Miss Carina: Sehr interessant, das zu hören. Meine Antwort: Nein, ich empfinde diesen Job nicht als psychisch besonders hart. Es ist für mich – wie in jeder anderen Dienstleistung auch – natürlich manchmal anstrengend, über längere Zeit die Entertainerin für jemand zu sein. Aber das alles ist nichts Außergewöhnliches für mich, nichts, was sich im besonderen Maße von anderen Jobs abhebt.

Aber wirklich spannend zu hören, dass eine andere Domina das sagt. Ich glaube, das würden viele andere auch sagen. Das hängt nach meiner Beobachtung mit folgenden Aspekten zusammen:

– So einige Dominas sind selbst psychisch nicht besonders stabil, um nicht zu sagen: labil. Ich sage das wirklich völlig wertfrei, denn ich bin schon ein wenig herumgekommen und habe diese Beobachtungen häufig gemacht.

– Viele Dominas haben nicht die gleiche bürgerliche Herkunft und Bildung, die die meisten Gäste mitbringen. Also auch dort gibt es dann oft Diskrepanzen. Denn wo viel Genie, da manchmal auch viel Wahnsinn – was Fantasien angeht ...

– Manche Dominas bieten eine Menge an Praktiken an, ohne dass sie selbst dabei Spaß hätten. Dadurch geht mit der Zeit immer mehr der Kontakt zu sich selbst und dem Herzen verloren. Sie wissen irgendwann nicht mehr, was ihnen gut tut. Und das Geld macht's dann eigentlich noch schlimmer – denn irgendwie spüren sie alle, dass sie sich gerade eben prostituiert haben, indem sie etwas gemacht haben, was sie eigentlich abartig finden.

– Gerade vollprofessionelle Dominas finden manchmal keine Abgrenzung mehr zu ihrem Job. Sie lassen immer die Domina raushängen, können auch gar nicht mehr lassen vom Gefühl, ständig begehrt zu werden und haben keine Gegenpole: keinen Freund/Mann, keinen »normalen« Sex, keine Kinder, keine stinknormalen Alltagsaktivitäten mit ganz normalen Nicht-SMlern.

Natürlich sind das keine Verallgemeinerungen, aber oft bestätigte Beobachtungen. Von daher wundert es mich kaum, dass diese Domina ihren Job als psychisch sehr anstrengend empfindet.

Arne Hoffmann: *Dass Sie selbst über solche »Gegenpole« verfügen, hatten Sie ja schon berichtet. Wie gut funktioniert die Trennung dieser beiden Lebenswelten eigentlich für Sie – gibt es auch Reibungspunkte oder Momente, wo es brenzlig wird?*

Miss Carina: Da kann ich mich ziemlich kurz fassen, einfach weil es kaum Spektakuläres zu berichten gibt. Bis jetzt gab es kaum Probleme, denn ich kann beides gut trennen. Aber ich bin mir sicher, dass es noch schwierig(er) für mich wird, denn es ist nun mal leider kein Job, über den man mit seinen Kindern spricht. Und irgendwann merken Kinder auch, dass es da etwas Unausgesprochenes bei ihrer Mutter gibt. Kinder haben ganz feine Antennen für alles, was nicht stimmig ist. Und solche Unstimmigkeiten möchte ich zwischen mir und meinen Kindern nicht haben. Mein Wunsch wäre es daher, bald einen anderen echten Hauptjob zu haben, über den man reden kann, den man liebt und präsentieren kann. Was dann an zwei, drei Abenden im Monat passieren würde, wäre ja nicht mehr erklärungsbedürftig …

Arne Hoffmann: *Möchten Sie Ihren Kindern denn irgendwann einmal davon erzählen – sobald sie in dem entsprechenden Alter sind?*

Miss Carina: Ja, auf jeden Fall. Wahrscheinlich aber erst, wenn sie erwachsen oder mindestens sehr reif sind. Bei Jungen muss man da ja genauer hinschauen, damit sie das nicht in der Schule erzählen …

Arne Hoffmann: *Hat Ihr Job auch Auswirkungen auf Ihre Partnerschaft?*

Miss Carina: Dazu musste ich ein bisschen nachdenken, denn das lässt sich ja ganz schwer kausal ausmachen, nach so vielen Jahren. Wenn es eine Auswirkung auf unsere Partnerschaft hat, dann die, dass wir sehr großzügig und offen miteinander umgehen. Soll heißen, wir kommunizieren ganz klar und direkt miteinander (fast ohne diese blöden Spielchen), und wir sind sehr tolerant im Umgang mit Sexualität. Wir lassen uns da gegenseitig Spielraum, weil wir beide der Meinung sind, trotz der Liebe, die einem Menschen zuteil wird, muss man nicht auch seine Sexualität nur mit diesem einen Menschen teilen. Ist ja bei mir schon beruflich bedingt.. Wir haben da beide nicht diese Romantik-Brille auf (»nur du und kein anderer«). Und das zu wissen, ist sehr schön – dann ist auch der Reiz weg, sich unbedingt austoben müssen. Für mich als Frau ist es auch schön, hin und wieder die Königin zu sein, denn die ist man ja nach vielen Jahren Beziehung nun wahrlich nicht mehr zu Hause.

Arne Hoffmann: *Etwas anderes, was ich von manchen Dominas gehört habe, war ihr Eindruck, dass ihre Tätigkeit bei der Bevölkerung immer noch mit vielen Klischees verbunden sei und dass andere Leute auf sie als Mitglieder des »Gewerbes« herabblickten. Verliert sich das Ihrer Einschätzung nach eigentlich im hochpreisigen High-Class-Escort-Bereich oder fühlen Sie auch Ihre Tätigkeit falsch wahrgenommen und diskriminiert? Anders gefragt: Würden Sie zum Beispiel KollegInnen in Ihrem Hauptberuf von Ihrem Nebenjob erzählen?*

Miss Carina: Zunächst mal zur Begriffsklärung: Ich verstehe mich in meiner Haupttätigkeit nicht als Domina, das ist richtig. Ich arbeite auch in anderen Bereichen, habe hier allerdings noch nicht den ultimativen Job gefunden, der mich einerseits inhaltlich ausfüllt und andererseits auch zeitlich mehr beansprucht, als es die jetzigen Tätigkeiten tun.
Den Eindruck anderer Kolleginnen kann ich bestätigen. Für die meisten Menschen ist eine Domina Prostitution, Rotlicht, Sex gegen Geld, Freier und so weiter. Aber woher sollen die Leute es auch besser wissen? Die Medien bringen ja immer wieder das gleiche Zerrbild auf die Bildschirme. Bei mir wissen es nur wenige Freunde, und auch da habe ich das Gefühl, ich sollte eher nicht darüber reden, die sind dafür nicht offen. Sonst erzähle ich es selten, Kolleginnen im Hauptjob würde ich es NIEMALS erzählen. Das ist einfach nichts, worüber ich erzählen würde oder könnte – man wird aus Erfahrung klug. Und da macht der hochpreisige Escort-Bereich gar nichts. Der macht nur bei meinen Domina-Kolleginnen Eindruck.
Viele der Frauen, die das wirklich leidenschaftlich als Hauptberuf betreiben, gehen damit sehr offen und offensiv um. Ich finde das toll, weil die damit wirklich gute Aufklärungsarbeit leisten. Aber die vielen, vielen Dominas, die das nebenbei betreiben, behalten es oft für sich. Das ist wahrlich nicht leicht, weil man lügen muss, vertuschen muss und manchmal irritiert.

Arne Hoffmann: *Wie stellen sie sich Ihre Zukunft vor, was wünschen Sie sich?*

Miss Carina: Ich wünsche mir am meisten, dass ich meinen Platz bald finde. Privat bin ich sehr glücklich, doch darüber hinaus bin ich eine Suchende, die beruflich noch nicht ihre Heimat gefunden hat. Und dass sich das bald ändert, wäre mein größter Wunsch.

Meine Tätigkeit als Domina ist nämlich nebenberuflich, soll es auch bleiben und ist für mich beileibe nicht meine Hauptprofession. Nach der – wie gesagt – schaue ich noch.

Nala: »Schmerzensschreie lassen mein Herz höher schlagen.«

Auf Nalas Website (zu finden unter www.lady-nala.de[4]) bildet die Kombination aus Texten und Bildern bereits einen erotisch überaus reizvollen Vorgeschmack darauf, was einen Mann unter den Händen dieser Lady erwarten könnte. Gleichzeitig wird in Nalas Texten deutlich, dass sie über ein hohes Maß an Kenntnissen verfügt, was die unterschiedlichsten Techniken angeht, sowie über ein bemerkenswertes Verantwortungsgefühl.
Unter anderem mit folgenden Worten stellt Nala sich auf ihrer Website vor: »Jeder Mensch ist ein Individuum. Ich respektiere deine Tabus, gehe aber auch gerne an oder (mit beiderseitigem Einverständnis) über deine Grenzen. Ich sehe SM als Rollenspiel. Ich reduziere nicht auf die Neigung, du kommst nicht zu mir als Sklave oder Gefangener, sondern als Mensch. Ich selbst bin keine Domina, sondern eine Frau. Erst im Spiel wird unsere Interaktion auf die Neigung abgestimmt. Ich mag gute Kinderstube – beim Gentleman werde ich schwach – und eine gepflegte Ausdrucksweise. Es tut nichts zur Sache, ob du mich duzen willst oder lieber siezt. Diese Entscheidung liegt (außerhalb des Spiels) in deinem eigenen Ermessen. Schreib, erzähl oder zeig mir deine Fantasie, und gemeinsam werden wir bestimmt einen Weg finden, wie wir sie in ein wunderbares, reales Erlebnis verwandeln können. Ich freue mich auf dich. Vertrauen ist meine Basis, Sicherheit und beiderseitiges Einverständnis sind meine Grundsätze.«
Als spontaner Impuls drängt sich nach der Lektüre von Nalas Website eigentlich auf, sofort nach Hamburg zu fahren und sich von ihr fesseln zu lassen. Ich entschied mich stattdessen erst mal für ein ausführliches Interview.

Arne Hoffmann: *Lady Nala, wie hast du entdeckt, dass du dominant und sadistisch sein kannst?*

Nala: Arne, erst mal eine Bitte an dich: Lass das »Lady« vor meinem Namen weg – ich bin einfach nur Nala. Das »Lady« kam aus urheberrechtlichen Gründen vor den Namen, da der Name »Nala« in Walt Disneys

---

[4] Neuerdings findet man Nala auch hier: www.studio-rex.de/team.html. *Der Verleger*

»The Lion King« vorkommt und ich Probleme mit dieser Firma vermeiden möchte. Nun, mein Weg in den SM startete passiv. Ich dachte, »Sklavin« zu sein wäre das Nonplusultra. Ich las einschlägige Lektüren (u.a. auch »Die Geschichte der O«) und hielt mich für bereit, als Sklavin zu dienen. Damals war ich 17 und stellte relativ schnell fest, dass es zwar eine nette Fantasie ist – zu dienen –, es aber meinem Naturell nicht entspricht. SM mit mir glich eher der »Widerspenstigen Zähmung«, denn ich war der Meinung, dass sich der aktive Spielpartner meine Passivität erst verdienen müsse. Es artete dann in erstklassige Rape-Rollenspiele aus – worin auch heute noch, im passiven wie auch aktiven Bereich, meine Ambitionen liegen.

Etwa drei Jahre nach dieser Erkenntnis drückte mir auf einer Party in München ein Mann seine Gerte in die Hand und bat mich, ihn zu schlagen. Nun ja – ich schlug zu; erst noch verhalten (und immer mit der Angst, ihm weh zu tun) und schließlich zog ich hie und da mal durch. Und ich stellte erstaunt fest, dass ich es mag, jemandem Schmerzen zuzufügen, die ihn (wie auch mich) erregen. Nun ja – ich bin eine Sadistin, eine der harten Sorte. Meine privaten Spiele laufen unter dem Motto »Bis einer weint – und das werde nicht ich sein.« Spuren sind im privaten SM ein Muss, denn ich liebe es, diese Zeichnungen auf meinem Spielpartner zu sehen. Nun, der Studio-SM sieht freilich anders aus – hier steht die Dominanz im Vordergrund. Während ich im privaten Bereich ein Spiel sofort abbreche, würde mich ein Gegenüber »Herrin« nennen, ist dies im Studio freilich etwas anderes. Viele Gäste kommen, um sich zu unterwerfen. Masochismus steht hier nicht im Vordergrund – häufig wollen sie dienen und bestraft werden (allerdings ohne Spuren). Heute bin ich mir im Klaren darüber, dass ich die Neigungen Sadismus und Masochismus in mir vereine. Allerdings lebe ich meinen Masochismus nicht im professionellen Bereich aus.

Arne Hoffmann: *Nun entschließt sich nicht jede Frau, die ihre Freude am erotischen Sadismus entdeckt dazu, professionelle Domina zu werden. Wie hat sich das bei dir entwickelt?*

Nala: Ich hatte im Internet gesehen, dass ein renommierter Club in Hamburg eine Mitarbeiterin sucht. Dort habe ich mich beworben und fing an, als Switcherin im aktiven wie auch passiven Bereich zu arbeiten. Relativ schnell war ich die Clubatmosphäre leid, und so wechselte ich in ein eingesessenes Studio in Hamburg. Dort hatte ich das, was ich im Nachhinein »Lehrzeit« nenne. Es war zwar hart – denn die Chefin hat den Laden sehr gut in der Hand –, allerdings habe ich dadurch eine Menge über den Beruf und die Menschen gelernt. Es war das Beste, was mir passieren konnte, denn ich lernte, nicht nur eine Session mit finanziellem Hintergrund zu machen (diese sind weitaus anders als private Sessions, man muss auf viel mehr Rücksicht nehmen), ich lernte auch das richtige Marketing und beste Vermarktung kennen. Schließlich wechselte ich wieder das Studio und landete in einem Fetischstudio. Da ich allerdings SMlerin bin und keinen herausragenden Fetisch habe, der in diesem Studio frequentiert wurde, wechselte ich in ein nettes, kleines SM-Studio, in welchem der SM im Vordergrund steht. Hier fühle ich mich unheimlich wohl und kann meinen SM beruflich ausleben.

Arne Hoffmann: *War es für dich anfangs schwierig, wildfremden Männern seelisch so nah zu kommen, wie das bei SM-Spielen oft der Fall ist?*

Nala: Nein, es war für mich nicht schwierig – ganz im Gegenteil. Allerdings weiß ich mich auch gut abzugrenzen, was einzelne Schicksale betrifft – denn gerade im SM-Bereich trifft man dann doch auf sehr viele Menschen, hinter denen oftmals eine traurige Geschichte steht. Als Domina bin ich dann nicht nur für die Umsetzung der Fantasien zuständig, sondern agiere häufig auch noch als eine Art Psychologin und Therapeutin. So sehr mich manches Schicksal dann mitnimmt – sobald ich aus der Studiotür ins Privatleben gehe, lasse ich diese Geschichte hinter mir. Sonst würde ich diesen Beruf sicherlich nicht ausüben können.

Arne Hoffmann: *Interessant, dass du das erwähnst. Mir haben schon mehrere Dominas berichtet, dass sie sich in einer Therapeutinnenrolle sähen, eine hat diese Vorstellung allerdings auch abgelehnt, weil sie SM nicht als Krankheit betrachte. Kannst du das ein bisschen ausführen, möglicherweise anhand von Beispielen, was du mit »traurigen Geschichten« meinst und inwiefern du »heilend« tätig wirst?*

Nala: Erst mal möchte ich klarstellen, dass es mir fern liegt, eine sexuelle Neigung »heilen« zu wollen. Therapeuten werden gerne in ein falsches Licht gerückt – der Therapeut hat unter anderem auch die Aufgabe, andere Sichtweisen aufzuzeigen. Nun ist es so, dass die meisten Männer, die eine Domina besuchen, ihre Neigungen heimlich ausleben. Allein dieses Nicht-zu-sich-und-seinen-Neigungen-stehen-Dürfen-und-Können macht mich persönlich sehr traurig. Oder aber es sind Menschen, die mit ihrer Neigung keinen passenden Partner finden, trotz intensiver, meist jahrelanger Suche.

Ich selbst interessiere mich nicht nur für die sexuelle Neigung des Menschen, sondern auch für seine Geschichte – vielleicht werde ich deshalb auch sehr häufig über den Hintergrund aufgeklärt. Viele fühlen sich von mir eingeladen, mir ihren Weg zu erzählen und natürlich versuche ich dann, den ein oder anderen Rat für die Zukunft zu geben oder aus meiner eigenen Erfahrung zu erzählen. Dieses Vertrauen, welches manche Menschen durch diese Gespräche plötzlich haben, wirkt heilend. Jemanden, der seine eigene sexuelle Neigung als »abartig« empfindet, aufzuweisen, dass dies ganz normal ist und es sogar Gleichgesinnte gibt – das ist heilend. Man muss nicht automatisch in den medizinischen Bereich abgleiten, wenn man von »Heilung« spricht. Einer meiner lieben Spielpartner bezeichnete meine Besuche so: »Es ist nicht so, als würde ich zu einer bezahlbaren Domina gehen, sondern zu einer bizarren Freundin, der ich alles erzählen und bei der ich meine Fantasien ausleben kann.« Ich bin gerne eine Weggefährtin, sei es nur für eine Stunde oder für einen längeren Zeitraum. Denn durch diese Erfahrungen lerne ich auch sehr viel über mich.

Arne Hoffmann: *Wie gelingt es dir, zu deinen Spielpartnern – offenbar relativ schnell – eine so starke Vertrauensbasis aufzubauen, dass sie sich dir gegenüber derart öffnen?*

Nala: Ich glaube, auf der einen Seite ist Ehrlichkeit ein sehr wichtiger Faktor, um das Vertrauen des Gegenübers zu bekommen. Es bringt mir nichts, für Geld »alles« zu machen – und so besteht meine Ehrlichkeit eben darin, nur das zu machen, woran ich meinen Spaß habe. Auf der anderen Seite verlange ich auch von meinem Gegenüber ehrliche Antworten auf meine Fragen im Vorgespräch. Ich glaube, für viele ist vor allem die Frage nach den Tabus wie auch die Frage nach eventuellen gesundheitlichen Problemen eine wichtige Frage – denn so zeige ich, dass mir mein Gegenüber nicht egal ist. Ganz im Gegenteil, vielleicht habe ich sogar den ein oder anderen Tipp für ihn. Auch die Nachgespräche handeln oftmals nicht über das vorangegangene Spiel, sondern über den Austausch von Erfahrungen und privaten Dingen. Ich glaube, dass es mein Interesse am Menschen ist, welches die Vertrauensbasis erwirkt. Auch wenn ich jemanden mit den Worten »ich glaube, wir passen nicht zusammen« wegschicke, gibt das ja auf gewisse Weise eine Vertrauensbasis – und den Beweis, dass es mir in erster Linie wichtiger ist, dass mein Gegenüber und ich ein schönes Erlebnis haben, als das Geld einfach zu nehmen und die Zeit »runterzurasseln« …

Arne Hoffmann: *Nächste Frage: Woran hast du denn Spaß? Was kann ein Kunde bei dir erwarten? Sagt man eigentlich »Kunde« oder »Freier« – oder wie nennt ihr eure Besucher?*

Nala: Generell wird der Kunde in der Szene »Gast« genannt. Allerdings mag ich diese Bezeichnung nicht, denn auch Menschen, die nur in ein Café gehen, nennt man »Gast«. Deshalb nenne ich jene Menschen, die zu mir ins Studio kommen, »Spielpartner«.
Richtig Freude kann man mir machen, wenn man sich komplett auf mich einlässt. Wie ich bereits erwähnte, bin ich Sadistin. Ich liebe Spuren, mag auch gerne Blut sehen, und Schmerzensschreie lassen mein Herz höher schlagen. Doch leider können oder wollen die wenigsten Spielpartner sich auf derartige Spiele einlassen, da sie zumeist verheiratet sind.
Und so kann man(n) bei mir Rollenspiele (angefangen von Tötungsfantasien bis hin zu der klassischen »Herrin-Sklave«-Variante), Bondage (mit Vorliebe mit Seilen, allerdings auch mit Gurten, Folie oder Ketten), Nadelspiele, Natursektspiele, Trampling, Auspeitschungen und sonstige kleine Feinheiten erleben.

Arne Hoffmann: *Na, das ist ja eine ganz schöne Bandbrei… Moment – Tötungsfantasien? Wie darf man sich denn solche Spiele vorstellen?*

Nala: Erst mal zu deiner Beruhigung: Bisher ist noch jeder Spielpartner eines Tötungsrollenspiels lebend – mit all seinen Körperteilen – aus dem Studio nach Hause gekommen. Nun, Tötungsfantasien sind zum Beispiel mittelalterliche Hinrichtungen, Vampirspiele oder Agentenspiele. Von Tierschlachtungsrollenspielen nehme ich großen Abstand, da dies nicht mein Kink ist. Diese Rollenspiele sind vor allem auch für mich sehr erregend, denn ich liebe es, bis zum Äußersten zu gehen. So kommt es auf die Vorliebe meines Spielpartners an, wie er gerne an seine Grenzen geführt wird. Allerdings kann ich eines sagen: Wer schon mal von jemandem im Schwimmbad unter Wasser gedrückt wurde und dann hochkam, um einen Atemzug zu tun, der weiß, wie sich »Leben« anfühlt. Und genau auf diese Art und Weise winke ich meinem Spielpartner mit hämischem Grinsen zu – im Wissen, dass der große Atemzug das Leben bedeutet. Und nicht zu wissen, wann das nächste Mal das »Leben« eingeatmet werden kann. Auch das Pulsieren der Halsschlagader wirkt zunehmend erotischer, wenn dagegen eine Klinge eines scharfen Messers gerichtet ist. Meine Opfer wissen, dass sie mir zu 99 % vertrauen können. Aber es gibt immer dieses eine

Prozent, diese kleine Chance, dass doch etwas komplett Unvorhergesehenes passiert. Dieses eine Prozent Wahnsinn. Und genau da liegt der Kick. Mein Spielpartner weiß: In solchen Momenten halte ich mein Raubtier in mir mit aller Kraft fest. Und er hofft, dass sich das Raubtier nicht einfach losreißt. Diese Angst, die dadurch entsteht, erregt mich. Und meinen Spielpartner genauso.

Arne Hoffmann: *Hast du jemals dein Innenleben erforscht, woher solche Gelüste stammen könnten? Und kennst du ähnliche Gefühle auch außerhalb von SM-Spielen?*

Nala: Ja, ich habe mein Innenleben erforscht und bin zu dem Entschluss gekommen, dass ich es nicht sagen kann, woher solche Gelüste kommen. Das ist auch gut so – man muss nicht alles analysieren und wissen. Denn gerade weil man nicht sagen kann, woher Gefühle kommen (und SM hat mit Gefühlen sehr viel gemein), ist es doch so spannend, sie zu haben. Nur dadurch entsteht diese Überwältigung, im positiven wie auch negativem Sinne. Ich würde lügen, würde ich behaupten, dass ich nur im SM Gefühle habe. Natürlich habe ich auch im un-SMigen Leben derartige Gefühle – wenngleich ich sie hier im Zaum halten muss. Deshalb empfinde ich auch SM als Ventil, um meine Gefühle loszuwerden. Wenn man die Welt durch einen intensiven Flug verlässt und schließlich wieder landet, sieht alles plötzlich ganz anders aus.

Arne Hoffmann: *Während wir dieses Interview führen, ist in der neuesten Ausgabe der feministischen Zeitschrift »Emma« ein Interview mit der Berliner Domina Ellen Templin erschienen. Sie berichtet, dass das neue Prostitutionsgesetz ihrem Eindruck nach die Freier immer enthemmter gemacht habe: »Neulich habe ich zu einem gesagt: Mehr geht nicht. Wir können dich fesseln, schlagen, aufhängen, wir können alle Körperöffnungen stopfen. Aber was bitte noch? Wir können dich nur noch umbringen!« Wie ist das bei dir – werden auch deine Spielpartner immer enthemmter?*

Nala: Enthemmung ist doch an sich keine schlechte Sache. Immerhin kennen sehr viele Menschen (ob nun professionell oder privat) im SM-Bereich die Hemmung, sich so auszuleben, wie sie sich gerne ausleben möchten.
Es ist schade, dass diese Aussage im Interview von Frau Templin auf »fesseln, schlagen, aufhängen, stopfen und umbringen« reduziert wird, denn ich sehe wesentlich mehr Möglichkeiten, ein grenzwertiges Spiel zu füh-

ren. Wenn mir meine Spielpartner ihre intimsten Wünsche mitteilen, dann sehe ich dabei nicht das »enthemmende Prostitutionsgesetz«, sondern einen Menschen, der nun mal bestimmte Neigungen hat. Ich meine, ich selbst habe Neigungen, die vielleicht nicht dem üblichen Klischee entsprechen, und es ist mir eine Ehre, als »enthemmt und brutal« bezeichnet zu werden. Denn ernsthaft: Man muss seinen Spielpartner nicht umbringen, um brutal zu sein. Und bisher haben sämtliche meiner Opfer alle ihre Körperteile noch an sich, und sie erfreuen sich bester Gesundheit. Das bedeutet aber nicht, dass ich nicht hin und wieder mit der Überlebensangst meiner Opfer spiele.

Arne Hoffmann: *Welche Tabus hast du und warum?*

Nala: Nun, meine Tabus umfassen an sich den klassisch-typischen Rahmen – alles, was illegal ist, alles, was mit Tieren im zoologischem Sinne zu tun hat, und bleibende Schäden. Es macht mich wirklich traurig, dass derartige Dinge – die an sich selbstverständlich sein sollten – nochmals extra betont werden müssen. Es widerstrebt mir, nun eine explizite Tabuliste zu erstellen – zumal sich so ein Buch bestenfalls viele Jahre hält – und ich mich immerhin weiterentwickle. Tabus werden aufgelöst, oder es kommen neue hinzu.

Nichtsdestotrotz gibt es für mich einige wichtige Punkte, die man im Prinzip als persönliches Tabu betiteln kann – und ich bin mir sehr sicher, dass sich dies niemals ändern wird. Zum einen ist es ein Tabu von mir, mit einem Menschen zu spielen, wenn mein Bauchgefühl mir sagt: Das passt nicht für mich! Ebenfalls ist es ein Tabu von mir, mich für einen Menschen zu verbiegen oder dies von einem Menschen zu verlangen. Diese Dinge empfinde ich als wesentlich wichtiger als irgendwelche Listen von Praktiken. Denn die ändern sich zum Teil schneller, als man selbst denkt. Zum Warum: Ich würde niemandem fragen, warum dies oder jenes ein Tabu ist, denn es bedarf keiner Erklärung oder Rechtfertigung, warum man im sexuellen Aspekt dies oder jenes nicht machen möchte. Wer es mir erzählen möchte, kann es gerne erzählen – wenn nicht, bin ich auch nicht böse. Ich akzeptiere Tabus ohne Diskussion – und genau das erwarte ich von meinen Spielpartnern. Denn sobald man ein »Warum?« fragt, wird das Tabu als ein solches angetastet und der Gegenüber fühlt sich in einer Rechtfertigungsposition. Er muss sich selbst plötzlich erklären – meist das Unerklärliche. Aus diesem Grund möchte ich auch nicht erklären, warum ich Tabus habe oder warum es ausgerechnet diese Tabus sind.

Arne Hoffmann: *Haben dich tatsächlich schon Männer aufgesucht, die an illegalen Dingen, Tiersex oder anderen Praktiken, die du für ganz automatisch tabu befindest, Interesse hatten?*

Nala: Natürlich. Das kommt ständig vor. In Emails wird beteuert, dass man sich die Webseite genau durchgelesen hat, und im nächsten Atemzug wird nach einem der Tabus gefragt und ob dies möglich sei. Oder jemand aus der Crushingszene möchte, dass Schnecken zertreten werden. Der nächste will einen echten Hund haben. Ich käme wahrscheinlich mit einer ehrlichen Anfrage, die in etwa lautet »Ich habe mir nur deine Bilder angeschaut und keine Texte durchgelesen. Ist dies oder jenes möglich?« besser zurecht als mit einem der oben genannten Fälle. Manche machen sich auch einen Spaß daraus, genau nach Schockthemen zu fragen. Vor allem durch die Tötungsrollenspiele kommen immer wieder Spinner auf, die der Meinung sind, sie müssten nun auch ihren Beitrag zum Leben einer Domina abgeben, indem sie permanente Telefonauskünfte über die Rollenspiele haben möchten. Viele denken nicht so weit, dass ich am anderen Ende des Hörers mir meinen Teil denke oder dies sogar irgendwann einmal zur Belustigung der Kolleginnenmeute als nette Kolumne verfasst wird. Ich weiß nicht, was es einem Menschen bringt, nach etwas zu fragen, dessen Antwort sowieso »Nein« ist. Vielleicht müssen Sie es einfach nur noch mal hören? Vielleicht denken sie auch, sie könnten mich damit schocken?

Arne Hoffmann: *Kommen wir mal wieder auf die Praktiken zu sprechen, die du auch tatsächlich auf deiner Website anbietest. Dort ist mir unter anderem die Hängebondage aufgefallen, was man ja auch erst mal beherrschen muss. Hast du das auch in den Dominastudios gelernt, von denen du erzählt hast, oder hattest du da auch andere Lehrmeister? Du posierst ja auch als Model für Matthias T. J. Grimme ...*

Nala: Alles, was ich an Praktiken anbiete, habe ich nicht in Dominastudios gelernt, sondern bereits vorher. Ich bin eine SMlerin, und das seit zehn Jahren. Mein großer Mentor war mein Exfreund, mit dem ich sieben Jahre dieser SM-Zeit teilte. Von ihm habe ich so gut wie alles gelernt, was ich heute kann. Natürlich verfeinert man im Laufe der Zeit seine Praktiken. Vor allem wird man wesentlich routinierter darin, als es ein Mensch ist, der SM nur privat auslebt. Im professionellen Bereich hat man SM eben fast tagtäglich.

Matthias T. J. Grimme ist ein lieber Freund, allerdings muss ich sagen, dass ich von ihm in Sachen Bondage nichts gelernt habe. Allerdings ist er einer der wenigen Menschen, denen ich selbst so weit vertraue, dass er mich fesseln darf. Ich bin ein Mensch, dem Sicherheit sehr wichtig ist. Natürlich sagen viele, dass sie Bondage beherrschen (oder wahlweise eine andere Praktik), aber zu häufig habe ich schon festgestellt, dass diese Menschen sich oftmals selbst überschätzen. Bei Matthias weiß ich, dass er es eben wirklich kann und auch gut und schnell reagiert. Als Beispiel: Ich habe einen Herzfehler, der mir gerade bei Bondage gerne mal einen Strich durch die Rechnung macht. Ich brauche dann eine Pause, muss meinen Kreislauf wieder stabilisieren, in seltenen Fällen ein Medikament nehmen. Wenn ich also eine Fesselung abbreche, dann will ich weder darüber diskutieren, warum ich sie abbreche, noch möchte ich einen tüdeligen Spielpartner haben, der seine Knoten nicht geöffnet bekommt. Ein Profi weiß, welches Seil wohin führt, und hat eine Bondage binnen weniger Sekunden zumindest so weit offen, dass er Erste Hilfe leisten kann.

Arne Hoffmann: *Eine andere Praktik, die du anbietest, hat mit Keuschheitsgürteln zu tun. Vielleicht weiß nicht jeder Leser, was es mit dieser Spielart auf sich hat: Was kann ein Besucher hier von dir erwarten?*

Nala: Keuschheitsgürtel werden in der Regel dazu benutzt, um zum einen sexuelle Handlungen (Fremd- wie auch Selbstbefriedigung) wie auch eine sexuelle Erregung zu unterbinden. Durch Schmerz (der Penis »eckt« an) wird eine komplette Erregung unterbunden und zeitgleich dazu sorge ich sadistisches Pack dafür, dass trotzdem eine Erregung stattfindet. Ein simples, aber sehr gemeines Spiel, welches immer wieder gut funktioniert. Zum anderen gibt es auch noch die Möglichkeit, in mir eine Schlüsselherrin zu finden. Der Keuschheitsgürtel wird zum Beispiel angelegt – der Schlüssel bleibt bei mir –, und nach einem bestimmten Zeitraum nehme ich den Keuschheitsgürtel wieder ab. Während dieser Zeit ist Fremd- wie auch Selbstbefriedigung unmöglich. Da man den Keuschheitsgürtel immer spürt, bin ich auf diese Weise auch immer präsent.

Arne Hoffmann: *Hattest du jemals einen Gast, der sich in einer festen Partnerschaft befand und trotzdem von dir einen dauerhaften Keuschheitsgürtel angelegt bekommen wollte?*

Nala: Nein, was die Ehe betrifft, sind die meisten Männer klug genug, das Schicksal nicht herauszufordern. Natürlich gab es hier oder da mal die

Fantasie, trotz Ehefrau das Zeichen der Domina – nämlich den Keuschheitsgürtel – zu tragen. Allerdings ist das eher eine Fantasie der Männer. Die wenigsten würden sie je umsetzen – es sei denn, sie haben eine sehr offene Ehe oder getrennte Lebensräume. Es kam durchaus vor, dass der Geschäftsmann – zu Besuch in Hamburg – während dieser Zeit einen Keuschheitsgürtel trug. Und zu Hause – weit entfernt – wartete die Ehefrau. Aber wie gesagt: Dies sind Ausnahmen, die sich wahrscheinlich an einer Hand abzählen lassen.

Arne Hoffmann: *Eine weitere Praktik, die du auf deiner Website erwähnst, lautet »CO_2-Kick«. Was hat es damit auf sich?*

Nala: Der CO_2-Kick ist ein Atemreduktionsspiel. Wer im Biologieunterricht aufgepasst hat, der weiß, dass wir Menschen ein Gemisch aus Stickstoff und Sauerstoff einatmen, um unseren Körper mit Sauerstoff zu versorgen. Der Körper tauscht den neuen Sauerstoff gegen Kohlendioxid (CO_2) aus, welches wir ausatmen. Das Opfer atmet also CO_2 ein. Das führt dazu, dass der Körper kurzzeitig unter Sauerstoffmangel leidet und man ein leichtes Schwindelgefühl empfindet. Wird dann wieder Sauerstoff zugeführt, ist es wie ein Kick im Kopf. Als nette Spielerei gibt es die Möglichkeit, das Opfer das eigene CO_2 einatmen zu lassen. Oder aber als Wechselatmung (eine Spielpraktik für den Privatbereich). Zur Umsetzung gibt es zum einen die Möglichkeit der Distanz: also via Schläuche oder eben einer Gasmaske, durch die er sein eigenes CO_2 einatmet. Oder aber – dazu benötigt man z. B. aus dem medizinischen Bereich (Haushaltsfolie tut's aber auch) – Schutzfolie über den Mund, Hals überstrecken und die Nase zuhalten. Danach – geschützt durch die Folie – Lippen auf Lippen und langsam, kontrolliert atmen. Im Prinzip, als würde man Erste Hilfe leisten. Das Opfer muss hierzu allerdings das Wagnis eingehen, einzuatmen. Das kann etwas dauern, bis die Überwindung da ist. Nun, geeignet ist diese Spielart nur für einen Bruchteil an Menschen. Menschen mit Asthma, Bronchienproblemen (chronische Bronchitis), Herzproblemen, Kreislaufproblemen dürfen diese Praktik nicht machen. Auch Menschen, die zur Hyperventilierung neigen, fallen aus dem Raster. Raucher könnten es theoretisch machen – mir ist allerdings das Risiko zu groß, dass doch etwas passieren könnte, denn eine Raucherlunge arbeitet nicht mehr so zuverlässig wie die eines gesunden Menschen. Durch die Tatsache, dass Raucher auch noch verengte Blutgefäße und häufig einen veränderten Herzrhythmus haben, führe ich diese Praktik bei ihnen nicht durch. So gesehen passiert es sehr selten, dass ich diese Praktik wirklich anwenden kann.

Arne Hoffmann: *Verdienst du dein Geld eigentlich ausschließlich als Domina? Oder ist das eine von mehreren Tätigkeiten?*

Nala: Ja, ich verdiene meinen Lebensunterhalt ausschließlich als Domina. Nebenbei jobbe ich zwar gerne noch als Modell, aber das ist so minimal, dass ich davon meinen Lebensunterhalt nicht bestreiten könnte und wollte.

Arne Hoffmann: *Auf deiner Website erwähnst du, dass du auch als Schriftstellerin bzw. Autorin einer Kolumne tätig bist. Was hat es denn damit auf sich?*

Nala: Schreiben zählt zu meinen großen Hobbys. Dabei schreibe ich zum einen für bekannte SM-Medien, wie zum Beispiel die SCHLAGZEILEN, das Online-Magazin »Domantik« oder das Geschichtenportal »Schattenzeilen«. Allerdings schreibe ich auch für andere, nicht-SMige Plattformen oder Zeitschriften – bevorzugt Kolumnen, aber auch Geschichten. Das ist und bleibt jedoch ein Hobby von mir. So ergibt sich ein literarischer Erguss relativ spontan. Dann wiederum ist einige Zeit Sendepause.

Arne Hoffmann: *Wissen eigentlich Mitglieder deiner Familie oder deine Freunde außerhalb der SM-Szene, dass du gerne Männer quälst? Wenn ja: Wie waren die Reaktionen, als du ihnen davon berichtet hast?*

Nala: Deine Frage hat mir etwas Kopfzerbrechen bereitet, denn ich musste wirklich darüber nachdenken. Darüber, ob meine Umgebung weiß, dass ich gerne Männer quäle, um sexuelle Lust zu empfinden, oder darüber, dass meine Umgebung weiß, dass ich mit SM Geld verdiene.
Ich gehöre nicht (mehr) zu den Menschen, die ihre Sexualität plakativ präsentieren. Klar, während der Outingphase hat jeder erfahren (ob er nun wollte oder nicht), dass ich das bin, was die Szene »SMlerin« nennt. Ich hab versucht, Gott und die Welt darüber aufzuklären. Allerdings waren die Reaktionen sehr verhalten. Von »Was, du auch?« bis hin zu »Ah, klingt spannend!« war alles dabei. Ich wurde mit Vorurteilen konfrontiert – und einen Großteil konnte ich ausräumen. Dann kam der Part mit den Eltern und ich überlegte, ob ich meinen Eltern und meiner Familie ebenfalls darüber berichten sollte.
Und da stellte ich mir die Frage: Möchte ich eigentlich wissen, was meine Eltern oder Geschwister sexuell in oder außerhalb ihrer Betten treiben? Für

mich waren sie bis dahin asexuelle Wesen (klar, meine Eltern hatten nachweislich Sex miteinander und auch einige meiner Geschwister hatten sicher keine »Besenkammernummer«, um Kinder in die Welt zu setzen), und plötzlich musste ich mich mit ihrer Sexualität auseinandersetzen. Ich kam zu dem Entschluss, dass es mich absolut nicht interessiert, was meine Eltern oder Geschwister in welchen Betten wie machen und dass ich es auch gar nicht wissen will. Warum also sollte ich ihnen (die mich vielleicht auch als asexuelles Wesen sehen) damit vielleicht die Seele schwer machen?

Und als ich zu diesem Entschluss kam, dachte ich weiter: So ein Outing ist schön und gut, aber – wer will's wirklich wissen? Ich meine, wer – außerhalb meiner Sexualpartner – interessiert sich wirklich für mein Sexualleben? Was will ich mit dieser Information bewirken? Oder besser noch: Was bewirke ich mit derartigen Informationen? Im schlimmsten Fall bewirke ich damit, dass ich mich vor Angeboten kaum retten kann, oder jemand denkt, ich bräuchte Hilfe. Oder aber jemand vermutet, ich wäre »leicht zu haben«. Ich würde auf jeden Fall damit bewirken, dass mich die Leute anders sehen als zuvor. (Egal ob positiver oder negativer.)

Möchte ich das?

Ich kam zu dem Entschluss: Nein.

Allerdings wissen sie, dass ich mein Geld als Domina verdiene.

Arne Hoffmann: *Und wie haben deine Eltern – oder deine Freunde und Bekannte – darauf reagiert?*

Nala: Sie waren nicht sonderlich erstaunt darüber, da sie mich gut kennen. Sie wissen, dass ich – für mich selbst – das Richtige mache. Natürlich waren sie neugierig, wie genau das abläuft, oder auch besorgt, was das Rotlichtmilieu an sich so mit sich bringt. Aber nach einer ausführlichen Einweisung und Erklärung fanden sie es eher nur spannend. Allerdings muss ich mit etwaigen Erzählungen – je nachdem, wen ich gegenüber sitzen habe – haushalten und vorsichtig sein. Nicht jeder möchte wirklich detailgetreu die Sessions hören. Andere wiederum lechzen förmlich danach, etwas von diesem außergewöhnlichen Beruf zu erfahren, so dass dies schon wieder störend sein kann. Ich muss den Grat finden, auf dem ich wandern kann, ohne die Sensationslust zu befriedigen oder aber Menschen zu überrumpeln. Das ist – gerade bei »Nicht-SMlern« – nicht allzu einfach. (Denen geht's manchmal wie beim Autounfall: Kannst nicht hinschauen, aber wegschauen geht auch nicht.)

Arne Hoffmann: *Auf deiner Website zeigen dich einige deiner erotischen Fotos auch hochschwanger. Hat deine Schwangerschaft (oder jetzt deine Mutterschaft) dein Empfinden als Domina verändert?*

Nala: Würde ich behaupten, meine Schwangerschaft und Mutterschaft hat mich nicht verändert, so würde ich lügen. Natürlich hat sie mich verändert. Meine Arbeit sehe ich momentan als »Urlaub vom Kind« an. Es ist etwas Besonderes für mich geworden, ins Studio zu fahren und endlich »Erwachsenengespräche« zu führen und nicht ständig mein Kind im Mittelpunkt zu wissen. Im Studio kann ich wieder Frau sein, während ich zu Hause immer die Mutter bin. Im Studio kann ich sexy sein, begehrenswert sein. Zu Hause zeichnet sich momentan die Kleidung durch Handlichkeit aus. Diese Kleinigkeiten weiß ich nun viel mehr zu schätzen, denn durch meine Arbeit im Studio trete ich sozusagen in eine ganz andere Welt hinein. Das ist spannend – diesen kompletten Schnitt plötzlich zu sehen. Denn bevor das Kind da war, musste ich diesen Schnitt nicht machen und konnte sehr »übergreifend« agieren.

Arne Hoffmann: *Laut einer Studie des »San Francisco Neonatal and Obstretical Research Laboratory« träumen Frauen im ersten Drittel ihrer Schwangerschaft am häufigsten von Fröschen, Würmern und Topfpflanzen. Wovon träumt eine schwangere Domina?*

Nala: Also nein! Ich komm grad aus dem Lachen nicht 'raus! Hmm, also ich kann das nicht mehr so genau definieren. Allerdings weiß ich, dass ich während der Weltmeisterschaft verhältnismäßig häufig von der Deutschen Nationalmannschaft geträumt habe. (Verhältnismäßig häufig steht hier für: mindestens einmal, sicher aber mehrfach. Davor hab ich nie von denen geträumt.) Die Weltmeisterschaft lag allerdings zeitlich im letzten Drittel.

Arne Hoffmann: *Wie stellst du dir deine Zukunft vor?*

Nala: Als ich ein Teenager war, wollte ich die Welt verändern und vor allem verbessern. Ich wollte Revolutionen anzetteln, unschuldig Gefangene freilassen und viel für den Umweltschutz tun. Heute, da ich weiß, dass ich allein die Welt nicht verändern oder verbessern kann, aber gelernt habe, meine Umwelt aktiver und klarer zu sehen, möchte ich einfach nur glücklich sein. Eine kleine Familie, eine netten Freundeskreis. Nicht »denken« sondern »tun«. Mein Leben genießen, denn so ein Leben ist – betrachtet an Ereignissen, Erlebnissen und den Lehren daraus – nicht lang. Dinge, die mir schaden, versuche ich so gut wie möglich aus meinem Leben wegzubewegen. Ich möchte weiter meinen Beruf ausleben, aber auch meinen Horizont erweitern, indem ich noch einiges andere ausprobiere. Ich möchte mit Spielpartnern Wege beschreiten, meinen SM noch mehr vertiefen, aber auch alle anderen Neigungen, Gefühle und Tatsachen ausleben. Als ich ein Teenager war, hab ich geträumt. Heute lebe ich. Und das möchte ich auch in meiner Zukunft: leben! Wie ich es empfinde. Und nicht, wie andere es gutheißen. Denn Leben ist Atmen, Lieben, Lachen, Weinen, Tanzen. Und all das ist auch SM. SM ist Teil meines Lebens. Und das soll er auch bleiben – solange ich es so möchte.

Lady Alexa: »Sich völlig hinzugeben ist nicht einfach.«

»Fetishdiva Lady Alexa« arbeitet im Stuttgarter Studio Centric und im Frankfurter Atelier du Mal. Auf ihrer Website www.fetishdiva-alexa.com[5] präsentiert sie sich als eine einfallsreiche, wandlungsfähige Frau. »Hab keine Angst«, schreibt sie in einem der Texte, mit denen sie sich vorstellt. »Wenn Du Deinen Platz nicht kennst – ich kenne ihn. Zu meinen Füßen. Im Käfig. Gefesselt. Wehrlos. Ausgeliefert. Du gierst danach, mir zu dienen. Guuuut! Doch in dem Moment, in dem Du die Schwelle zu meinem Reich übertreten hast, hast Du auch die Entscheidungsgewalt über Dich abgegeben. Versuche nicht, Dich gegen meinen Willen aufzulehnen. Ich entscheide, wann Du leidest. Ich entscheide, wann Du dienst. Ich entscheide, wann Du belohnt wirst. Lass Dich fallen. Genieße es. Ich tue es auch. Eine gute SM-Session beruht auf dem Miteinander. Du lässt los – ich fange Dich auf. Du leidest – ich liebe es. Du gibst Dich hin – ich genieße Dich und Du genießt meine Zuwendung an Dich. Hab keine Angst – ich werde Dich nicht überfordern. Vor der Session werden wir ein ausgiebiges Vorgespräch führen. Ich habe mit Menschen zu tun. Mit all ihren Gefühlen. Dazu gehört auch das Lachen. Am liebsten zusammen mit Dir. Doch vergiss nicht: Wer zuletzt lacht, ist klar.«
Dies alles hörte sich für mich prickelnd genug an, um Lady Alexa um ein Interview zu bitten.

Arne Hoffmann: *Lady Alexa, wie ist Ihr Tag heute verlaufen?*

Lady Alexa: Der Tag hat ganz gut angefangen, es waren schon ein paar Termine eingetragen, und es sind Gäste, die man kennt. Also auch Gäste, die zu hundert Prozent kommen. Aber schnell kamen noch zusätzliche Termine dazu, so dass es bald etwas stressiger wurde. Es waren heute noch drei Kolleginnen und unsere Chefin anwesend. Das sollte also alles gut funktionieren. Am Nachmittag sperrte ich noch einen Lieblingssklaven den

---

[5] Seit April/Mai 2008 lebt Lady Alexa in Offenbach bei Frankfurt und arbeitet bei der – ebenfalls aus Stuttgart stammenden – Lady Isis (www.lady-isis.de), ist aber auch weiterhin regelmäßig als Gastdomina im Stuttgarter »Centric« anzutreffen. *Der Verleger*

ganzen Nachmittag in den Käfig, es war ein Weihnachtsgeschenk von mir. In der ganzen Zeit war ich mit meinen Terminen beschäftigt, und er wartete ganz geduldig auf mich. Ab und zu sah ich nach ihm, und darüber freute er sich sehr. Am frühen Abend ließ ich ihn dann wieder gehen. Einige Stunden war im Studio ziemlich viel los. Das Telefon klingelte ununterbrochen. Also ein bewegter Tag. Ich kam kaum zum Essen, aber als mein letzter Gast aus dem Haus war, so um 21.30 Uhr, stürzte ich in die Küche und war erleichtert, endlich aus den Stiefeln zu kommen, denn ich hatte sie schon ca. acht Stunden an ohne Pause ...

Arne Hoffmann: *Wie fühlen Sie sich am Ende eines Arbeitstages oder einer Arbeitswoche?*

Lady Alexa: Es hängt immer davon ab, wie viel an diesem Tag oder in dieser Woche los war. Aber oft sind die Tage sehr lang und die Nächte kurz. Da fühlt man sich dann schon ziemlich erschöpft nach einer anstrengenden Woche. Es ist ja nicht nur die physische Anstrengung, sondern auch die psychische. Ich konzentriere mich zu hundert Prozent auf jeden Einzelnen. Und das mehrmals am Tag. Dazu kommen noch ausführliche Infogespräche am Telefon und das Drumherum ... Die freien Tage, die ich habe, nutze ich hauptsächlich, um neue Energie zu sammeln und meine Balance zu behalten. Das ist für mich persönlich sehr wichtig, um lange Spaß und Lust daran zu haben.

Arne Hoffmann: *Sie hatten Ihren »Lieblingssklaven« erwähnt – was genau macht einen Gast eigentlich zu einem Lieblingssklaven?*

Lady Alexa: Lieblingssklaven gibt es selten. Viele versuchen, einer zu werden, schaffen es aber nicht. Dabei ist es so einfach ... Man muss nur verstehen und selbstlos werden. Ein Lieblingssklave hat keinerlei Erwartungen an die Herrin. Er freut sich auf jede Kleinigkeit, die er von ihr bekommt, und wenn es nur eine kleine Berührung oder sogar nur ein Blick ist. Ein Lieblingssklave ist immer dankbar und genießt alles mit Leidenschaft. Er gibt sich allem hin und lässt sich treiben, egal ob es Schmerzen sind oder üble Demütigungen. Ein Lieblingssklave macht alles mit, worauf die Herrin gerade Lust hat. Es gibt viele Sklaven (und ich rede hier von »real slaves«), die der Herrin gefallen möchten und immer wieder betonen, dass sie alles für sie tun. Aber ich merke dann ganz schnell, dass sie gar nicht wissen und begreifen, was das alles bedeutet. Sich völlig aufzugeben und sich völlig hingeben, das ist nicht so einfach! Dazu gehört viel Vertrauen und viel Selbstlosigkeit. Das können die wenigsten. Viele können nur nehmen und erwarten eine Wunscherfüllung. Das ist natürlich genau das, was dann zu Schwierigkeiten führt. Je mehr man haben will, desto weniger bekommt man. Deswegen gibt es bei mir nur wenige Lieblingssklaven, denen gebe ich sehr gerne viel, und sie wissen es zu schätzen.

Arne Hoffmann: *Suchen Sie in einem Lebenspartner ähnliche Qualitäten?*

Lady Alexa: Nein, das ist etwas ganz anderes. Natürlich wünscht man sich jemanden, der einem jeden Wunsch von den Augen abliest, aber bei einem Lebenspartner braucht man jemanden, der völlig hinter einem steht. Er muss im Leben stehen und genau so stark sein wie man selbst. Sonst ist das Gleichgewicht gestört. Ich halte nichts von einer 24/7-Beziehung, da ich mich nicht nur mit diesem Thema beschäftige. Auch ich brauche meine Balance, meinen Ausgleich. Sonst verliere ich den Bezug zur Realität, und dann sollte ich den Job wechseln. So lang ich meinen Ausgleich habe, kann ich immer mit voller Konzentration und Leidenschaft an die Sache rangehen. Wenn man mit so vielen unterschiedlichen Menschen zu tun hat, muss man sich auf jeden zu hundert Prozent konzentrieren können.

Arne Hoffmann: *Wenn Sie sich selbst beschreiben oder zuordnen müssten: Welchen Typ Domina verkörpern Sie?*

Lady Alexa: Nun, das ist immer ein bisschen schwierig, sich selbst zu beschreiben, aber ich versuche es. Ich bezeichne mich als »klassische« Herrin oder Lady. Ich bin »unberührbar«, das bedeutet aber nicht, dass ich nur auf Distanz spiele, sondern durchaus dem Sklaven sehr nah sein kann. »Unberührbar« bedeutet, dass ich keinen Intimkontakt zulasse. Es bedeutet auch, dass ich mich in einer Session nicht entblöße. Also ziehe ich mich nicht bis zur völligen Nacktheit aus. Ich würde mich als eine aphrodisierende und verspielte Sadistin bezeichnen, die mit ihren Reizen lockt, sich das Opfer schnappt, nach Lust und Laune quält und dann bis zur völligen Zufriedenheit benützt. Ich genieße es, wenn der Sklave leidet, und erfreue mich, wenn er fliegt und sich fallen lässt. Je mehr er für mich leidet, um so mehr braucht er das Gefühl, wieder aufgefangen zu werden. Mir ist diese Verantwortung völlig bewusst, also passiert alles unter völliger Kontrolle und mit voller Absicht.

Arne Hoffmann: *Auf Ihrer Website strahlen Sie sowohl warmherzige Einfühlsamkeit als auch kühle Dominanz aus – fällt es Ihnen eigentlich schwer, hier die Balance zu finden?*

Lady Alexa: Eigentlich nicht. Wenn ich meinen Terminplan und meinen Freizeitplan so gestalte, dass noch genügend Zeit für mich bleibt, kann ich meine Balance gut halten. Ich brauche einen guten Ausgleich, sonst kann ich mich nicht mehr auf meine Gäste konzentrieren. Ein bisschen Urlaub dazwischen und ab und zu ein bisschen Wellness, dann läuft alles wunderbar. Ich versuche, dem »Alltagsstress« aus dem Weg zu gehen, das klappt nur mit einer guten Planung. Klar funktioniert es nicht immer so, wie ich mir das vorstelle … *(lacht)* … aber so ist das Leben. Bei mir ist es Gott sei Dank kein bisschen langweilig!

Arne Hoffmann: *Ihr Verantwortungsbewusstsein rührt vielleicht auch daher, dass Sie in Ihrem früheren Leben ausgebildete Arzthelferin waren. Wie wirkt sich diese Berufserfahrung auf ihre Tätigkeit als Domina aus?*

Lady Alexa: Sie hat mir natürlich enorm geholfen. Nicht nur bei den Praktiken, sondern von Anfang an mit dem Umgang mit den Gästen. Ich hatte keinerlei Probleme, auf die Männer einzugehen. Ich höre heute noch, dass ich eine sehr beruhigende Art habe. Das ist gerade bei Anfängern sehr wichtig. Da ich zuletzt in der Urologie tätig war, konnte ich es sofort umsetzen, und bis heute zehre ich von dieser Ausbildung. Ich bin mir sicher, dass Klinikfans und Freunde der Klinikspiele großen Wert auf ausgebildete Damen legen. Nicht nur wegen der Sicherheit des Könnens, sondern auch wegen dem Wissen über Hygiene und Sterilität. Ich habe auch schon ein Klinikseminar geleitet und habe Kolleginnen die Basiskenntnisse und Handgriffe beigebracht. Und ich muss gestehen, es macht noch mehr Spaß als vorher. Klar, jetzt bin ich die Frau Doktor *(lacht)*.

Arne Hoffmann: *Da Sie gerade die Urologie erwähnen – eines müssen Sie mir erklären: Was um alles in der Welt ist sowohl passiv als auch aktiv der erotische Reiz am Legen eines Blasenkatheters?*

Lady Alexa: Den körperlichen Reiz beim Legen des Blasenkatheters gewinnt definitiv die passive Seite. Diese Empfindung in der Harnröhre durch das Einführen in die Blase kann natürlich nur der Passive spüren. Aus meiner Sicht gibt es für den Aktiven in diesen Moment keinen erotischen Reiz in dem Sinne, sondern den reinen Genuss und den Kick im Kopf, der durchaus erotische Gefühle auslösen kann. Ich selbst genieße es und freue mich auch, beim Legen zu sehen, wie der Passive sich seinen Gefühlen hingibt und sich bewusst wird, dass ich dann die Kontrolle über seine Blase besitze ... Aber jeder Passive empfindet das Legen eines Katheters anders, also sind die Empfindungen auch sehr individuell.

Arne Hoffmann: *Auf Ihrer Website sehen die Fotos zu Ihrer »Rubber Clinic« ja sehr authentisch aus. Woher haben Sie überhaupt das ganze Zubehör, das Sie hier verwenden?*

Lady Alexa: Da ich mich in zwei Studios vergnüge, darf ich mir natürlich viele Utensilien aussuchen und ausborgen, die ich für meine Fotos verwenden kann. So kann jeder Klinikfan davon ausgehen, diese Spielsachen auch in Original zu sehen. Ich lege großen Wert auf Authentizität, denn ich mag es nicht, wenn ich was darstelle, was ich nicht bin. Diese Fotoserie von mir gefällt mir persönlich auch sehr gut, da das Shooting viel Spaß gemacht hat und ich eine ausgesprochen gute Fotografin hatte – übrigens eine Freundin von mir, die es perfekt beherrscht, das Beste aus einem rauszuholen, und ein besonders gutes Auge für jeden Fetisch hat.

Arne Hoffmann: *Auf Ihrer Website finden sich auch mehrere interessante Videoclips. Einer davon dreht sich um sogenannte »Fucking Machines«, die momentan ein beliebtes Motiv in SM-Erotika darstellen. Für Uneingeweihte: Was genau darf man sich denn unter »Fucking Machines« vorstellen?*

Lady Alexa: Ja, das ist schon ein heißes und begehrtes Thema. Es gibt die Fucking Machines in unterschiedlichen Größen und Ausführungen. Aber die Grundmaschine besteht aus einem maschinellen Arm, der vorne einen Aufsatz für unterschiedlich große Dildos hat und hinten einen Motor, der diesen Arm nach vorne und nach hinten bewegt. Es gibt Maschinen, die mit einem Kompressor betrieben werden, dann gibt es welche mit Luftdruck und welche mit E-Motor. Der Druck ist dann immer unterschiedlich, aber alle geben nicht nach und sind »gnadenlos«! Das ist für den Passiven sehr demütigend, aber auch sehr reizvoll. Das Szenario, jemanden auf die »Fickmaschine« bewegungslos festzuschnallen, den Dildo zu justieren und dann auf den »ON«-Knopf zu drücken, gibt mir einen enormen Kick. Wenn man dann noch an der Fernbedienung rumspielen kann, während man vielleicht gemütlich über dem Gesicht des Passiven sitzt ... Das macht viel Spaß und kann eine ganze Weile dauern.

Arne Hoffmann: *Ein anderer Videoclip auf Ihrer Website trägt den Titel »StrapOn im Wald«. Könnten Sie uns einmal berichten, wie hier die Aufnahmen vonstatten gegangen sind?*

Lady Alexa: Das ist eine Geschichte, die ich so schnell nicht vergessen werde. Ich hatte mit meiner Freundin und einem Sklaven einen Termin im Wald vereinbart. Er sollte im gefesselten Zustand hinter unserem Wagen her laufen. Das wollten wir natürlich filmen und hatten zusätzlich eine kleine Session mitten im Wald geplant. Als der Sklave da war, musste er aber leider aus persönlichen Gründen wieder abreisen. Schade eigentlich, aber da wir schon mal da waren, wollten wir das auch ausnützen und haben einfach mit einem anderen Sklaven im Wald gedreht. Es ist nur ein Kurzclip, aber wir hatten trotzdem eine Menge Spaß. Wir haben uns eine Stelle ausgesucht, wo es sehr ruhig war. Natürlich besteht immer die Gefahr, dass jemand vorbei kommt, aber: no risk, no fun. Es war sehr prickelnd und es hat super funktioniert. Was man mit liegenden Baumstämmen alles anfangen kann … *(lacht)* Die Story mit dem hinterher laufenden Sklaven hat zwar nicht geklappt, aber aufgeschoben ist nicht aufgehoben.

Arne Hoffmann: *Ihre Tätigkeit scheint Ihnen ja enorme Freude zu bereiten. Leben Sie Ihre SM-Leidenschaft eigentlich auch außerhalb Ihres Berufs als Domina?*

Lady Alexa: Oh ja, es macht mir eine Wahnsinnsfreude! Und ja, ich lebe meine Leidenschaft auch privat aus. Ich gehe ab und an gerne auf SM- und Fetischpartys, denn auch da kann man eine Menge Spaß haben. Aber oft bin ich auch nur auf solchen Partys, um Freunde und Bekannte zu treffen. Viele wohnen nicht in meiner Nähe, und wir freuen uns, wenn wir uns nach längerer Zeit sehen und austauschen können. Da gibt es ja viele unterschiedliche Möglichkeiten, sich im SM-Ambiente zu treffen und schöne Stunden zu erleben.

Arne Hoffmann: *Wenn Sie auf Ihre Dominalaufbahn so zurückblicken: Sind Sie jetzt da, wo Sie hinwollten?*

Lady Alexa: Lassen Sie mich dazu ein bisschen ausholen: Ursprünglich hätte ich nie gedacht, mit meiner Leidenschaft Geld zu verdienen. Es ist jetzt ca. acht Jahre her, als ich mich in einem SM-Studio vorgestellt habe. Zu der Zeit war ich noch als Arzthelferin tätig und konnte noch sehr wenig Erfahrungen im SM-Bereich sammeln. Ich wusste aber, dass da noch viel mehr war. Allerdings hatte ich zuvor nie den richtigen Partner, mit dem ich meine Neigungen ausleben konnte.

Meine ersten SM-Erfahrungen machte ich mit meinen ersten sexuellen Erfahrungen. Damals war ich 17 und superexperimentierfreudig. Aber damals konnte ich nicht viel damit anfangen, außer dass es mir gefiel. Leider stand ich damals alleine mit meinem Kick, denn mein damaliger Freund merkte, dass es nicht sein Ding war. Ich schloss meine Gedanken in eine Truhe ein. Ich wusste nicht wirklich, was ich damit anfangen sollte, und verdrängte es einfach.

Es verging eine lange Zeit, und schließlich traf ich jemanden, der mit mir meine Truhe wieder öffnete. Als wir merkten, dass wir zu Hause nur bedingt spielen konnten und uns natürlich auch viele Dinge fehlten, meinte er, ich solle mich doch einfach mal in einem Studio vorstellen. Das ist bestimmt was für mich, sagte er. Und er hatte völlig Recht. Ich lernte sehr schnell und wusste von Anfang an, was ich wollte, und vor allem, was ich auf keinen Fall wollte.

Meine Ausbildung als Arzthelferin war natürlich eine große Hilfe; nicht nur für die Grundkenntnisse in der Klinik mit diversen Praktiken, sondern auch im Umgang mit meinen Gästen. Wenn man schon immer mit Menschen zusammen gearbeitet hat, fällt es einem viel leichter, mit Ihnen zu kommunizieren. Vor allem habe ich gelernt, Menschen zu beruhigen, wenn sie Ängste haben oder sehr nervös sind.

Heute kann ich sagen, dass ich den richtigen Weg gegangen bin und mir selbst dabei treu geblieben bin. Ich habe immer das getan, wozu ich Lust hatte und was mir Spaß bereitet hat. Ich habe mich natürlich im Laufe der Zeit verändert, aber eher im Sinne der Entwicklung mit Erfahrungen und persönlichem Stil. Ich bin noch immer in einer Entwicklungsphase, denn man lernt ja nie aus. Es gibt auch noch Sachen, die ich noch nicht erlebt habe, und da für mich jede Session sehr individuell ist, erlebt man immer wieder neue Fantasien und Geschichten. Das bietet immer viel Abwechslung, die für mich lebensnotwendig ist. Ich bin kein Fan von Alltag und abgespulten Programmen. Und vielleicht entdecke ich noch Neues, was sich zu einer meiner Vorlieben entwickeln kann.

Ich habe letztes Jahr mit einem neuen Projekt angefangen und sehe jetzt schon einen Erfolg, der mich motiviert weiterzumachen. Es handelt sich um eine Videoserie über verschiedene Themen, die mir besonders gut gefallen. Was mir noch großen Spaß bereitet und ich in Zukunft gerne ausbauen würde, ist der Job als Fotomodell im Bereich Fetisch. Da ich einen

großen Hang zu Latex habe und es liebe, es zu tragen, würde ich mich freuen, wenn ich mal wieder zu einem besonderen Fotoshooting komme.
Ich bin ein Mensch, der viele Dinge langsam angehen lässt und sich nicht Hals über Kopf in irgendwas stürzt. Ich liebe zwar manchmal das Risiko, aber bei gewissen Dingen, die geplant gehören, brauche ich meine Zeit. Ich bilde mir erst mal meine Meinung und forsche nach, ob es was für mich wäre. Und erst wenn ich mich sicher fühle, gehe ich an die Sache ran.
Ich werde oft gefragt, wie lange ich es mir vorstellen kann, im Studio zu sein, und habe immer dieselbe Antwort: »So lange, wie ich Spaß daran und Zeit dafür habe.« Ich weiß aber, dass ich nicht mein Leben lang als Profi in einem Studio stehen werde. Schließlich gibt es ja auch noch viele andere schöne Dinge im Leben wie z. B. eine Familie gründen. Für meine Stammgäste werde ich allerdings immer Zeit finden. An der Lust soll es nicht liegen, denn die wird so schnell nicht vergehen.

Lady Teresa: »An verschiedenen Orten fielen Männer vor mir auf die Knie.«

Lady Teresa arbeitet im Berliner SM-Studio »Avalon«[6], das man im Internet unter www.avalon-berlin.de[7] findet. Auf dieser Website erzählt sie auch ein wenig von ihrem Leben: »Während meines Studiums war die erste Station meiner Streifzüge Amsterdam; ich wohnte im Rotlichtviertel und machte Experimente. Von da über den Atlantik nach New York und quer durch die Vereinigten Staaten. Streunereien durch Jobs, Clubs, Wüsten und Subkulturen, Gefahren und Gefährten, Herausforderungen und Sexyness. Ich erlebte viele Geschichten, paarte sie mit meinen Fantasien, und die entstandenen Erzählungen führten mich in die Schriftstellerei. Und weiter in europäische, arabische, fernöstliche Länder und immer wieder nach New York: Dort fiel eines Nachts in einer feuchten unterirdischen U-Bahn-Station ein fremder schwarzer Mann vor mir auf die Knie, um mir zu dienen und zu huldigen. Auch andere nannten mich *Queen* und *bruja hermosa* – und langsam entstand eine Idee.«

Das alles klang für mich ausgesprochen spannend – und so freute ich mich, auch Lady Teresa für ein Interview gewinnen zu können.

Arne Hoffmann: *Wann und wie haben Sie denn zum ersten Mal Zugang zur »dunklen« Erotik bekommen?*

Lady Teresa: Fasziniert war ich von SM und seinen gelegentlichen Materialisierungen, denen man als »Normalo« begegnet, eigentlich immer schon – mit einer unbewussten instinktiven Gewissheit, dass ich SM sicher irgendwann auch »von innen« erfahren werde. Das fußte zum einen auf meiner generellen Wissens- und Erfahrensgier, zum anderen auf meinem Interesse für die *bad girls*, für die *dark side of the force*, das Verbotene,

---

[6] Das »Avalon« ist zu Jahresbeginn 2008 von der Kantstr. 40 (einer nördlichen Parallelstraße des Kurfürstendamms) an den Zitadellenweg 20e in Spandau umgezogen. *Der Verleger*

[7] Dort unter »Team« findet man Teresa allerdings momentan nicht, nur unter dem Direktlink www.avalon-berlin.de/teresa.htm, warum auch immer. *Der Verleger*

den *Underground*. Auch hatte ich immer schon einen Appetit auf substanzielle und bewusstseinserweiternde Begegnungen. Aber es gab dann immer erst mal tausend andere Dinge zu tun.

Konkret wurde es dann vor ca. fünf Jahren, als es sich plötzlich häufte, dass an verschiedenen Orten und Zivilisationen Männer (und Frauen) vor mir auf die Knie fielen. Am helllichten Tag in einem Amsterdamer Büro, in Berliner Cafés und in einer nächtlichen New Yorker U-Bahn. Irgendwann hatte ich auch einen auf der Rolltreppe hinter mir, der an meinen Stiefeln leckte. Auch wenn man, wie ich, groß ist und aufrecht durch die Straßen geht, ist so etwas zunächst doch schockierend, und man fängt an nachzudenken. Und wenn man dann in einer Lebensphase ist, die völlig frei von sexuellen Konventionen und Verpflichtungen ist, versteht man diese kleinen Vorfälle als beinah imperatives Zeichen und greift an. Soll heißen: offensive Recherche, ausprobieren, investieren, »in die Lehre gehen«. Es paarte sich bei mir außerdem mit einem größeren sexuellen Appetit, den ich mit zunehmendem Alter entwickelte. Im Grunde genommen bin ich also ein Spätzünder, auch wenn – mehr oder weniger diffuse – Fantasien und Erlebnisse bis in die Pubertät zurückreichen. Im Nachhinein war es eines der richtigsten Dinge, die ich je getan habe, und ich wünschte, es wäre schon Jahre eher passiert.

Arne Hoffmann: *Nun mag ich ... unkonventionelles Verhalten selbst ja sehr, aber selbst ich konnte mich bislang beherrschen, vor einer wildfremden Frau auf die Knie zu fallen. Was an Ihnen, glauben Sie, hat zu solch starken Reaktionen geführt? Welche Entwicklung hat da zuvor bei Ihnen stattgefunden? Und wie haben Sie auf all diese plötzlich kniefälligen Menschen reagiert?*

Lady Teresa: Ich hab damals meist ziemlich dämlich reagiert. Wohl verständlicherweise. Vor allen Dingen die Sache in Amsterdam war extrem peinlich, weil das damals mein allseits geschätzter Chef war, und seine Sekretärin stand daneben.

Mit Bestimmtheit kann ich natürlich nicht sagen, was diese Reaktion ausgelöst hat: Er sagte mir anschließend: »*Never change the way You walk.*«

Der Mann in der U-Bahn fragte mich direkt: »*May I worship You?*« Nun wusste ich zwar, was *worship* heißt, aber was es genau bedeutet, war mir nicht klar. Also gab es nur ein barsches, belästigtes »*No!*« von mir, das eher klang wie »*Fuck off!*« und auch so gemeint war. Amerikaner geben aber so schnell nicht auf, er blieb da knien und redete weiter. Gott sei Dank kam die U-Bahn, und ich fuhr einfach davon – es war natürlich die falsche Richtung, aber das war mir egal.

Da fällt mir gerade ein, dass ein Freund von mir, der öfter in Indien ist und der nichts von meinem Doppelleben weiß, mir mal gesagt hat, dass einige Inder wahrscheinlich in Ohnmacht fallen würde, wenn ich da auftauchte.

Das sag ich nur, weil man nicht vergessen darf, dass Männer in anderen Kulturkreisen häufig offensiver mit ihren Wünschen umgehen und sich eher was trauen oder was riskieren als hier in Deutschland, wo doch öfter allgemeine »Muffligkeit« herrscht.

Der – ebenfalls ausländische – Musiker z. B. in der Berliner Kneipe fragte damals nach dem Kniefall einfach: *»Can I sit at your feet?«* (Da blieb er dann auch sitzen, obwohl ich nur »Ähm, uhm« usw. sagte – zusammen mit einem Hund, der dann auch noch ankam.) Dann kam noch irgend etwas über meine *long legs*. Das ging dann über in ein nettes Flirten; es gefiel mir ganz gut, da so hofiert zu werden, als ich mich daran gewöhnt hatte. Eigentlich tut es mir heute noch leid, dass ich ihn nicht so attraktiv fand. Eigentlich sollte solche Chuzpe belohnt werden.

Der jüngere Mann in der Karstadt-Lebensmittel-Abteilung händigte mir seine Email-Adresse auf einen Zettel gekritzelt aus, machte mir noch ein Kompliment und stand schnell wieder auf, als noch jemand in diesen Gang kam.

Der Mann auf der Rolltreppe sagte gar nichts. Ich hatte zunächst gar niemanden hinter mir bemerkt – fühlte mehr einen Schatten, als dass ich was sah – und hab erst gar nicht kapiert, was der da macht. Dann entfuhr mir ein völlig empörtes, lautes »Was machen Sie denn da?« – es waren ja überall Leute – und er verschwand eilig. Das war eine sehr exhibitionistenähnliche Situation (da kenn ich auch noch ein paar Storys aus meiner Studienzeit). Die Frau in dem Berliner Café (kein SM-Szene-Café) stand enttäuscht wieder auf, als ich mich – rot geworden und peinlich berührt – zu ihr runterneigte, mich sofort auf dieselbe Ebene mit ihr begeben wollte und ihr aufhalf.

Also fast immer reagierte ich nicht in der wohl gewünschten Weise.

Zur Ursachenforschung: Ich habe *a great posture*, wie die Amis das nennen. Diese stolze Haltung und der entsprechende Gang verhalfen mir schon als Mädchen in der Kirche in dem Dorf, aus dem ich komme, zu dem Ruf, arrogant und hochmütig zu sein. Diese Haltung hab ich nicht verloren. Ich verfüge mit zunehmendem Alter außerdem über mehr Souveränität und

Gelassenheit. Das scheine ich auch auszustrahlen. Das hat im übrigen nicht nur angenehme oder positive Konsequenzen.

Ich bin sicher, solche Vorfälle haben auch andere dominante Frauen, deren Dominanz nicht mühevoll vorgespielt ist, zu erzählen. Vielleicht bin ich darüber hinaus mehr zu Fuß unterwegs als andere, und scheue mich auch nicht, Menschen in die Augen zu sehen. Ich löse diese Reaktionen immer noch aus – auch wenn jetzt schon länger keiner mehr außerhalb von SM-Szenen auf die Knie gefallen ist – grrr! *(lacht)*

Mittlerweile würde ich wohl nicht mehr so dämlich reagieren – obwohl, man weiß nie. Wenn es so überraschend kommt und man eigentlich gerade an die Schnitzel im Angebot denkt, die man besorgen will …

Aber womöglich glauben Sie mir schon gar nicht mehr … obwohl Sie als Autor natürlich wissen: *Life is stranger than fiction!*

Arne Hoffmann: *Allerdings. Auf Ihrer Website berichten Sie: »Während meines Studiums war die erste Station meiner Streifzüge Amsterdam; ich wohnte im Rotlichtviertel und machte Experimente.« Experimente?*

Lady Teresa: Ha, da muss ich Sie enttäuschen! Ich wohnte zwar in »Walletjes« neben den schönen nackten Damen in den schön-warmen Schaufenstern (erinnerte mich immer von der Lichtstimmung an das Infrarotlicht, das meine Oma immer für ihre frisch geschlüpften Küken hatte), aber die Experimente bezogen sich auf das experimentelle Theater, das ich damals dort machte (das war direkt nach meiner Schauspielausbildung). Das Wohnen in dem Viertel prägt einen natürlich trotzdem – man sieht viele Männer unter Druck und ein paar Frauen, die das für sich nutzen. Das baut Berührungsängste in beiden Richtungen ab. Oft wird man nämlich auch für eine der Damen gehalten, wenn die Herren mich auf dem Nachhauseweg ansprachen. Da lernt man dann mit umzugehen – mit einer freundlichen Bestimmtheit, dass sie bei mir falsch sind. Als der Frühling kam, in dem der Tourismus in Amsterdam immer förmlich explodiert, wurde es mir dann aber doch zu viel, und ich zog in einen anderen Stadtteil.

Arne Hoffmann: *Sie haben eine Schauspielausbildung? Kommen Ihnen diese Kenntnisse auch in Ihrem jetzigen Beruf zugute – Method-Acting im Domina-Studio?*

Lady Teresa: Hm – eine Schauspielausbildung kommt einem immer zugute, in allen Lebenslagen, so auch im Studio. Eigentlich, finde ich, sollte jeder eine haben. Da lernt man sich selbst kennen. Diese Ausbildung und ihre Konsequenzen sind so mit meiner Person verknüpft, dass ich sie nicht mehr von mir trennen kann. Daher kann ich nicht genau orten, was zum Beispiel im Studio abliefe, wenn ich keine hätte. Andere Dinge sind da aber ebenso wichtig. Zum Beispiel habe ich parallel zu meiner Schauspielausbildung in der Gastronomie gearbeitet – dabei lernt man mehr über Menschen als in so manchem Schauspielkurs.

Meine Stimme wäre nicht so flexibel und voll, so viel ist sicher.

Die Frage nach dem Method-Acting greift nicht wirklich, denn die Method ist nicht notwendig und zu aufwendig. Man kann sich als Domina nicht nur mit sich selbst beschäftigen. Sie lesen wahrscheinlich den Subtext: Ich bin kein Fan des Method-Actings[8].

Mein Domina-Sein im Studio mit Schauspielerei gleichzusetzen greift so wenig, wie Schauspielerei auf Schauspielerei zu reduzieren.

Verstehen Sie, was ich meine?

Schauspieler schauspielern nicht nur beim Schauspielen, sie *sind* auch (und zwar selbst ohne Method-Methoden). Das ist nicht wirklich zu trennen. Ein Rollenspiel fällt mir vielleicht leichter als anderen, weil ich mal Lady Macbeth oder Königin Elisabeth I. einstudiert habe. Aber letztlich hat doch eine jede Spieltrieb und Spielerfahrungen.

Ich denke auf jeden Fall bei Studio- oder sonstigen Sessions nie, dass ich jetzt auf eine Bühne gehe und spielen muss. Mein Gast in einer Session ist nicht gleich Publikum.

Die interessantere Frage wäre womöglich, ob mein damaliges Streben auf die Bühne und mein jetziges Domina-Sein nicht ähnliche Ursachen haben. Da würde ich spontan sagen: Ja, beides verbindet eine Sehnsucht nach *connection* mit Leuten, die man sonst nicht kennt.

Ich kann mich noch gut an den zündenden Funken, vielleicht Schauspielerin zu werden, erinnern: Es war in einem Schultheaterstück, ich hatte einen kleineren Monolog und schmiss mich hinein (Abigail in Arthur Millers »Crucible[9]« – wie passend, werden Sie vielleicht denken) – und alle gingen voll mit mir mit, das war geil.

---

[8] »Method Acting« ist eine seit den 30er Jahren entwickelte Schauspieltechnik, bei der der Schauspieler der Rolle durch Einbringen persönlicher Erfahrungen besondere Authentizität verleihen soll. *Der Verleger*

[9] Dt. »Hexenjagd«, ein Stück über die gesellschaftliche Ausgrenzung unerwünschter Personen. Es handelt vom Hexenwahn im puritanischen Neu-England, aber Miller spielte damit auf die damals gegenwärtige Kommunistenhatz unter McCarthy an. Abigail ist in diesem Stück eine Prostituierte. *Arne Hoffmann*.

In einer guten Session ist das ebenso. Man geht mit mir mit, wir sind verbunden. Es gibt einen Satz der Tänzerin Martha Graham: »Ich möchte nicht verständlich sein. Ich möchte gefühlt werden.« Das kann ich nur unterschreiben.

Arne Hoffmann: *Was ist für Sie notwendig, um eine solch gute Session inklusive seelischer Verbindung mit Ihrem Kunden zustande zu bekommen? Ich stelle mir das schwierig vor. Häufig werden Sie ihn zum ersten Mal sehen und haben nicht unbegrenzt Zeit ...*

Lady Teresa: Ja, das ist die Multi-Million-Dollar-Frage. Spontan: Eine gute Chemie ist notwendig. Also gute Hormone, gute Pheromone, guter Humor, gute Energie und Konzentration. Woran es genau liegt, ist meist irrational, unlogisch und genauso wenig festzumachen, wie in wen oder was man sich verliebt.
Die zeitliche Begrenzung ist kein Nachteil; mein persönliches Ideal sind 90 Minuten, wie bei einem ordentlichen Film oder einem gescheiten Fußballspiel. Aber es gab schon super 30-Minuten-Sessions und auch super Vier-Stunden-Sessions. Und: Sich nicht zu kennen, betrachte ich eher als Kick. Man weiß doch gleich nach dem ersten Blick in die Augen, ob man Lust hat aufeinander. Es geht häufig sogar besser als mit Gästen, die schon monatelang meine Fotos oder Filme im Internet betrachtet haben, immense Erwartungen aufgebaut haben und alles mögliche in mich hinein projizieren, oder eine ganze Liste von dem und dem, das ich da und da gemacht habe, wobei ich dies und das getragen habe.
Auf die Frage »Was ist für eine gelungene Session notwendig?« kriegen Sie wahrscheinlich immer die gleichen Antworten:
Mein Partner muss mir Vertrauensvorschuss geben.
Ich muss ihn antörnen.
Und er muss sich auch auf mich einlassen und nicht nur erwarten, dass ich mich auf ihn einlasse.
Da gibt es zum einen die generellen Regeln des BDSM und dann das, was man im Vorgespräch abmacht, also der Abgleich seiner Fantasien mit meinen Vorlieben. Falls dann im Spiel mein Skript von seinem Skript abweicht, muss er damit umgehen können. Das heißt, er muss sich entweder darauf einlassen können, oder er muss seine Änderungswünsche kommunizieren. Wenn man Hingabe mit Aufgabe verwechselt und sich nicht kommuniziert, wenn ich also kein Feedback bekomme, entsteht kein *Flow*. Das

kann aus unterschiedlichsten Gründen sein: Es gefällt ihm nicht, er hat echte Angst, er hat sich zu viel vorgenommen oder er ist zu faul.

Sie haben ganz Recht: Es kann schwierig sein. So ist es häufiger der Fall, dass ich im Vorgespräch das Gefühl habe, dass ich nicht mit einem Gast klarkommen werde. Das weiß man manchmal sofort, manchmal auch erst nach zehn Minuten Gespräch. Weil er zum Beispiel Dinge will, die ich nicht mache, oder er ist zu verhuscht, oder er verärgert mich gar durch unpassendes Verhalten. Dann spiele ich lieber nicht mit ihm.

Das kann auch variieren, ich hab auch meine Tageslaunen und verschiedenen energetischen Zustände.

Ich verdiene als Domina nicht meinen Lebensunterhalt. Das bedeutet, ich möchte, dass die Session mich antörnt, ich möchte Spaß haben. Mir fehlt der Ehrgeiz, eine kommerzielle Top-Domina zu sein, die aus reiner Fertigkeit und Professionalismus fast alles »richten« kann.

Hin und wieder läuft die Dramaturgie schief – aus ganz unterschiedlichen Gründen. Man kann so viele Fehler machen, und man ist in diesen Bereichen ja sehr empfindlich. Abgetörnt ist man genauso schnell wie angetörnt. Nicht alles lässt sich immer im Vorgespräch klären.

Man kriegt mit der Zeit natürlich mehr Erfahrung, aber die ist auch nicht alles. Man muss auch Lust haben und Leidenschaft und Neugier aufeinander. Oft kicken dann gerade die Reibungen und Unperfektheiten (sowohl bei den Gästen als auch bei den GastgeberInnen) – um mit Leonard Cohen zu sprechen: *There's a crack, a crack in everything, that's how the light gets in.*

Arne Hoffmann: *Da Sie es gerade angesprochen haben: Ihre Tätigkeit als Domina nimmt ja nur einen Teil Ihres Lebens ein. Wie sehr halten Sie ihn von den anderen Bereichen getrennt – darf man sich das als ein regelrechtes Doppelleben vorstellen? Und erfahren Sie diese Spaltung mitunter als schwierig oder belastend?*

Teresa: Es ist in der Tat ein kleines Doppelleben – und eine Gratwanderung. So sehr ich es manchmal genieße, Gäste im zivilen Leben zu erkennen oder selbst erkannt zu werden – kommt zwar so oft nicht vor, aber dann ist es ein Thrill und hat tatsächlich den Glamour, den man sich für Spione immer vorstellt –, so sehr gibt es mir manchmal einen Stich, wenn ich an mögliche Folgen denke. Die Sache gilt ja gemeinhin als pervers, und man wird oft noch als »Milieu« eingestuft. Da ich aus erzkonservativen Familienzusammenhängen komme, würde es meiner Mutter das Herz brechen, wenn sie davon wüsste. Und bei dem Gedanken wird mir tatsächlich schlecht. Ich bin also nicht »geoutet« und bin insbesondere bei Freunden und Bekannten, die auch meine Familie kennen, besonders vorsichtig. Denn: »da Teifl hod's gsäha!« wie man im Schwäbischen so schön sagt. Dass Fotos und Filme, auf denen man mich erkennen kann, in der Szene kursieren, ist also ein Risiko – wenn auch ein kleines. Denn so, wie ich niemals jemanden outen würde, verhalten die »Konsumenten« sich diskret. Wenn's denn aber doch passieren sollte, würde es halt passieren – erpressbar wäre ich damit wiederum nicht. Man macht sich natürlich Gedanken, was wäre, wenn's rauskommen würde. Ein bisschen *kinky* steht ja nun jedem ganz gut, aber das Ganze für Geld zu machen, würde doch als anderes Kaliber wahrgenommen. Diese Tatsache würde wohl die meisten doch etwas »verprellen«, auch wenn ihnen das in ihrer Liberalität gar nicht so bewusst wäre. Dieses Planen für »den Fall, dass« macht allerdings hin und wieder auch einen Heidenspaß. So von wegen »Outing-Party«. Manchmal habe ich mich sogar im Verdacht, dass ich damit flirte, »es mal drauf ankommen zu lassen«.Eventuell könnte ein Outing sogar meinem »zivilen« Berufsleben oder meiner Sozialisation einen Schub geben, und ich könnte meine Dominanz doppelt ausbeuten. Allerdings verlöre man damit mehr Kontrolle, weswegen ich dann doch ein *low profile* bevorzuge. Aber wer weiß: Wenn mir mal langweilig ist … *(lacht)*Gästen im Studio erzähle ich hin und wieder schon, was ich »eigentlich« mache. Name, Wohnort, Familienstatus etc. erfährt aber keiner.

Alltägliche Situationen mit Kompromittierungspotenzial sind z. B.: In der Kneipe oder im Kino ruft jemand unbekümmert »Teresa!« – auch wenn dieser Fauxpas selten passiert, ist es schon vorgekommen. Und meine Freunde, die mich unter »richtigem« Namen kennen, wundern sich dann. Ich glaube, ein oder zwei vermuten auch was, aber ich hab mich in deren verdeckten Testsituationen bisher immer klug bzw. indifferent verhalten. Und da ich gemeinhin ohnehin als diskret gelte, hat noch niemand wirklich nachgeforscht. Ich selbst weiß in so »gemischten« Situationen manchmal auch nicht, wie ich mich vorstellen soll. Manchmal hätte ich durchaus ein Interesse daran zu sagen: »Lady Teresa, Domina. Kommen Sie doch mal vorbei.«

Das »Doppelleben« ist also durchaus ein wenig kompliziert, »belastend« ist übertrieben, aber es ist ein ständiger kleiner Stress. »Bescheid« über mich wissen außerhalb der Studio-Zusammenhänge nur drei Freunde/innen (davon zwei auf anderen Kontinenten) – und mein Steuerberater natürlich.

Arne Hoffmann: *Haben Sie eigentlich Ihren gesammelten kosmopolitischen Erfahrungsschatz bei Ihrer Arbeit als Domina je wieder verwenden können – sei es, dass Sie im Ausland tätig waren, exotische Kunden hatten oder auf andere Weise?*

Lady Teresa: Ich war bisher nicht im Ausland tätig – Wien einmal ausgenommen. Nicht absichtlich, hat sich einfach nicht ergeben.
Exotische Kunden – hm, bisher leider noch keine Aliens gefloggt. *I'd love to though.* Am liebsten Chewbacca.
Oder was wäre in Ihren Augen ein exotischer Kunde?
Man nimmt seinen Erfahrungsschatz ja immer überall mit hin, das ist ja gar nicht von einem zu trennen. Insofern »verwende« ich ihn natürlich auch in meiner Arbeit als Domina. Natürlich hat man sofort einen anderen Draht zu einem Gast, wenn man das Land oder die Religion kennt, aus dem er kommt, oder so was.
Unter Umständen hilft es zu wissen, dass Männer eines bestimmten Kulturkreises eine beinah hysterische Angst vor Menstruationsblut haben, oder Fremdsprachenkenntnisse zu haben oder schon mal eine Kalaschnikoff in der Hand gehalten zu haben, oder Leute zu kennen, die wirklich gefoltert wurden ...

Arne Hoffmann: *Sie hatten in der Schilderung Ihres Lebens von einer Phase berichtet, die von offensiver Recherche, ausprobieren, investieren, und in die Lehre gehen geprägt war. Was genau spielte sich da bei Ihnen ab, als Sie beschlossen haben, eine professionelle Domina zu werden?*

Lady Teresa: Hmmm, ganz so beschlossen hab ich das eigentlich nicht. Ich hab erst mal begonnen, mir das mal anzuschauen. Allerdings war von vornherein ganz klar, dass ich nicht in privaten Zirkeln gucken wollte. Ich hatte mir im Internet drei Studios angesehen und Kontaktmails mit Foto von mir geschrieben. Die schrieben auch zurück. Das Avalon rief gleich zurück, wir machten sofort einen Termin und ich konnte vorbeikommen. Das war ziemlich aufregend, man hat ja Zweifel, man würde den Ansprüchen nicht genügen.
Dann wurde mir nach einem ausführlichen Gespräch das Avalon gezeigt, wir haben eine Probe- und Anlern-Zeit vereinbart. Das erste kleine Lederoutfit wurde gekauft, und dann ging das los. Man besorgt sich außerdem Grimmes »SM-Handbuch«, liest Berichte im Netz und sieht sich Websites an. Es gab nach meinem Besuch im Avalon überhaupt keinen Grund mehr,

mir andere Studios in Berlin anzusehen. Das hat einfach Klick gemacht. Während dieser Lehre wurde ich von Avalon-Dominas mitgenommen in Sessions und habe assistiert. Man investiert Geld in weitere Outfits, lernt ein paar ganz neue Sachen. Der Klinik-Bereich z. B. war absolut neu für mich. Man lernt Schlagen und Fesseln anhand von Trainingssklaven, muss sich eine gewisse Fingerfertigkeit mit allerlei Instrumenten antrainieren. Ich hab lang gebraucht und ich hatte Zweifel und Hemmungen. Es sind Unfälle passiert, und gleich eine meiner ersten Solo-Sessions war eine einzige Katastrophe (im Nachhinein auch immer noch die größte). Eigentlich wollte ich danach sofort aufhören, man beruhigte mich aber.

Es gehörte ein gewisser Wille zur »Serviceleistung« dazu, der mir nicht behagte. Damals wusste ich noch nicht, wie ich das mit meinen Bedürfnissen paare, meinem in mir schlummernden Königinnentrieb und Sadismus, den ich langsam erst entdeckte und freilassen musste. Diesen Spagat zwischen »Service« und Dominanz findet man erst mit der Zeit 'raus, wenn man nicht mehr so überwältigt ist von Vielfalt und Ansprüchen der neuen Welt, die sich da eröffnet. So ist z. B. die Situation mit einigen Frauen in so einem Studio nicht immer reibungslos, wie Sie sich denken können. Für eine Solistin wie mich gehört da manchmal eine gehörige Portion an Sozial-Willen dazu.

So ein Domina-Training ist ein bisschen wie Autofahren oder Fliegen lernen, das macht nach der anfänglichen Euphorie erst mal fast keinen Spaß mehr, weil man so viel Angst davor hat, dass was schief geht. Da lernt man erst mal diese ganzen Regeln und *emergency procedures*, das Schalten funktioniert noch nicht so richtig und der Motor säuft schon wieder ab und rückwärts einparken – »*Quelle catastrophe!*« All das kann einem erst mal ganz schön die Lust nehmen. Erst wenn man dann nach den Soloflügen mal einen Auffahrunfall gebaut hat, und alle haben ihn überlebt, wird man cooler. Privat hab ich das getrennt – mein damaliger Lover wusste nichts, hat nix gemerkt, weiß heute noch nix, und alle anderen auch nicht. Erst nach einem guten Vierteljahr, in dem ich schon praktizierte, habe ich es einer Freundin erzählt, weil man auch außerhalb des Studios einen Menschen braucht, mit dem man darüber reden kann. Hat sie nicht überrascht. Meine Veränderung veränderte auch außerhalb des Studios die Wahrnehmung meiner Umwelt, soll heißen: meiner Begegnungen mit Männern. Ich gucke bewusster, sehe den Subtext besser und weiche den Blicken nicht aus, fühle mich auch nicht mehr belästigt, sondern provoziere sogar öfter. Ich kleide mich auch dominagemäßer. Nach den ersten guten Sessions stellt sich neben einer Sicherheit auch ein Angekommensein ein, und eine Zufriedenheit, dass man etwas zu geben hat. So à la »Ich bin Domina, und das ist gut so.« Dann erst war es beschlossene Sache.

Arne Hoffmann: *Möchten Sie denn noch ein wenig über die Session erzählen, die schief gegangen ist?*

Lady Teresa: Okay. Es kam ein Mann mit Geld und Zeit für eine einstündige Session, und einer beidseitig beschriebenen DIN-A4-Seite zu mir. Darauf war aufgelistet, was er wollte: eine bestimmte Anzahl Schläge mit vielen verschiedenen, genau vorgeschriebenen Schlaginstrumenten in einem bestimmten Rhythmus in verschiedenen Stellungen. Ich bin eine große Freundin der Flagellation – insofern fühlte ich mich schon zuständig und war eigentlich total scharf drauf. Aber dann: Die Anzahl ging weit darüber hinaus, was in einer Stunde machbar ist. Das hab ich aber erst später gemerkt. Die Sache war außerdem nicht durchzuführen, ohne ständig den Zettel zu konsultieren – zumindest wenn man diese minutiös vorgeschriebene Behandlung das erste Mal durchführt. Kein Rollenspiel, keine Erotik. Er verzog dabei keine Miene, es war nicht erkennbar, was das mit ihm machte. Er sagte nichts, ich sollte nichts sagen. Im Nachhinein mutmaßte ich, dass es ihm womöglich darum ging, das stoisch durchzuhalten, während er einfach dalag – kein Schnaufen, keine Erektion, wie eine Maschine – und mitzählte: 50 mit der Hundepeitsche, Stellungswechsel. 50 mit der Viper, Stellungswechsel. 50 dies, Stellungswechsel, weitere 50 das und so weiter. Weil ich »jung und dumm« war, zog ich das Programm ganz durch. (Weil ich dachte, ich muss.) Es dauerte mehr als anderthalb Stunden. Ich schlug zunehmend unpräziser. Man kriegt ja schnell einen Tennisarm bei so was, also gingen ein paar Schläge auch daneben. Das schien aber auch egal zu sein. Es entstand nichts außer Ermüdung bei mir. Kurzum, ich hatte das Gefühl zu versagen, weil ich ihn nicht zu erreichen schien, und wusste überhaupt nicht mehr, worum es mir eigentlich geht. Ich fühlte mich missbraucht. Das machte genauso wenig Spaß, wie im Akkord auf einen Stein zu hauen. Dann stand er auf, zog die Hose hoch und ging. Das reine Grauen. Ich habe mich erst wieder beruhigt, als meine Ausbilderin später das Skript sah und mir sagte: »Bei so einem Programm hast du keine Chance.« Aber in meiner Erinnerung bleibt es eine traumatische Erfahrung. Der Unfall ist beim Trampling-Training passiert. Nabelbruch, der Proband hat es erst zwei Tage später gemerkt. Gleich nach der Operation hat er mir erzählt, dass er jetzt ein Souvenir von mir hätte – beinah stolz. Weder der

Proband noch ich wussten, wie es passiert war. Eventuell bin ich auf seinem Bauch mit den Füßen ein bisschen gerutscht. Meine Ausbilderin meinte ganz cool, so was kommt vor, das hätte ihr auch passieren können. Das Trampling auf großen Bäuchen lasse ich seither aber sein, man steht auf Hintern ohnehin besser.

Arne Hoffmann: *Haben Sie eigentlich öfter mal Besucher, bei denen Sie den Eindruck bekommen, derjenige wäre vielleicht bei einem Therapeuten besser aufgehoben? Wenn ja, wie gehen Sie damit um?*

Lady Teresa: Hin und wieder, aber insgesamt eher selten. Die rufen eher zigmal am Tag an, das kann dann enervierend sein. Wenn einer live dasteht und wir das gleich merken, nehmen wir die einfach unter diesem oder jenem Vorwand nicht an, im Notfall bittet man sie zu gehen. Über solche informieren wir einander auch. Wenn man's erst später (in oder nach der Session) merkt, kommt's drauf an, wie schwerwiegend es ist bzw. ob man überhaupt das Gefühl hat, dass es Sinn hat, damit umzugehen bzw. ob man sich in der Lage fühlt, damit umzugehen. Mir fällt leider für die zweite Variante kein Beispiel ein. Ich kann mich auch an keinen erinnern, den ich in die Therapie geschickt hätte oder den ich habe »abholen« lassen.

Arne Hoffmann: *Manche sind ja auch der Ansicht, dass eine Session bei einer Domina eine heilende Funktion haben kann ...*

Lady Teresa: Hm, ich betrachte Masochisten, Devote oder Liebhaber der bizarren Erotik nicht als Kranke. Gehört eine Studiosession damit eher in die Wellness-Ecke? Auch doof, ne? Ein Bedürfnis will befriedigt werden, eine Lust, eine Neugier. Ich verstehe mich nicht als Heilerin. Auch wenn diese Rolle zu manchen Klinik-Spielen dazugehört.

Arne Hoffmann: *Sie haben bisher schon verschiedene Formen von SM-Spielen angerissen. Welche von den Dingen, die man in einem Dominastudio erleben kann, machen Ihnen denn selbst am meisten Spaß?*

Lady Teresa: Am meisten freut mich ein gescheiter Masochist. Laute Schmerzensschreie unter meinen Händen oder stille Genießer unter meinen Füßen, ob mit rotem Saft oder ohne. Eine anständige Verhör-Folter zum Beispiel, oder Nylonfesselungen, mit Rohrstock und Rosendorn. Gerne eingebunden ins alltägliche Leben außerhalb des Studios, Entführung und Vergewaltigung im Parkhaus z. B. – mit und ohne Überwachungskamera.

Anschauliche Berichte darüber gibt es auf unserer Homepage (www.avalon-berlin.de).

Arne Hoffmann: *Könnten Sie einmal berichten, wie eine solche Session für Sie abläuft? Einen Menschen in der Öffentlichkeit zu entführen stelle ich mir nicht ganz einfach vor.*

Lady Teresa: Es ist halb so wild. Ein Kidnapping ist ja eher halböffentlich. Meist verabredet man sich zum Beispiel in einem bestimmten Parkhaus, das ich vorher checke. Das Opfer muss ein Erkennungszeichen tragen – oft kennt man sich ja noch nicht. Falls das ganze Spiel nicht in dem Parkhaus bleibt bzw. ein längeres Kidnapping wird, habe ich einen Fahrer mit einem Auto mit verdunkelten Scheiben. Das Opfer wird dann von mir überwältigt – entweder direkt mit Handschellen und Sack über den Kopf oder elegant per »Waffe« im Ärmel – und in den Kofferraum verfrachtet. Dann fährt man an den Spielort. Falls Kameras installiert sind, werden die entweder umgangen oder ignoriert. Ich wundere mich immer, wie wenig Parkhäuser überwacht werden. Passanten sehen immer mal was, das kommt vor – die Leute gucken mal hin, mal weg – es scheint ihnen aber doch recht egal zu sein. Wenn es das nicht war, blieben diese Zeugenschaften zumindest bisher immer folgenlos. Auf Flughäfen ist sogar die Polizei oft in der Nähe. Man darf nicht vergessen, dass das ganze Arrangement ja *consensual* ist. Das erleichtert uns Kidnapperinnen natürlich unser Verbrechen *(lacht)*. Oder man trifft sich vorher z. B. in einem Café, beginnt das Spiel schon dort mit dem einen oder anderen inszenierten Eklat und folgt dem Opfer dann ins Parkhaus – oder leitet ihn dorthin und spielt da direkt, z. B. eine Vergewaltigung. Da such ich mir dann vorher eine dunkle Ecke. Meist dauern diese Dinge ja nicht so lang, und man riskiert eben die Öffentlichkeit. Oft ist ja auch das der Kick.

Arne Hoffmann: *Wie hat Ihre Dominatätigkeit Ihre Beziehung zu Männern beeinflusst?*

Lady Teresa: In Abwandlung eines allgemeineren Spruches ist meine Antwort: »Nichts Männliches ist mir mehr fremd.« Das ist wohl der größte Einfluss. Ich bin gelassener geworden, milder. Ich nehme Männer, ihre Aktionen und ihr Begehren besser an, akzeptiere ihre Männlichkeit mehr (Devotheit oder Masochismus sind ja keinesfalls »unmännlich«). Mit zunehmendem Verständnis und den Einsichten, die man als Domina gewinnt, wächst die Achtung.

Und ich habe gelernt, mehr zu delegieren. Früher habe ich meine »Dominanz« oft als anstrengend empfunden, weil alle immer mich anschauten, wenn »Action« gefragt war. Inzwischen kann ich das ruhigen Gewissens zurückweisen und mich ganz dominant undominant zurücklehnen.

Gleichzeitig überprüfe ich bewusster mein Verhalten in beruflichen und privaten Meetings und zeige ganz bewusst und »anti-dominant« Schwächen, wenn ich es für angebracht halte, um nicht eventuell Leute zu verschrecken, mit denen ich gerne ein Projekt machen möchte. Man könnte also sagen, ich bin durchtriebener geworden … *(lacht)*

Eine ganz andere Folge ist: Ich habe weniger Berührungsängste und bin mutiger geworden, wenn es öffentliche Auseinandersetzungen gibt. Der Griff zwischen die Beine eines pöbelnden Flegels fällt mir einfach leichter – und ich kann dabei auch gleichzeitig Respekt einfordern.

Meine Partnerschaften hat es nur insofern beeinflusst, als dass ich in neuen Affären gelegentlich schon teste, »ob da was geht« – auch ohne mich zu outen. Ich bin aber nach wie vor nicht oft in der SM-Szene unterwegs und suche dort nach Gleichgesinnten, sondern kann auch ganz gut »nur« vanilla.

Und jetzt beantworte ich Ihnen die Frage, die eigentlich wesentlich interessanter ist – nämlich: Hat meine Dominatätigkeit meinen Umgang mit Frauen beeinflusst?

Ja – ich halte Frauen inzwischen nicht mehr für die besseren Menschen. Grausamkeit und aktive Übel-TäterInnenschaft existieren auf vielen Ebenen, und als Domina lernt man natürlich über seine Gäste einige der Folgen kennen.

Der Vorteil als Domina ist, dass man sich seines »Königinnentriebes« bewusst wird, ihn ausleben kann und gleichzeitig lernt, ihn zu kontrollieren.

Arne Hoffmann: *Welche bekannte Persönlichkeit würden Sie gerne einmal in Ihrem Studio empfangen? Bekommen Sie eine Top Ten zusammen?*

Lady Teresa: Also Klitschko und Klitschko, einer links und das Brüderchen rechts. Otto Schily und Gregor Gysi hätte ich auch gern im Doppelpack. Oliver Kahn. Klaus Kinski. Wladimir Putin. Christopher Walken. David Bowie. Naomi Campbell. Hank Williams III. Günther Netzer. Forest Whittaker. Tony Leung. Sind schon zu viel, ne?

Ja *well, dream on, little Lady, dream on. (lacht)*

Arne Hoffmann: *Wie würden Sie sich verhalten, wenn sich ein Kunde mit einer wirklich grenzwertigen Erniedrigungsfantasie an Sie wendet? Denken Sie an Nazi-Rollenspiele, Guantanamo-Folterfantasien oder den Wunsch, als »Kanake«, »Saujude« oder »Nigger« gedemütigt zu werden ...*

Lady Teresa: Hab ich prinzipiell kein Problem mit. Ich würde mit ihm in das Spiel gehen. Es sei denn, es gibt irgendwelche anderen Gründe, die gegen die Session sprechen (siehe oben). Da ich eher hellhäutig, blauäugig und groß bin, kommt so was durchaus vor.
Dass Erotik keine politische korrekte Angelegenheit ist, muss nicht erklärt werden, oder? Im Gegenteil, ich halte es für extrem gefährlich, auf Teufel komm raus eine politisch korrekte Angelegenheit draus machen zu wollen, so, wie ich es für gefährlich halte, Gewalt zu tabuisieren. Wohlgemerkt: immer in den Safe-sane-consensual-Grenzen[10].
Triebe und Fantasien sind existent und werden täglich generiert und regeneriert, man muss sie nicht verbieten, sondern »managen«. Unter anderem sind wir auch genau dazu da.
In diesem Zusammenhang verweise ich auf Liliana Cavanis Film »The Nightporter«, der die Beziehung zwischen deutschen/österreichischen Nazis und Juden anhand einer *SM-Love affair* zwischen einem früheren SS-Mann und einer Frau, die ihm damals im KZ ausgeliefert war, seziert und reflektiert.[11]
Ich halte es für gesünder, politisch inkorrekte Fantasien nicht zu tabuisieren, sondern sich aktiv damit auseinanderzusetzen. Bei den meisten Gästen ist das auch nicht unreflektiert – wenn sie sich dann mal mit der Sprache 'raustrauen.
Ich hatte mal einen jüdischen New Yorker, der nicht recht mit der Sprache herausrückte. Der hat ganz schön rumgeeiert, entweder aus Scham oder aus Angst, ich könnte mich als Deutsche generell als Nazi verunglimpft fühlen, wenn er so was von mir will. Ich hab dann einfach direkt gefragt: *»Are you trying to find out if I do Nazi role play? The answer is: Yes, I do.«*
Er sah zu Boden, nickte, und dann ging das los.

---

[10] »Sicher, gesund, einvernehmlich« – (nicht unumstrittener) Grundsatz in der SM-Szene, um SM-Spiele ohne gesundheitliche Gefahren zu praktizieren. *Der Verleger*
[11] Siehe http://www.criterionco.com/asp/release.asp?id=59&eid=74&section=essay. *Arne Hoffmann*

Ich geh also rein in die KZ-Aufseherin, die Gestapo- oder Securitate-Bitch oder die Ku-Klux-Klan-Frau, und dann gehen ich und mein »Opfer« durch diesen Trip, wie bei einer Vergewaltigung im Parkhaus auch.

Allerdings ist es hier natürlich besonders wichtig, was danach passiert: So, wie man sich Zeit nimmt, ins Spiel rein zu gehen, braucht man auch die Zeit, da wieder raus zu kommen, Zeit für die Metamorphose aus dieser Grenzüberschreitung zurück in die Realität.

Es geht einem im Zusammenhang mit so extremen Erniedrigungen hin und wieder nah, wenn man spürt, dass die Fantasie der Realität entsprungen ist. Ich hatte einmal einen zu dicken jüdischen Mann, der vorzeitig ejakulierte und sich als kompletter Loser fühlte … und der wollte genau deswegen aufs Härteste gedemütigt und beschimpft werden. Bei dem fühlte ich – während ich ihn von meiner Schaukel herab auslachte und ihn wirklich wie den letzten Dreck behandelte – genau, dass es in seinem Leben jemanden sehr Prägenden gab, der ihn so erniedrigte. Mein Gast hatte aber kein Selbstvertrauen damit, sondern schämte sich für seine Fantasie und wollte danach gleich weg. Da affirmier' ich dann mein »Lächeln danach« und versuch ihn aufzufangen – mit Schweigen, Reden oder Halten, je nachdem. Und ich brauche diese Zeit genauso wie er.

Insgesamt aber kommt das im Studio gar nicht so häufig vor, wie man denken möchte – ich glaube, da gibt es eine große Dunkelziffer. Kommt im übrigen auch vor, dass Leute, die sich endlich mal trauen, dann bei der Realisierung der Fantasie merken, dass es gar nicht so toll ist. Gerade Langzeit-Inhaftierungen werden gern romantisiert, da gibt es hin und wieder »Authentizitäts-Fetischisten«, die die Authentizität unterschätzt haben. Aber das ist dann auch okay – so à la *»been there, done that«*.

Arne Hoffmann: *SM wird immer salonfähiger: Bald bietet nicht nur jede zweite Prostituierte SM-Spiele an, Männer können sie inzwischen auch ihrer Partnerin vorschlagen, ohne als Perverse beschimpft zu werden. Was bedeutet diese Entwicklung für Sie und die von Ihnen angebotene Dienstleistung?*

Lady Teresa: Da bin ich ambivalent: Einerseits ist es gut, dass die Schwelle sinkt. Zum Beispiel profitieren wir natürlich legal-, moral- und steuertechnisch von der Salonfähigkeit. Andererseits sinkt mit so einer Normalisierung vielleicht der Reiz.

Das »Dunkle« und »Verbotene« ist ja weit weniger geil, wenn's nicht mehr dunkel und verboten ist. Jedermanns und jederfraus Oberschenkel spannen sich ja unwillkürlich an, wenn was verboten ist, und dann auch noch schwarz und aus Leder!

Die Services dieser Prostituierten kann ich nicht beurteilen. Womöglich sind sie besser als ihr Ruf.

Aber eigentlich kann jede klassische Domina da wohl nur lachen. Zum einen, weil – wie man hört – da oft schlichtweg Fachwissen fehlt, zum anderen, weil uns nicht ganz klar ist, wie man(n) eine Domina ernst nehmen kann, die einen dabei auf Knien bedient – um's jetzt mal deutlich zu sagen.

Aber da geht's dann wohl darum, einfach nur den Sex ein wenig zu würzen. Womöglich öffnet sich da aber auch ein Fenster zu einer Klientel, die nie in ein klassisches Domina-Studio ginge.

Ich nehme auch an, es ist billiger als bei uns – und wer den Unterschied nicht kennt, wird ihn auch nicht missen.

Ich glaube, der Trend geht auch zu berührbaren Ladies, solchen, die switchen. Hängt womöglich mit einer zunehmenden Dominanz von Frauen im Alltag zusammen. Unter einer Bundeskanzlerin Merkel und Ehefrauen, die nicht mehr buckeln, sondern immer mehr fordern, braucht man(n) in Triebleben und Fantasien eventuell nicht auch noch eine, die ihm etwas verbietet, ihn schikaniert oder benutzt.

Was ich so aus deutschen Studios höre, bestätigt diese Annahme auch: Das Profil der klassischen, unberührbaren Domina weicht zugunsten der bizarren Gespielin auf.

Well – not my cup of tea.

Und Handschellen im Geschirrspüler der ehelichen Küche gehen für mich auch nicht. Die Aura und Glaubwürdigkeit ist einfach hin.

Arne Hoffmann: *Als klassische Domina sind Sie ja – bis auf Ihre Füße – unberührbar: Haben Sie nicht manchmal Lust auf Ausnahmen, Lust, berührbar zu sein für das eine oder andere Paar Lippen, die eine oder andere Hand, Erektion? Gibt es diese Versuchung? Gibt es mit der zunehmenden Popularität der sog. Bizarrladys nicht sogar den Druck, das anzubieten?*

Lady Teresa: *No comment (lacht).*
Erwischt.

Ja, klar kommt das vor. Gott sei Dank sieht man mir das nicht an. Gab mal eine Session bei uns im Verlies, die war – was das betrifft – wirklich denkwürdig.

Ich drehte den Strom langsam weiter auf, seine Erektion wuchs und härtete immer mehr und sprengte langsam die Spikes-Manschette, und er schrie, vor meinen Füßen kniend, vor Lustschmerz immer lauter: »Herrin! Herrin! Herrin!«.
So was törnt einen natürlich an.
Ich musste mich wirklich zusammenreißen, nicht einfach auf ihn drauf zu klettern und diese Erektion selbst zu vernichten …
Nach der Session meinte er dann: »Mein Gott, stellen Sie sich vor, Lady Teresa, Sie wären auch noch erregt gewesen!«
Und ich musste so lachen und dachte gleichzeitig: »Mein Gott, was denkt der denn? Dass mich MEINE ARBEIT nicht erregt?«
Aber wie gesagt: Gut, dass man es mir nicht ansieht.
Will sagen: »Versuchung« ja. Schwach geworden nie.
Wo kämen wir denn da hin? *(lacht)*
Den Druck, das anzubieten, habe ich nicht. Ich denke aber, dass es den aufgrund des allgemeinen Trends gibt.

Arne Hoffmann: *Letzte Frage: Was wünschen Sie sich für die Zukunft?*

Lady Teresa: Ich wünsche mir einen Oscar und einen Helikopter!

Arne Hoffmann: *Wer nicht? Lady Teresa, ich danke Ihnen für dieses Interview.*

Madame Charlotte: »Grenzgänge lassen mich in die Seele sehen.«

GAUDIUM DOLORE, Lust durch Schmerz – mit diesem Motto begrüßt Madame Charlotte die Besucher ihrer Website (www.madame-charlotte.de). Über sich und ihr Angebot berichtet sie weiter: »Ganz gleich, ob Sie sich (…) als Sklave meiner Herrschaft unterwerfen oder sich als ein Schmerzerotiker fühlen, der seine Grenzen neu ausloten möchte – beides bereitet mir Freude, wenn Sie sich dabei an meine Spielregeln halten und sich Ihrer Neigung bewusst sind! Doch beachten Sie eins, in allem, was ich tue, bin ich konsequent! Ihre Tabus werden von mir beachtet, dennoch fühle ich mich nicht in der Rolle wohl, als eine reine Erfüllungsgehilfin angesehen zu werden. Sie sind mein Schauspieler in einem Film, in dem ich die Regie leite und unser beider Reaktionen den gegenseitigen Kick geben und das Drehbuch weiterschreiben. Ich selbst sehe mich als Domina und Sadistin Anfang 30, in deren Leben BDSM immer mehr Einfluss genommen hat. Egal ob es nun Reisen zu Szene-Events und Treffen sind oder die Organisation eigener Playpartys, ich sehe meine Tätigkeit nicht als Job, in dem sich schnell viel Geld verdienen lässt, sondern als Verwirklichungsmöglichkeit meiner bizarren Fantasien.« Diese Worte und der Gesamteindruck ihrer Website ließen mir Madame Charlotte als vielversprechende Gesprächspartnerin erscheinen.

Arne Hoffmann: *Madame Charlotte, wie haben Sie die Welt der erotischen Dominanz für sich entdeckt?*

Madame Charlotte: In Kurzform sind es wohl drei grundlegende Aspekte. Fremden gegenüber nenne ich sie scherzhaft das falsche Studium, die falsche Literatur und die falschen Partys! Wobei das Attribut »falsch« eher oberflächlich gewählt ist.
Es ist für mich vielmehr eine Verallgemeinerung, mit der ich nachhake, ob mein Gegenüber wirklich weiterhin an tieferen Ausführungen interessiert ist und nachbohrt oder sich mit dieser Aussage zufrieden gibt, und mir das Perversensiegel verpasst.

Als ich den Sadomasochismus für mich entdeckte, hatte ich einen Job in der Musik- und Medienbranche und mich zusätzlich an der Fernuniversität für die Studiengänge Psychologie und Marketing eingetragen. Mit meiner beruflichen Situation war ich nicht mehr zufrieden, fühlte mich leer und suchte nach weiteren Herausforderungen. Auch privat. Ich war Mitte zwanzig und hatte noch eine Menge auf meiner To-do-Liste.
Ich landete abends in einem Chatraum, in dem ich einen dominanten Mann traf, der mir erzählte, was er denn so alles mit seinen Sklavias anstelle. Ich konnte mich damit rein gar nicht identifizieren und verlor schnell das Interesse an dem Gespräch. Der darauf folgende Chat mit einem devoten Mann, der mir seine Sehnsüchte schilderte, gefiel mir besser, doch zu etwas Konkretem sollte es noch nicht kommen.
Ca. ein halbes Jahr später stolperte ich über eine Anzeige in den SCHLAGZEILEN. Dieses Mal traute ich mich nach zwischenzeitlich intensivem Lesen von Büchern der SM-Thematik und antwortete darauf. Es kam zu einem Treffen in einem Hotel. Ich hatte einen immensen Spieltrieb, eine gehörige Portion Neugierde und war offensichtlich an einen alten Hasen geraten, der so einiges einstecken konnte. Es machte mir wahnsinnigen Spaß, und am Ende der Session fand ich ein Kuvert mit einem großzügigen Taschengeld auf dem Nachtschrank. Als ich das Zimmer verließ, kam ich mir vor wie Madonna im Video »Erotica«, und die Zielsetzung für die nähere Zukunft war klar: So ein Mann in jung und knackig muss erlegt werden! Und das schnell!!

Arne Hoffmann: *Was taten Sie, um diesen Wunsch zu verwirklichen?*

Madame Charlotte: Es ist ein Trugschluss, dass man als dominante Frau doch so viele Möglichkeiten hat, da es sehr viel mehr devote Männer als dominante Frauen gibt. Ich weiß nicht, wie viele ungebundene Masochisten oder Sklaven statistisch auf eine Domina fallen. Zieht man den Aspekt hinzu, dass man außerhalb der Thematik Sadomasochismus auch auf einer Wellenlänge sein sollte, minimiert sich das erfolgreiche Jagen von Beute. Man holt sich eine Magenvergiftung durch Aas am Wegesrand oder verliert den Appetit, weil man schon im Vorfeld ahnt, dass der Geschmack der neuen Beute den Gaumen nicht kitzeln wird.
Es gab weitere Treffen mit dem mittlerweile lieb gewonnenen alten Hasen. Eines Tages mietete er ein Studio im nördlichen Ruhrgebiet an. An diesem Abend erhielt ich das Angebot, ab und an entgeltlich bei den Partys zugegen zu sein. Also änderte sich mein heimliches Ausleben von SM auf eine

semiprofessionelle Ebene. In Folge tauschte ich mich auf den Partys mit vielen Gleichgesinnten aus und kam immer mehr zu dem Entschluss, dass Dominanz nicht nur eine Laune meiner Sexualität ist, sondern ein nicht mehr wegzudenkender Bestandteil meiner Persönlichkeit.

Arne Hoffmann: *Wie kam es dann, dass Sie den endgültigen Schritt zur professionellen Domina taten?*

Madame Charlotte: Dieser Schritt hat am längsten gedauert, da es sich um einen Abwägungsprozess handelte, um emotional nicht auf der Strecke zu bleiben. Am meisten Bedenken hatte ich bei meinem Outing. Nach dem Tod meines Vaters fiel mir aber in Folge niemand ein, vor dem ich Rechenschaft hätte ablegen müssen. Mein Vater war alleinerziehend, vor seinem Tod sehr krank und hätte meinen Entschluss als Versagen seiner Erziehung gewertet. Dies wollte ich ihm und mir ersparen.

Ein weiterer Aspekt, der mich lange ins Grübeln brachte, war der Dienstleistungsaspekt einer professionellen Domina. Ich bezweifelte, lange Spaß an der Berufung zu haben, wenn ich permanent verfügbar bin oder das gesamte Spektrum an BDSM-Praktiken anbiete. Dies wäre in Folge ein Verbiegen meiner Persönlichkeit gewesen, die allerdings notwendig ist, um aus den Einkünften leben zu können.

Ein weiterer Gedankengang zum professionellen SM war auch, dass sich im Laufe der Zeit eine Wandlung in der Szene vollzogen hat. Es gibt mehr Pseudodominas und Pseudosklaven. Ein Pseudosklave legt meines Erachtens das Hauptaugenmerk auf einen Orgasmus unter bizarren Umständen und will u. a. von der Domina gezwungen werden, das zu tun, was er eigentlich will.

Also kehrt er den eigentlichen Gedanken von Dominanz und Submission um.

Ich frage mich ernsthaft, nach welchen Kriterien diese Menschen abwägen, welcher Frau sie sich unterwerfen und ob es ihnen wirklich darum geht oder nur um den reinen Dienstleistungsgedanken, mit dem allein ich mich nicht anfreunden mochte.

Ich hatte von Anfang an auch Probleme mit den sogenannten Lust -und Lecksklaven, denn ich sehe meinen Intimbereich nicht als Wanderpokal auf Bestellung. Ich als Herrin bestimme, wie viel Nähe ich als Belohnung für Folgsamkeit zulasse. Besteht der Gast schon im Vorgespräch darauf, ist es für mich *Topping from the bottom* und der totale Dienstleistungsgedanke, um den es primär geht. Die Wahrscheinlichkeit, dass der Funke in der

Session überspringen würde, ist recht gering und die Enttäuschung auf beiden Seiten wohl vorprogrammiert. Deswegen verweise ich dann meist an eine Bizarrlady, da es sich sonst um die Verschiebung meiner eigenen Grenzen handeln würde.

Ich wusste also schon anfangs, dass ich einen hohen Anspruch an meine Spielpartner habe und den Spagat hinbekommen musste, trotz der Vorselektion von den Einkünften leben zu können. Als Sadistin und Domina mit relativ festgesetztem Spektrum innerhalb des professionellen Bereichs wäre eine einzelne Wirkungsstätte nicht sinnvoll gewesen, also suchte ich mir nach und nach Wirkungsstätten im Ausland, wo ich auf Menschen treffe, die mit mir auf einer Wellenlänge liegen.

Arne Hoffmann: *Welche Wirkungsstätten waren das?*

Madame Charlotte: Ich reise schon seit Jahren nach Wien, einer Metropole mit Kultur, Stil sowie einem ganz eigenen Charme, den ich sehr zu schätzen weiß. Im Gegensatz zu Deutschland wird die BDSM-Kultur nicht medienwirksam ausgeschlachtet, sondern verhältnismäßig diskret behandelt.
Ca. zeitgleich kamen meine Aufenthalte im OWK in Tschechien und einem Studio in Basel hinzu. Die Zeit in meiner Heimatstadt Hannover verbringe ich zumeist mit der Organisation einer kleinen Playparty, an der schon seit längerer Zeit mein Herzblut hängt, oder ich nehme meine Studiotermine wahr, die meist ein bis zwei Tage im voraus gebucht werden, da ich keine festen Anwesenheitszeiten habe. Meinen bürgerlichen Beruf habe ich mittlerweile aufgegeben, da es sich zeitlich nicht mehr mit meinen Reisen vereinbaren lässt. Kurzum: Mein Plan ist aufgegangen!

Arne Hoffmann: *Das OWK ist eine Art »Staat« der dominanten Damen in Tschechien, nicht wahr? Wie sind Sie darauf gestoßen, und wie haben Sie ihn erlebt?*

Madame Charlotte: Am Anfang konnte ich mit den Buchstaben recht wenig anfangen. OWK ist die Abkürzung für »The Other World Kingdom«. Wie bereits in der Frage richtig vermutet, handelt es sich um ein Anwesen in Tschechien, wo das Matriarchat herrscht. Alles ist darauf ausgerichtet, dass Frau sich mit ihren Sklaven richtig amüsieren kann – und das auf einem großen Areal, das seinesgleichen sucht. Meinen ersten Besuch erlebte ich im Jahre 2005 mit meinem Leibsklaven. Er erfüllte alle Bedingungen, die ein Sklave haben sollte, der ins OWK reist, und begleitet mich auch heute noch dorthin. Es folgten einige weitere Besuche, bis ich den Antrag auf die Staatsbürgerschaft stellte und den Titel »Sublime Lady of the OWK« erhielt.

Ich sehe das OWK als Knotenpunkt für bereichernde Begegnungen mit Ladys aus der ganzen Welt. Mitunter haben sich sogar Freundschaften entwickelt. Ich tausche mich recht oft mit Mistress Shane, einer in Belgien lebenden Amerikanerin, aus. Außerdem kann ich dort SM der härteren Gangart perfekt ausleben, da es mit der Umgebung stimmig ist.

Das OWK lebt allerdings mittlerweile aber auch von seinem Mythos. Als der Staat vor elf Jahren ins Leben gerufen wurde, war er weltweit einzigartig. Mittlerweile ist die Idee vielfach mehr oder minder gut kopiert worden. Das OWK lebt heute größtenteils aus den Einkünften seiner Film- und Fotoproduktionen, da sich die Interessenten von Realbesuchen auch auf andere Anwesen weltweit verteilen.

Arne Hoffmann: *Nun sind Sie nicht die Pressesprecherin des OWK, aber eines würde mich doch interessieren. Ein guter Bekannter von mir, der dort einmal einige Zeit verbrachte, hatte einen eher durchmischten Eindruck. Einerseits sahen sich die Ladys, die doch explizit keine männlichen Bedürfnisse erfüllen wollten, offenbar veranlasst, sich selbst dann eine strenge Garderobe überzuwerfen, wenn sie eigentlich lieber im gemütlichen Kuschelpulli herumsitzen wollten. Andererseits berichtete er, Zeuge eines Vorfalls geworden zu sein, den eine Stuttgarter Profidomina nach seiner Heimkehr kopfschüttelnd als »lebensgefährlich« bezeichnete. (Ein Besucher, der beim morgendlichen »Frühsport für Sklaven« mit einem Herzanfall zusammenklappte, wurde über Stunden hinweg in einer Kerkerzelle weggeschlossen, ohne dass irgend jemand nach ihm sah*[12]*.) Mir geht es jetzt weniger darum, das OWK zu kritisieren, als grundsätzlich zu fragen: Ist eine Welt der absoluten, »realen« Herrschaft von Frauen mit der klassischen SM-Maxime »safe, sane, consensual« denn überhaupt vereinbar oder ist das nicht komplett illusorisch?*

Madame Charlotte: Auch wenn Ihnen nicht danach ist, das OWK zu kritisieren, haben Sie gerade diesen Vorfall als Einleitung für Ihre Frage

---

[12] Laut neueren Berichten scheint es in den OWK-Kerkern inzwischen Notfallklingeln zu geben, aber sehr hart ist es immer noch. Wer z. B. die Nacht zwischen zwei größtenteils unerotischen Arbeitstagen (mit Laubkehren u. dgl.) in einer Stehzelle verbringen muß, mit einem Halseisen gefesselt, das jegliches Hinsetzen verhindert, der kommt gewiß an seine Grenzen … *Der Verleger*

gewählt. Ich sehe davon ab, zu dem Vorfall Stellung zu beziehen, denn es liegt mir im Allgemeinen nicht, Dinge zu kommentieren, die mir aus zweiter oder dritter Hand zugetragen werden.
»Safe, sane, consensual« wird sicherlich im Großteil von SM-Beziehungen gespielt, es sei denn, aus Unbeholfenheit oder Unwissen geschehen Fehler. Aber was geht darüber hinaus? Ist consensual, wenn ich meinen Sklaven brande, cutte oder nagele? Einem Großteil wird jetzt schon ein Aufschrei entfahren, weil es sich bei Brandings und Cuttings um bleibende Spuren handelt.
Glauben Sie wirklich, meine vorgetragenen Kennzeichnungsideen waren von Anfang an mit meinen Sklaven einvernehmlich? Nein! Ich wollte meine Sklaven über Grenzen hinausbringen, um sie wirklich an mich zu binden, über den Zeitpunkt unseres Zusammenseins hinaus. Ich stellte sie vor die Wahl, dies zu akzeptieren oder zu gehen. Sklaven, von denen ich dies forderte, blieben ausnahmslos und sind glücklich und stolz, meine Kennzeichnung nunmehr als Geschenk zu tragen, genauso wie ich stolz auf sie bin, dass sie über Grenzen gehen, um mir ihre Wertschätzung zu zeigen. Von daher beschreibe ich meine private Art, SM zu leben, als RACK (»risk aware consensual kink«, also »risikobewusster einvernehmlicher SM«[13]), nicht nach Ampelcodes oder Safewörtern. Zu Risiko gehört Mut und Vertrauen, die ich von meinem Gegenüber einfordere.
Bezogen auf Ihre Frage kann ich antworten, daß reale Herrschaft meiner Meinung nach nur bedingt mit der Maxime safe, sane, consensual zu vereinbaren ist, da ich mit RACK-SM das Ziel habe, die Grenzen zu erweitern. Grenzgänge lassen mich in die Seele sehen und können nicht vorgespielt sein. Etwas Realeres gibt es nicht!
An dieser Stelle möchte ich betonen, dass dies Prozedere für meine Privatsklaven gilt und nicht für Studiosessions. Ein Studiosklave hat andere Bedürfnisse und möchte zumeist nur über einen gewissen Zeitraum und in eingeschränktem Rahmen dienen. Bei einem Privatsklaven setze ich persönlich auch höhere Bewertungsmaßstäbe, da für mich der Dienstleistungsgedanke an dieser Stelle völlig ausgeklammert ist.

Arne Hoffmann: *Wie schützt man sich als Domina vor der sogenannten »Top-Disease«, also davor, dass einem große Macht über andere Men-*

---

[13] Das ist sozusagen das »offizielle« Gegenkonzept von Teilen der SM-Szene gegen das von diesen Leuten als übervorsichtig und lustfeindlich empfundene »SSC« (»safe, sane, consensual«). *Der Verleger*

schen zu Kopf steigt, man sich selbst überschätzt und aus verantwortungsbewusstem Verhalten verantwortungsloses wird?

Madame Charlotte: Ich denke, das muss jede Frau für sich entscheiden und ihren individuellen Weg finden. Eins ist klar: Die Tätigkeit verändert die Persönlichkeit und man verliert doch einiges an Naivität. Während ich am Anfang eher extrovertiert in der Öffentlichkeit aufgetreten bin, perfektioniere ich nun meine Wandlungsfähigkeit und neige zur Introvertiertheit. Ich versuche, mich unauffällig zu verhalten, es sagt mir nicht zu, permanent im Mittelpunkt zu stehen.
Die Gewissheit, dass ich die Welt bunter sehe als so manch anderer, muss ja nicht permanent zur Schau gestellt werden.
Dadurch, dass ich nicht permanent im Studio zugegen bin und vielseitige private Interessen habe, klappt es auch sehr gut mit der zwischenmenschlichen Kommunikation fernab von SM. SM ist für mich Lebensbereicherung und nicht Lebensinhalt.
Der Postbote hat mehr Angst vor meinem Hund als vor mir, und an der Wursttheke werde ich auch noch freundlich bedient. Liegt wohl daran, dass jeder meiner Mitmenschen Respekt verdient und ich Dominanz nicht mit Arroganz verwechsele.
Von daher ist eine gute Balance im Privatleben vorhanden, so das es eigentlich nichts gibt, was zu Kopf steigen könnte oder verantwortungsloses Handeln bewirkt.

Arne Hoffmann: *Sie hatten berichtet, dass Sie eine kleine Playparty organisieren, an der Ihr Herzblut hänge. Was hat es damit auf sich, und was begeistert Sie daran so?*

Madame Charlotte: Die Organisation des Akzente-Zirkels ist an sich die logische Konsequenz meines vorher ausgeübten Berufes. Wie ich in Ihrer Eingangsfrage schon kurz erwähnte, war ich jahrelang als Veranstaltungskauffrau tätig.
Anfänglich hatte ich den Gedanken, eine Party in Hannover zu etablieren, auf der ich mich persönlich als Gast wohl fühlen würde. Ich hatte in der Vergangenheit zu viele Events besucht, die offensichtlich zu sehr auf Profit und Schaulaufen ausgerichtet waren und keine Persönlichkeit hatten. Wie die Namensgebung schon beinhaltet, sollte das Partykonzept Akzente setzen.

2005 startete ich mit meinen Partnern den Akzente-Zirkel. Nun, nach viel harter Arbeit, einem zwischenzeitlichen Wechsel innerhalb des Veranstaltungsteams und anderweitigen Rückschlägen sind wir soweit zu sagen, dass wir stolz auf unser Konzept und zufriedene Gäste sind.

Meines Erachtens ist die Kommunikation unter den Gästen und das Flair der Lokalität der Schlüssel zum Erfolg eines Abends. Dementsprechend wird der Zirkel drei- bis viermal pro Jahr im personenbegrenztem Rahmen veranstaltet. Als Lokalität dient ein ausgebauter Luftschutzbunker auf drei Etagen, der über 20 verschieden eingerichtete Séparées verfügt, in denen man sich je nach Laune öffentlich oder aber auch diskret vergnügen kann.

Arne Hoffmann: *Können sich Interessierte denn noch an Sie wenden, um zu Ihrem Zirkel hinzuzustoßen, oder erfolgt die Kontaktaufnahme mit möglichen Teilnehmern allein von Ihrer Seite?*

Madame Charlotte: Die Gäste der Veranstaltung sind entweder in unserem bereits vorhandenen Gästepool oder senden mir eine Email, falls sie gerne in unseren Verteiler aufgenommen werden möchten.

Die Anmeldung für Novizen erfolgt über unsere Webpage. Dort haben wir ein Anmeldeformular eingestellt. Zum Großteil besteht unsere Klientel aus Paaren und deren Begleitung. Soloherren erhalten limitiert Einlass oder werden gesondert für die Sklavenauktion eingesetzt. So können wir gewährleisten, dass ein ausgeglichenes Geschlechterverhältnis besteht.

Arne Hoffmann: *In einem Interview mit »Goddess Calico« auf Ihrer Website erwähnen Sie, dass Sie auch über »Eigentümer«, also persönliche Sklaven, verfügen. Was können Sie uns darüber berichten?*

Madame Charlotte: Meine Eigentümer haben die Aufgabe, mir das alltägliche Leben zu vereinfachen. Sie verrichten Botengänge für mich, bügeln die Wäsche oder betreuen die Webseite. Jeder hat auf seine eigene Weise Eigenschaften, die für mich nützlich sind. So, wie ich ihr Leben bereichere, so bereichern sie auch meines.

Meine Eigentümer sind zumeist ehemalige Studiogäste, bei denen ich erkannt habe, dass sie wirklich devot oder masochistisch veranlagt sind und sich ausschließlich mir und nicht jeder dominanten Frau unterwerfen. Sie sind zudem loyal und stehen mit beiden Beinen im Leben, was mir allgemein auch Ärger und Enttäuschungen erspart. Schließlich sind sie mehr in mein Leben integriert als eine Person, die zu einem zeitlich limitierten Erlebnis im Studio erscheint.

Zudem habe ich bei meinen Eigentümern uneingeschränktes Züchtigungsrecht zum Lustgewinn. Sie sind so klug, kein *Topping from the bottom* zu betreiben, um als Reaktion bespaßt zu werden. Meine Reaktion geht nämlich bei begründeten Verfehlungen über »Spaß« hinaus. Kurz und knapp gesagt: Sie wissen, wo ihr Platz ist! Und dort fühlen sie sich im übrigen wohl.

Sehr viele Männer träumen natürlich von einer privaten Dienststelle bei einer Domina, aber ich kann Ihnen versichern: Nur die wenigsten sind dazu geeignet! Denn die meisten werden schlampig und nachlässig, wollen unbedingt ihr Kopfkino unentgeltlich umgesetzt haben, schauen, wenn sie sich unbeobachtet fühlen, anderen Lederröcken hinterher oder sind schlichtweg so unterhaltsam wie eine Parlamentsdebatte zum Bundeshaushalt.

Arne Hoffmann: *Wie wichtig ist Ihnen eine Trennlinie zwischen Domina-Beruf und Privatleben? Gibt es hier Situationen, wo Sie sich vor Übergriffen schützen müssen?*

Madame Charlotte: Definitiv besteht für mich eine Trennlinie, so wie in jedem anderen Beruf auch.

Wahrscheinlich sogar eine sehr wohlbehütete Trennlinie, da eine Domina, wenn auch stellenweise ungewollt, eine wunderschöne Illusion verkauft. Der Beruf Domina verlangt schon einiges an Selbstdisziplin ab. Ich rede im Studio auch nur bedingt über mein Privatleben.

Ein Großteil meiner Klientel ist sehr bodenständig sowie vernunftbegabt und akzeptiert meine Privatsphäre . Sie kommen zu mir, um für einen gewissen Zeitraum abzuschalten, und gehen zurück in ihr Alltagsleben, ohne zu versuchen, in meinem rumzuschnüffeln. Allerdings gibt es auch einen niedrigen Prozentteil, der diese Grenze überschreitet.

Die neue Gesetzgebung der Impressumspflicht hat einen Teil der Privatsphäre natürlich erheblich eingeschränkt. Dies gilt ebenso für Damen, deren Wirkungsstätte und Wohnadresse die gleiche ist. Ich würde mich nicht mit dem Gedanken wohl fühlen, dass meine Privatadresse bekannt ist, zumal es mir schon einmal passiert ist, dass jemand über mein Autokennzeichen Informationen über mich erhielt.

Von Stalkern oder Hetzkampagnen im Internet, die zumeist durch Zurückweisung eines Mannes entstehen und denen einige meiner Kolleginnen zu Opfer fielen, bin ich bisher verschont geblieben und hoffe, dass dies zukünftig auch so bleibt.

Arne Hoffmann: *Wenn man Sie manchmal erzählen hört – von Ihren häufigen Flugreisen nach Wien, Mailand und anderen Städten Europas, Ihren eigenen Privatsklaven usw. – dann klingt das nach einem goldenen Leben. Würden Sie einer jungen Frau, die sich nach der Lektüre dieser Interviews überlegt, ebenfalls Domina zu werden, denn zuraten, insbesondere was finanzielle Aspekte betrifft?*

Madame Charlotte: Ist das für Sie die Umschreibung eines goldenen Lebens? Für mich gestaltet sich Luxus nicht primär finanziell, sondern aus der Freiheit heraus, das zu tun, worauf ich Lust habe, ohne mich irgendwelchen Zwängen zu beugen. Um es einmal wie in einer bekannten Werbung zu sagen: Ich habe weder eine Jacht noch eine Villa, noch fahre ich einen Porsche.

Eine Frau, die sich heutzutage als Domina berufen fühlt, wird meines Erachtens nach einen noch steinigeren Weg vor sich haben als ich zu meinen Anfängen. Einer Domina wird immer mehr abverlangt, gerade in Bezug der Berührbarkeit und Vielfalt der Fetische. Wenn man, so wie ich, seiner klassischen Linie treu bleiben will, muss man auch bereit sein, Anfragen abzulehnen, auch wenn dies automatisch finanzielle Einbußen birgt.

Ich würde jeder Interessierten empfehlen, sich ein Studio als Wirkungsstätte zu suchen, welches einer Anfängerin keine strikten Vorgaben macht, sondern ihr Unterstützung bei ihrer Entwicklung anbietet. Ebenso empfehle ich, dies anfangs keinesfalls als Hauptjob auszuüben, sondern an ein bis zwei Tagen in der Woche, und später abzuwägen, ob man diese Berufung ausschließlich ausüben möchte.

Abschließend möchte ich auf den letzten Teil Ihrer Frage eingehen. Derzeit gibt es knapp 500 Dominas in Deutschland, von den Hobbydominas rede ich erst gar nicht! Die Entscheidung, eine Domina zu werden, sollte bei einer jungen Frau aus innerer Überzeugung und Neugierde heraus entstehen. Wer nur den rein finanziellen Aspekt betrachtet, sollte sich die folgende Frage stellen: »Was macht mich aus, um unter diesen 500 aufzufallen?«

Ich werde einer jungen Frau weder davon abraten, noch sie dazu ermutigen. Herr Hoffmann, warum sollte diese Frau eigentlich jung sein? Dominanz hängt weder von der Jugend noch dem Aussehen ab …

Herrin Celeste: »Auch eine Erziehung auf Distanz ist möglich.«

Herrin Celeste ist eine besondere Form von Domina – sie treibt die Unberührbarkeit der Herrin insofern auf die Spitze, als sie ihre Herrschaft ausschließlich über Telefon und Internet ausübt. Auf der Website www.herrinceleste.de zeigt sie ihre Schönheit in den erotischsten Posen und berichtet von sich: »Ich gehe seit einigen Jahren dieser Tätigkeit nach. Ich möchte es jedoch weniger als Tätigkeit denn als *Berufung* ansehen. Du wirst Herrin Celeste anbeten, verehren und vergöttern, dafür erhältst du von Herrin Celeste Hohn, Spott und Erniedrigung!« Auf den folgenden Seiten berichtet Celeste mehr von ihrer Tätigkeit.

Arne Hoffmann: *Celeste, deine Form von erotischer Herrschaft unterscheidet sich in so manchem von der vieler anderer Dominas. Wie genau läuft das bei dir ab?*

Herrin Celeste: Es mag sich für den »realen« Fetischisten komisch anhören, aber auch eine Erziehung auf Distanz ist möglich. Ob es meine Stimme am Telefon ist, die am anderen Ende für zerreißende Spannung sorgt, oder im Live-Chat, wo man(n) mich sehen und im Text erleben kann, meine arrogante Art, wie ich auf meinem Stuhl sitze, meist in enger, figurbetonter schwarzer Kleidung, hohen Stiefeln oder erotischen High-Heels … Als letzteres gibt es den Weg der Erziehung per Email – meist für diejenigen, die erst mal »reinschnuppern« möchten in die bizarre Welt.

Arne Hoffmann: *Okay, Telefonsex, Chat und Mail. Lass uns das mal Punkt für Punkt durchgehen. Angenommen, ich hätte Lust, mich per Telefon dominieren zu lassen. Was müsste ich dafür tun, und was genau würde mich erwarten?*

Herrin Celeste: Nachdem ich dir per Email mitgeteilt habe, wann du dich zu einer Telefon-Audienz melden darfst, wirst du auf den Moment X warten, und wenn dieser dann endlich gekommen ist, wirst du aufgeregt ans Telefon gehen und meine Nummer wählen. Ich werde von dir verlangen, dass du dich vorstellst und mir von deinen bizarren Fantasien erzählst.

Natürlich wirst du während deinen Erzählungen eine unterwürfige Haltung einnehmen, dies ist meist auf dem Boden kniend. Ich erzähle dir, dass du dir nun im Geiste vorstellen darfst, hier vor mir zu knien, dass ich dir deine Hände hinter dem Rücken gefesselt habe und du nun meine schwarzen Lack-Stiefel bewundern und zur Begrüßung küssen darfst ... Ich werde dir dann befehlen, bestimmte Spielsachen zurechtzulegen (manches devote Objekt hat sie schon vor dem Anruf zurecht gelegt), da ich es genieße zu wissen, dass du tust, was ich dir sage, egal was es ist. Dabei respektiere ich deine sowie meine Tabus. Meine sind: Brutalität, bleibende Schäden, Kinder, Tiere, KV ... Ich werde dich quälen, indem ich dir befehlen werde, dir Klammern an deine Brustwarzen zu setzen, bis du mich bitten wirst, diese wieder entfernen zu dürfen. Vielleicht werde ich es dir erlauben, vielleicht auch nicht. – Das schöne Spiel der Macht, das dich schmelzen lässt wie Schokolade in der Sonne!

Arne Hoffmann: *Wie darf ich mir dasselbe per Chat vorstellen?*

Herrin Celeste: Die Beherrschung per Chat ist sehr ähnlich, mit dem Unterschied, dass der Zögling in den Genuss kommt, mich live zu sehen, meist in schwarzer Lack-Kleidung. In Nylons, High-Heels, Overknee-Stiefeln, so sitze ich auf meinem Thron! Wenn mein Zögling eine Web-Cam besitzt, dann darf er sich auch zeigen und ich habe die Kontrolle über ihn, ob er die Befehle nach meinen Vorstellungen ausführt.

Arne Hoffmann: *Wie läuft schließlich eine Erziehung per Email ab?*

Herrin Celeste: Nachdem ich mit meinem Sub per Email seine Neigungen/Tabus besprochen habe (ich handle nicht nur nach seinen Neigungen, es gibt immer was Neues zu entdecken), bekommt er von mir wöchentliche Aufgaben gestellt. Diese muss er mir, nach der jeweiligen Woche, ausführlich protokollieren. Manchmal verlange ich auch Beweisbilder dazu, wie er z. B. vor meinem Bild auf Reis knien muss ... Wenn er sich in den ersten vier Wochen gut angestellt hat, darf er sich erneut um eine Email-Erziehung, bewerben.

Arne Hoffmann: *Könntest du ein paar Beispiele nennen, was du per Mail verlangst? Hast du da spezielle Vorlieben?*

Herrin Celeste: Vor jeder Erziehung, egal ob per Email, Chat oder Telefon, möchte ich vom Sub erfahren, was er für Neigungen/Vorlieben/Fantasien hat, und aufgrund dieser Aussagen gestalte ich dann das weitere Geschehen. Somit möchte ich keine pauschalen Beispiele nennen.

Arne Hoffmann: *Wie groß ist denn das Kundeninteresse an dem Service, den du anbietest?*

Herrin Celeste: Das Interesse ist recht groß, es kommen täglich Email-Anfragen. Im Live-Chat bin ich meistens einmal die Woche anzutreffen. Ich mache diese Tätigkeit hobbymäßig, es wäre sonst zu einseitig. Aber es ist sicherlich auch als Vollzeitbeschäftigung machbar und man könnte sicher auch davon leben.

Arne Hoffmann: *Wie bist du auf die Idee gekommen, als »virtuelle Domina« tätig zu werden?*

Herrin Celeste: Ich habe vor ca. drei Jahren im Internet die Webcam-Portale wie z. B. www.camfetisch.de entdeckt. Durch diese Portale ist mir dann die Idee gekommen, meine dominante Ader auf diese Art auszuleben, und so hat sich alles entwickelt. Ich habe dann meine Homepage auf die Beine gestellt und diese Art der Erziehung integriert.

Arne Hoffmann: *Könntest du dir denn vorstellen, auch in der körperlichen Welt als Domina tätig zu sein?*

Herrin Celeste: Mit manchen Zöglingen entsteht eine besondere, vertrauensvolle Dom-Sub-Beziehung; bei denen könnte ich mir auch eine reale Erziehung vorstellen. Aber da es aus zeitlichen und räumlichen Gründen nicht anders geht, werde ich bei der Cyber-Erziehung bleiben. Es gibt, wie bereits erwähnt, viele Fans dieser Erziehungsweise, die mich in meiner Art bestätigen und es in vollen Zügen genießen.

Arne Hoffmann: *Was kickt diese Männer denn speziell an einem Beherrschtwerden ohne direkten Kontakt mit der Domina? Hast du z. B. im Verlauf deiner Tätigkeit festgestellt, dass ein bestimmter Typ Mann auf virtuelle Dominanz abfährt?*

Herrin Celeste: Ich denke, dass es den Typ Mann anspricht, der etwas Neues, Bizarres, ausprobieren möchte, sich aber nicht traut, eine reale Session zu erleben. Macht ausüben kann man ja nicht nur durch reale Präsenz, sondern auch durch Bilder, Worte am Telefon oder durch geschriebene Zeilen … Zöglinge, die das erkannt haben, genießen diese Art der Erziehung.

Arne Hoffmann: *Ist deine Tätigkeit eigentlich jemals auch für dich mit Lustgefühlen verbunden?*

Herrin Celeste: Mehr als Lust- sind es Machtgefühle … Zu sehen, wie sich männliche Wesen beugen und dich vergöttern – das ist schon ein irres Gefühl.

Arne Hoffmann: *Wirkt sich das auch auf andere Bereiche deines Lebens aus? Dein Selbstbewusstsein, dein Auftreten, deinen Umgang mit Männern ...?*

Herrin Celeste: Ja, das tut es. Was man vielleicht früher nur gedacht hat, sagt man heute. Männer, die in meinem Leben vorkommen, die mich nicht als HERRIN sehen, werden auch mal dominiert oder bevormundet. Dies mag sicher nicht immer gut ankommen, aber dabei spielt es eher die Rolle, dass ich selbstbewusst durchs Leben gehe. Das ist wohl egoistisch, aber das macht wohl eine Herrin aus.

Arne Hoffmann: *Gibt es in deinem persönlichen Umfeld Menschen, die von deiner Tätigkeit als Online-Domina wissen – und wenn ja, wie sind die Reaktionen?*

Herrin Celeste: Ich erzähle nur von meiner Tätigkeit, wenn ich das Gefühl haben, dass es passt und der- oder diejenige auch Verstand dafür hat. Schließlich kann man in diesem Bereich ganz schnell abgestempelt werden und unwissend und unsinnig verurteilt. Um meine Nerven zu schonen, suche ich mir aus, wem ich was erzähle …

Arne Hoffmann: *Wünschst du dir auch als privaten Partner einen Mann, der sich von dir beherrschen lässt?*

Celeste: Auch privat genieße ich es, meinen Partner zu beherrschen, allerdings nicht ständig.
Ich habe aber auch eine ganz »normale« Seite, die ich genauso lebe, je nach Laune eben.

Arne Hoffmann: *Wie äußert er sich denn zu deinem Job? Gibt es keine Eifersucht oder andere Konflikte?*

Celeste: Nein, da gibt es keine Probleme, bzw. er muss das so akzeptieren, wie es ist, da er das von vornherein weiß. Er findet es spannend, Eifersucht ist bei uns nicht im Spiel, Vertrauen ist schließlich die Basis von ALLEM.

Arne Hoffmann: *Kommt es vor, dass deine Online-Kunden dich auf eine Weise in Anspruch nehmen möchten, die über dein eigentliches Angebot hinausgeht? Ich denke jetzt gar nicht mal unbedingt an den Wunsch nach Körperlichkeiten, sondern dass sie dir z. B. ihre Probleme erzählen mit der Hoffnung auf Ratschläge oder seelische Entlastung ...*

Herrin Celeste: Ja, es ist auch schon vorgekommen, dass Männer ihr Herz ausschütten. In diesem Moment ist Zuhören angesagt, wie eine Psychologin eben. Wenn es passt, gebe ich auch mal Tipps. Leider gibt es eben viele Männer, die mich nicht grundlos suchen, sondern mich als Zufluchtsort sehen, wo sie ihre Fantasien wenigstens ein Stück weit ausleben können, weil ihre Wünsche zu Hause nicht erhört bzw. nicht geteilt werden.

Arne Hoffmann: *War es für dich schwierig, in diese Tätigkeit hineinzufinden? Du hattest ja nicht wie manche Studiodomina die Möglichkeit, zuerst mal unter der Anleitung einer erfahrenen Kollegin zu arbeiten. Wie war das für dich, als du irgendwann mal dagesessen hast und fremden Männern deine ersten Befehle geben musstest?*

Herrin Celeste: Gerade die ersten Male waren schon sehr aufregend, wie ALLES, was neu ist, aber ich habe mich schnell an dieses Medium gewöhnt und Gefallen daran gefunden, zumal ich gute Resonanz hatte und mich somit bestätigt gefühlt habe. Ich finde es heute noch faszinierend, wie Menschen durch das Internet zusammenkommen.

Arne Hoffmann: *Hast du im Laufe deiner Tätigkeit auch besonders außergewöhnliche oder bizarre Dinge erlebt, über die du berichten magst?*

Herrin Celeste: Jeder einzelne ist mehr oder weniger bizarr und außergewöhnlich. Was ich total verrückt finde, ist, dass sich Männer verschulden und die eigene Lust nicht unter Kontrolle haben.
Ein erwähnenswertes Szenario: Eine ganze Zeit lang hat mich ein Verehrer angerufen, der fast alles für mich am Telefon ausgeführt und es in vollen Zügen genossen hat, in meiner Macht zu sein. Auch dieser hat es übertrieben und hat sich verschuldet und konnte dann nicht mehr anrufen. Nun, bei ihm war es so, dass er auch oft von zu Hause aus angerufen hat und er plötzlich sagte, dass er das Auto seiner Frau gehört hätte und sie jeden Moment zur Türe reinkommt. Er ist dabei natürlich seeeehr nervös geworden, und ich habe ihn so lange am Telefon gehalten, bis er den Schlüssel in

der Türe gehört hat. Erst dann durfte er sich von mir verabschieden. *(lacht)* Die armen Nerven!

Arne Hoffmann: *Wie siehst du deine Zukunft: Möchtest du deinen Job noch über viele Jahre genau so weitermachen oder planst du bestimmte Veränderungen?*

Herrin Celeste: Solange es zeitlich vereinbar ist, werde ich weiterhin Kontakt zu meinen Subs pflegen. Da ich ja mittlerweile selbst Betreiberin eines Cam-Portals (Camfetisch.de) geworden bin, kann es sein, dass meine Zeit knapp wird, wobei ich es sicher sehr vermissen würde.

Comtesse Noir: »Ein Sklave stand schon mal in Ketten vor der Briefträgerin.«

Das »Notre Damm« in der Mecklenburgischen Seenplatte ist eine neue und ganz besondere Einrichtung für Freunde des gepflegten Sadomasochismus – etwas flapsig könnte man es als »Phantasialand für unterwürfige Männer« bezeichnen. Auf ihrer Website (www.notre-damm.de[14]) stellen die Betreiberinnen ihr Projekt als einen Ort vor, »an dem die Grenzen des Fetisch und SM weit ausgedehnt werden können«. Neigungen sämtlicher Couleur sollen hier ihren Platz finden: ob auf einem Drillparcour für Militaryfreaks, im SM-Garten, der sich Bondage-Freunden für fantasievolle Fesselspiele anbietet, oder im Schweinestall, wo man sich, wenn man möchte, in der Schlammgrube suhlen kann. Eine der Dominas dort ist die Comtesse Noir, die sich als »Multifetischistin« und »eiserne Sadistin mit Herz und Verstand« präsentiert. Sie war so freundlich, meine Fragen zu ihrem Projekt zu beantworten.

Arne Hoffmann: *Du stehst als Domina dem mecklenburgischen SM-Projekt »Notre Damm« vor. Wie unterscheidet sich das Notre Damm von den üblichen SM-Studios?*

---

[14] Inzwischen wurde die Homepage umgestaltet, denn Lady AlexXandra/Comtesse Noir hat sich nicht nur nach Hamburg zurückgezogen, sondern lebt dort auch als »Alex Nova« (»die neue Alex«) ihre devote Ader als Sklavin aus. Ausschließlich. Sie ist gar nicht mehr als Herrin tätig, denn Switchen überfordere sie mental. Sie könne sich immer nur auf eine Rolle auf einmal einstellen. Schon bei dem Bild links dachte ich mir: Warum hat sie keins der Bilder gewählt, das sie »in vollem Wichs« oder im Military-Look zeigt? Stattdessen hat sie ihre Militärjacke abgelegt und präsentiert sich halbnackt … fast wie eine Sklavin. Nur der Blick ist noch ein wenig frech, aber daran kann man(n) ja arbeiten. Schließlich ist sie (laut ihrer neuen Homepage) »eher nicht die gehorsame und devote Dienerin, sondern mehr das kleine, versaute Miststück, das es zu bändigen gilt«. Am Notre Damm amtiert jetzt Lucksana Viper, eine thailändische Domina. Näheres zu all dem am Schluß meiner Reportage, im Anschluß an dieses Interview. *Der Verleger*

Comtesse Noir: Das Notre Damm ist ein ehemaliger Bauernhof mit rund einem Hektar Gelände. Neben der 400 m² großen Scheune, die wir als Studio umgebaut haben, gibt es hier zahlreiche ehemalige Kleintierställe, die sich als Sklavenunterkünfte, aber vor allem auch für Petplayer eignen.
Ein Tiefkerker mit Falltüre, eine Dunkelzelle, zwei weitere Zellen, aber auch diverse Käfige oder z. B. ein Sarg geben vor allem Spielraum für Langzeitinhaftierungen der verschiedensten Richtungen.
Gerade die Langzeitaufenthalte sind unser Steckenpferdchen, sei es als Arbeitssklave, als Prisoner of War, mit ein paar Tagen Petplay oder Einkerkerung – die Möglichkeiten sind mit dem großen Outdoor-Playground schier unbegrenzt.
Des weiteren können auch Pärchen bei uns einen SM-Urlaub machen und sämtliche Einrichtungen nutzen. Für die Unterbringung steht ein Resort zur Verfügung, komfortabel eingerichtet mit Dusche und WC, TV und Stereoanlage.
Ein weiterer Unterschied zu einem klassischen Studio ist auch, dass wir Sklaven, die wenig finanzielle Mittel haben, auf andere Weise die Möglichkeit bieten, ihren Neigungen nachzugehen. Gerade wenn größere Ausbauprojekte anstehen, dann bieten wir Arbeit gegen Session. Auf diese Weise hat fast jeder die Möglichkeit, sich einzubringen.
Auch unseren Verein »Cultus Nostra« möchte ich nicht unerwähnt lassen, denn für den, der häufig das Notre Damm besucht und nutzt, ist es ein attraktives Angebot – zum einen, um aktiv an der Gestaltung des Notre Damm mitzuwirken, zum anderen, um Geld zu sparen.
Nicht zuletzt ist das Notre Damm auch eine Filmlocation. Wir produzieren regelmäßig SM- und Fetisch-Produktionen, aber auch für andere Produzenten ist das Notre Damm interessant, weil es eben an einer einzigen Location unzählige Möglichkeiten bietet.

Arne Hoffmann: *Wie seid ihr eigentlich auf die Idee zu diesem Konzept gekommen – und dann zu der Entscheidung, diese Idee auch in die Tat umzusetzen?*

Comtesse Noir: Die ehrliche Antwort ist, ganz kurz umrissen: Wir haben sozusagen aus der Not eine Tugend gemacht. Im Süden der Republik ging so einiges den Bach runter. Für das Geld, was wir hier in Mecklenburg für das Notre Damm bezahlt haben, hätten wir im Raum Heidelberg vielleicht mal eine Doppelgarage bekommen. Und irgendwas für ein ähnliches Projekt anzumieten war nicht realisierbar. Zum einen wäre das zu teuer gewesen, und dann hätten wir immer zu arg Nachbarn in der Nähe gehabt. Und das Notre Damm gehört uns, ohne dass eine Bank drauf ist.

Das Ganze hat sich irgendwie ergeben. Die Idee war da, und ein paar wenige, aber treue Leute unterstützten uns dabei – und so ist das Notre Damm gewachsen. Und es wird sich auch in den kommenden Jahren weiterentwickeln. Immer wieder stößt jemand hinzu, der mit dazu beiträgt, dass wir heute das sind, was wir sind.

Arne Hoffmann: *Wenn man euer Notre Damm betrachtet, kommt einem unweigerlich ein anderer SM-Freizeitpark in den Kopf, der ebenfalls selbst extreme Bedürfnisse befriedigen kann: das Other World Kingdom in der Tschechei. War das auch eine Inspiration für euch? Und wollt ihr euch daran orientieren oder euch eher davon abheben?*

Comtesse Noir: Das OWK war durchaus eine Inspiration für uns. Gerade die Möglichkeiten der Langzeitinhaftierung haben mich fasziniert, und dafür ist das Notre Damm mit seinen Räumlichkeiten geradezu ideal. Aber das OWK wollen und werden wir auf keinen Fall kopieren.

Vom OWK unterscheiden wir uns sicherlich in einigen Punkten: Zum einen legen wir uns nicht generell auf Femdom fest. Auch Pärchen, bei denen die Frau den passiven Part einnimmt, sind uns willkommen. Ich persönlich finde das eher bereichernd. Wir haben ja auch unseren Master G. Rob mit an Bord, mit dem wir auch zusammen unser Filmlabel »Folterkommando« bzw. TortureSquad produzieren. Ohne ihn wäre TortureSquad schon fast nicht mehr denkbar.

Auch haben wir hier keine so strenge Hierarchie wie im OWK. Wir handhaben das eher individuell. Sklave ist nicht gleich Sklave, und jeder hat seine persönlichen Eigenheiten, auf die wir hier eingehen wollen. Sicherlich haben wir für die verschiedenen Aufenthalte einen gewissen Rahmen vorgegeben, aber innerhalb von diesem agiere ich auch recht spontan und bringe auch immer wieder neue Ideen mit hinein.

Dann ist das OWK ja sehr edel; auch darin unterscheiden wir uns. Das Notre Damm ist eher rustikal, was aber gerade dadurch auch wieder authentisch wirkt und natürlich. Und sicher ist es auch eine finanzielle Sache, ob man eine Location so edel aufziehen kann.

Arne Hoffmann: *Auf eurer Website habe ich das Stichwort »Vision 2005« gefunden. Was ist damit gemeint? Ist das einfach nur ein Synonym für das Notre Damm?*

Comtesse Noir: Nun, ein Synonym ist es sicherlich, sozusagen für die Anfänge, den Start und die Idee des Notre Damm. Außer dass wir hier finanziell eine Menge investiert haben, war natürlich auch eine Unmenge zu tun; schließlich war das Grundstück vier Jahre unbewohnt. Und so hatten wir die Idee, dass sich auch Leute einbringen können, die sich eben eine Session oder einen Langzeitaufenthalt nicht leisten können. Wer seine Arbeitskraft einbringt, kann sich damit seine Session verdienen und so am Notre Damm mitwirken. Meines Erachtens ein faires Angebot.

In der Realität ist das dann allerdings nicht so einfach gewesen. Bei etlichen war es anstrengender und zeitraubender, ihnen ständig alles zu zeigen und sagen. Dennoch haben sich ein paar wenige, doch um so zuverlässigere Leute herauskristallisiert, die eine wirkliche Hilfe waren und sind. Sie bilden auch den »harten Kern«, mit dem wir auch einfach mal so einen Abend verbringen, sei es Silvester oder im Sommer grillen und BDSM und Fetisch auch mal beiseite lassen, da wir ja alle auch irgendwo noch normale Menschen sind. Es muss einfach die Chemie stimmen, dann funktioniert das auch.

Arne Hoffmann: *Auf eurer Website heißt es: »Noch tausend weitere Ideen haben wir im Kopf.« Welche Konzepte oder einfach nur Fantasien gibt es für das Notre Damm, die momentan noch Zukunftsmusik sind?*

Comtesse Noir: Konzepte sind es eher nicht, mehr Fantasien bzw. Ideen, was wir hier mit unseren Gefangenen so alles anstellen können. Da wir viel Platz haben, ist eben so einiges möglich. Viele Ideen liefern auch die Subs selbst, immer nach dem Motto: Sei vorsichtig, was du dir wünschst, es könnte in Erfüllung geh'n!

Viele Ideen entstehen auch spontan, weil wir z. B. gerade was weiteres umgebaut haben. Auf die Ideen an sich möchte ich nicht weiter eingehen, da eben gerade auch der Überraschungseffekt seinen ganz eigenen besonderen Reiz hat für die Subs. Vieles ist zwar auch in meinem www.fetisch.board.de nachzulesen, gerade in den Erfahrungsberichten. Aber auch da halten sich die Subs zurück, alles genau zu erzählen ... eben wegen dem Überraschungseffekt. Gerade die Langzeitaufenthalte leben mit davon, nicht zu wissen, was die Lady als nächstes vorhat, was als nächstes passiert …

Arne Hoffmann: *Auf diese Langzeitaufenthalte wollte ich dich ohnehin noch ansprechen. Was darf man sich darunter vorstellen, was käme da auf einen Sklaven zu?*

Comtesse Noir: Wir bieten verschiedene Langzeitaufenthalte an. Bei der Strafhaft ist der Schwerpunkt das Arbeiten in Ketten, beim Fußsklaven liegt der Schwerpunkt auf dem Verwöhnen der Füße der Lady. Der Prisoner-of-War-Aufenthalt ist ganz klar der härteste Aufenthalt, was die Folterungen betrifft – und diesbezüglich auch der kreativste. Dann gibt es auch die reine Kerkerhaft, natürlich in Ketten, doch ansonsten ohne weitere »Behandlung«, oder auch Petplay in originalen Ställen.
Gemeinsam ist allen Aufenthalten, dass der Sub völlig den Ladys ausgeliefert ist: Kettenhaltung, Einkerkerung nachts, keine Handys, alle persönlichen Sachen wie Autoschlüssel und Handys werden abgegeben, sicher verschlossen und erst am Ende wieder ausgehändigt. Zu essen gibt es trocken Brot oder Essensreste und zu trinken Wasser. Zweimal am Tag Zugang zum Waschbeutel, in der Regel nur kaltes Wasser zum Duschen bzw. Waschen. Notwendige Anrufe wegen der Familie zu Hause müssen im Vorfeld abgesprochen sein. Wer Raucher ist, ist auf die Gnade der Ladys angewiesen, denn die Zigaretten werden ihm zugeteilt, oder er kann sie sich durch ausgezeichnetes Verhalten oder harte Arbeit verdienen.
Ein Langzeitaufenthalt ist also etwas gänzlich anderes als eine stundenweise Session. Der »Häftling« ist immer wieder auch lange Zeit mit sich und seinem Kopfkino alleine, weiß nicht, was als nächstes passiert und wann … und gerade das ist einer der Kicks. Wenn ein Sub sich fallen lassen kann (Vertrauen muss er unbedingt dazu mitbringen!), dann ist das ein einmaliges Erlebnis, ein unvergleichliches Abenteuer. Nicht zuletzt auch deshalb, weil das Notre Damm über absolut authentische Locations verfügt, was die Kerker betrifft wie auch die ehemaligen Kleintierställe. Ein Besucher kann sich so wirklich als »Sklave« fühlen und vergessen, dass er »Kunde« ist.

Arne Hoffmann: *Eure Besucher werden auch bestimmten »Sklavenregeln« unterworfen. Welche sind das?*

Comtesse Noir: Das sind die folgenden:
Während des gesamten Aufenthaltes in Notre Damm hat der Sklave sein Halsband, seine Kennzeichnung durch eine Nummer und Sklavenkleidung zu tragen.
– JEDE Lady wird mit Fuß- bzw. Stiefelküssen begrüßt.
– Jeder Sklave bekommt den »ND«-Stempel auf die Stirn.
– Jeder Sklave hat einen Sklavenfragebogen auszufüllen. Alle Fragebögen werden zur Einsicht ausgehängt.
– Wenn eine Herrin nicht wünscht, dass ihr Sklave von anderen Ladys bespielt wird, wird er entsprechend gekennzeichnet.
– Neuankömmlinge bringen selbstverständlich ein Geschenk für die Lady mit.
– Sklaven dürfen nichts trinken, ohne vorher darum gebeten zu haben.
– Sie dürfen nicht auf die Toilette gehen, ohne vorher darum gebeten zu haben.
– Sie dürfen nicht sprechen, ohne etwas gefragt zu werden.
– Bankwok, Café und Veranda sind für das niedere Volk tabu, es sei denn, die Lady erlaubt es.
– Stühle sind den Ladys vorbehalten, die Sklaven haben zu knien.
– Das Anfassen bzw. Streicheln der Hunde und Katzen auf dem gesamten Gelände bleibt allein der Lady vorbehalten.
– Das komplette Haus der Lady ist für Sklaven, Pets etc. absolut tabu. Verstöße gegen dieses Gebot werden mit Nahrungsentzug und hartem Auspeitschen nicht unter 50 Schlägen bestraft.
– Die Arbeitssklaven haben jederzeit den Ladys auf Abruf zur Hand zu gehen.
– Unangenehme Arbeiten wie Kloputzen oder Tretminen beseitigen kann die Lady den Sklaven auftragen. Anschließende Kontrolle der Lady ist selbstverständlich. Wird allerdings noch ein winziger Rest von menschlichen bzw. tierischen Exkrementen auf dem Gelände bzw. dem Klo entdeckt, hat es der Sklave unter Aufsicht der Lady mit bloßen Händen aufzuwischen bzw. aufzuheben.
– Jegliche Zuwiderhandlung und Verstöße gegen sämtliche von der Lady aufgestellten Regeln sind mit aller Härte zu bestrafen.
Sicherlich gibt es zu den Regeln auch mal Ausnahmen, diese aber auch nur, wenn die Lady das bestimmt. Es gibt beispielsweise zwei Sklaven, die sehr häufig hier sind, die dürfen … besser müssen … ab und zu auch mal mit meinem Hund Gassi gehen, dann dürfen sie sie natürlich auch streicheln.

Arne Hoffmann: *Auf eurer Website habe ich als eine der Sklavenaufgaben »Tretminen beseitigen« entdeckt. Was um alles in der Welt verbirgt sich dahinter? :–)*

Comtesse Noir: Dahinter verbergen sich die Überbleibsel der Nahrungsaufnahme unseres Hundes Qbeee ... sprich Hundehaufen.

Arne Hoffmann: *Einer der Aspekte, die mich an eurem Projekt am meisten beeindruckt, ist, dass ihr zwar sehr glaubwürdig eine absolute Versklavung inszeniert, aber gleichzeitig verantwortungsbewusst darauf achtet, dass alles safe, sane and consensual bleibt. Könntest du ein bisschen erläutern, mit welchen Methoden ihr das erreicht?*

Comtesse Noir: Nun, das sollte, denke ich, sowieso selbstverständlich sein.
Zuerst gehe ich mit dem Sklaven einen Sklavenfragebogen durch und unterhalte mich mit ihm. Er muss mich über gesundheitliche Gegebenheiten informieren (Diabetes, Allergien, kaputte Knie ...). Man kann auch keinen Sklaven mit dem anderen vergleichen. Es ist eine Gefühls- und Erfahrungssache, wie lange man zum Beispiel jemandem die Arme streng auf dem Rücken gefesselt lassen kann, ohne dass er Krämpfe bekommt oder Überdehnungen. Man registriert ja, wie beweglich jemand ist. Oder eine strenge Knebelung, wo der Sklave nur noch durch die Nase atmen kann, praktiziere ich nicht über Nacht oder wenn er länger alleine ist. Die Nase könnte verstopfen und dann hätte er ein Problem. Bei Spielchen mit Nadeln und dergleichen sind natürlich Einmalhandschuhe angesagt.
Bei gewissen Aktionen, wie wir sie auch in den Filmen umsetzen, wenn z. B. die gewaltige Egge am Flaschenzug über dem Sklaven hängt, und ich sie auf ihn zurasen lasse – das haben wir natürlich vorher alles getestet, den Flaschenzug mit dem vierfachen Gewicht belastet und daran geschaukelt. Viele Dinge sind auch von meiner eigenen Tagesform abhängig. Wenn ich selbst nicht ganz so fit bin, dann agiere ich auch wesentlich vorsichtiger oder lasse manche Dinge ganz sein.
Zusätzlich gibt es bei solchen Aktionen natürlich ein Codewort oder zwei. Das eine bedeutet dann »stopp, Grenze erreicht, langsam nachlassen, aber die Session weitermachen«, das andere bedeutet sofortigen Stopp und Abbruch sämtlicher Aktionen.
Und neben meinem persönlichen Interesse, dass nichts passiert, wäre es zudem ja auch definitiv geschäftsschädigend *(zwinkert)*.

Arne Hoffmann: *Du hattest euer Filmangebot erwähnt. Magst du diese Filme ein wenig vorstellen: Inhalt, Produktionsablauf – eben das, was dir interessant und wesentlich erscheint?*

Comtesse Noir: Wir produzieren drei verschiedene Labels: *Torture Squad*, *Witch Dungeon* und Femdom. Bei *Torture Squad* und *Witch Dungeon* arbeiten wir mit weiblichen Models aus dem SM-Bereich.
Torture Squad ist im Military-Stil und ein bisschen unser Baby. Hier versuchen wir, viele Szenen möglichst brachial umzusetzen, auch indem wir verschiedenste Gerätschaften zweckentfremden. Teilweise haben wir auch die Gelegenheit, auf einem ehemaligen Munitionsdepot zu drehen, wo uns auch Militärfahrzeuge oder z. B. eine Feuerwehr mit Wasserwerfer zur Verfügung stehen.
Witch Dungeon haben wir als Mittelalterprojekt begonnen. Allerdings ist es ziemlich schwer, das immer authentisch umzusetzen … Dumm, wenn mitten in einer geilen Szene ein Hubschrauber oder, wie oft bei uns, ein Militärjet über einen hinweg braust. *Witch Dungeon* setzen wir inzwischen eher in Richtung Fetisch und auch Fantasy um, das lässt wesentlich mehr Spielraum für Szenen.
Die Femdom-Filme drehen wir mit unseren Sklaven. Sie sind eigentlich am wenigsten aufwendig beim Drehen. Der Film ist oftmals wie eine Session für den Sklaven und von daher auch in einem Stück durchgedreht.
Bei allen Produktionen ist es allerdings so, dass wir die Szenen nach den Models ausrichten, also was sie alles mitmachen. Wenn für ein Model die Peitsche tabu ist, dann bringt es absolut nichts, Peitschszenen zu faken. Wir drehen auch immer mit zwei Kameras: eine Totale und eine Handkamera. Ist zwar aufwendig beim Schnitt, aber das Ergebnis spricht dann für sich. Im Notre Damm haben wir etliche Locations zum Filmen, so dass wir sehr flexibel sind und ein ganzer Film nicht immer nur in einer Ecke spielen muss. Von daher lässt sich auch immer ein Handlungsstrang gut einbinden.
Wir haben kein Drehbuch im eigentlichen Sinne, sondern einen Handlungsstrang als roten Faden und die Ideen für die Szenen. Beim Drehen improvisieren wir, und die Dialoge sind spontan. Meist schaffen wir einen Film an einem Drehtag, der aber durchaus mal zwölf bis 14 Stunden gehen kann … mit Pausen natürlich.

Arne Hoffmann: *Wie groß ist die Nachfrage nach eurem Angebot?*

Comtesse Noir: Nun, wir sind natürlich nicht frequentiert wie ein Studio in einer größeren Stadt und haben auch keine Laufkundschaft, was hauptsächlich daran liegt, dass wir ziemlich abgelegen sind. Viele haben einen weiten Weg hierher. Von Hamburg und Berlin sind es ja auch schon zweieinhalb bis drei Stunden. Somit sind die größte Nachfrage die Langzeitaufenthalte. Dafür kommen die Leute dann schon auch von weit her und nehmen die Anfahrt in Kauf.
Wir sind auch nicht täglich ausgebucht, doch die Tendenz ist seit dem letzten Jahr weiter leicht steigend. Wenn dieser Trend so weitergeht, bin ich sehr zufrieden mit dem Wissen, wir haben nicht auf Sand gebaut. Was auch einige treue Seelen bestätigen, die gerne immer wieder kommen.
So richtig los geht es natürlich erst wieder im Frühjahr, da eben gerade unsere Outdoormöglichkeiten eine große Anziehungskraft haben.

Arne Hoffmann: *Ich kann mir nur schwer vorstellen, dass ein Projekt wie eures für die Nachbarschaft unbemerkt bleibt. Gibt es denn Reaktionen aus den umliegenden Ortschaften?*

Comtesse Noir: Ja natürlich gibt es Reaktionen. Wir haben von Anfang an mit relativ offenen Karten gespielt. Wenn man komplett alles verheimlicht, dann beginnen die Leute zu spekulieren, und das ist, denke ich, wesentlich problematischer. Hier wissen die Leute in etwa, worum es geht, und somit ist auch ein bisschen ihre Neugier gefüttert. Bei uns hier im Dorf ist es eben so, dass der größte Teil arbeitslos ist. Das bedeutet: Die Leute haben wenig Geld und viel Zeit. Wir sind eben eine kleine Sensation, über die man reden kann … Wir füttern also ein bisschen ihre Neugier, haben aber ansonsten unsere Ruhe.
Das kommt auch daher, dass wir in den drei Jahren so einiges auf dem Grundstück gemacht haben, umgebaut, renoviert, das Außengelände ansehnlich gemacht. Also sehen die Leute auch, dass wir hier was hinbekommen haben und auch eine Menge investiert haben, dass immer wieder viele fleißige Helfer da sind, das relativiert dann schon wieder vieles. Außerdem haben wir die Bürgermeisterin hinter uns, die weiß genau, was wir machen.
Manchmal ist es sogar recht witzig, meist wenn wir am Drehen sind und Models da sind. Dann hat auf einmal der eine Nachbar frische Eier für uns, ein anderer hat »zufällig« in der Scheune was gefunden, das wir gut als

Deko brauchen könnten. Seit dem letzten Jahr fliegen sogar schon die Rettungshubschrauber (der Notarzt kommt hier mit dem Hubi und nicht mit dem Rettungswagen, weil das nächste Krankenhaus zu weit weg ist) im Tiefflug über unser Grundstück, landen press nebendran – was uns schon den Zaun umgerissen hat von den Rotorblättern – und fliegen noch hie und da 'nen Schnörkel, wenn sie merken, bei uns ist gerade Action. Na ja, beim Drehen haben wir das dann auch schon für uns mitgenutzt, so dass es so aussieht im Film, als wäre ich gerade mit dem Hubschrauber angekommen. Ein Sklave stand auch schon mal in Ketten vor der Briefträgerin.

Arne Hoffmann: *Und wie hat sie reagiert?*

Comtesse Noir: Na ja, sie hat wohl etwas befremdlich geschaut. Aber sie kennt uns ja und hatte wohl weiter kein Problem damit. Wir sind ansonsten ja auch ganz nette Menschen *(lacht)*.

»Sind wir hier bei ›Wünsch dir was‹, oder wie!?« Als »Gefangener« im Notre Damm

Wenn man von hier nach Westen wandert, kommt man in ein Sumpfgebiet, gefährlich wie die Sümpfe, die das Gefängnis Dartmoor umgeben. Naturschutzgebiet. Ihr großer Hund habe sich einmal zu tief dort hineingewagt und sei fast versunken, die Todesangst stand schon in seinen Augen; mit knapper Not habe sie ihn gerade noch retten können, erzählte mir die Herrin des »Gefangenenlagers« und SM-Studios »Notre Damm« hinterher. *Hinterher ...*

Angefangen hatte alles Monate zuvor mit den Interviews zu dem hier vorliegenden Band. Ich war beim Surfen im Internet auf die Website des Notre-Damm (www.notre-damm.de) gestoßen, hatte Arne Hoffmann darauf aufmerksam gemacht, und schließlich stand ich vor der Notwendigkeit, für einen geplanten Roman ein Titelbild schießen zu lassen. Nach einigem Überlegen beschloß ich, mich dort zwei Tage lang als »Kriegsgefangener« behandeln zu lassen, anschließend die Fotosession zu machen (mit mir als Darsteller) und danach zum »gemütlichen Teil« überzugehen: zwei bis zweieinhalb Tage gewöhnliche »Kerkerhaft« (d. h. ohne »Folter« ...)
Eingebettet werden sollte das Ganze in ein Rollenspiel mit viel Dialog, das würde für mich erst den eigentlichen Reiz ausmachen: Überall auf der Welt, so das Phantasie-Szenario, regieren inzwischen Radikalfeministinnen, nur ein Land wird noch halbwegs normal regiert, und als schließlich ein Krieg ausbricht zwischen diesem Land und den vereinigten Amazonenheeren, da gerate ich als wackerer Kämpfer für die gute Sache des Patriarchats in die Hände der Frauen ...
An sich habe ich für »Militärspiele« und -inszenierungen wenig bis nichts übrig, es gibt nur weniges, was ich noch ungeiler finde, aber mit einer auf mich abgestimmten »Story« war das etwas anderes, verbal orientiert, wie ich nun mal bin, und ich freute mich schon auf geschliffene Dialoge beim Verhör unter verschärften Bedingungen ... Würde es den Amazonen gelin-

gen, mich zum Verrat meiner in geheimer Mission in Feindinnenland tätigen Kameraden zu bewegen ... ?

Leider kam es anders. Aus gesundheitlichen und anderen Gründen könne sie mich leider nicht wie geplant persönlich im Notre Damm empfangen, mailte mir Comtesse Noir[15] kurz vor meiner Anreise. Erst am zweiten Tag meines Aufenthalts werde sie von Hamburg ins Notre Damm zurückkehren. Doch sie habe ja eine tüchtige neue Stellvertreterin: Lucksana Viper.

Die allerdings, erst vor kurzem aus Thailand eingetroffen, sprach noch kein Deutsch und auch nur etwas unbeholfen Englisch, und daß ihr Hobby Kickboxen und ihre Devise »I like it the hard way« waren, war auch kein allzu großer Trost. (Später erfuhr ich im Gespräch, daß sie für thailändische Firmen Webdesign macht und außerdem »fetish art« in Form von Zeichnungen – nicht uninteressant für mich als SM-Verleger, auch wenn sich bislang noch keine Möglichkeit der Zusammenarbeit ergab).

»Hinter den sieben Bergen, bei den sieben Zwergen« liegt es schon, das Notre Damm, unweit der mecklenburgischen Seenplatte und ihren landschaftlichen Schönheiten. Es liegt in der Mitte eines langgestreckten Straßendorfs mit vielleicht 1000 Einwohnern.

Gleich hinter der Omnibus-Wendeschleife liegt das rund einen Hektar große Gelände mit einem kleinen backsteinroten Einfamilienhaus für die Herrin und die Ihren, einem noch kleineren Nebengebäude und einer riesige Scheune, dem Zaun zur Straße hin, mit Militär-Tarnnetzen verhängt und – nahe dem Tor – mit martialischen Warnschildern versehen, die sogar dem Neubrandenburger Nordkurier aufgefallen waren: »›Achtung: Sie verlassen jetzt die Bundesrepublik Deutschland und betreten besetztes Gebiet‹ Und gäbe es da nicht den vom Amt Gnoien erwirkten Klebestreifen, ginge das Ganze mit ›Vorsicht Schußwaffengebrauch!‹ weiter.« Der Artikel über das Notre Damm erschien am 7./8. Juli 2007, also in der Wochenendausgabe – wenn die Leute reichlich Zeit haben für unterhaltsame Geschichten (sofern sie nicht sowieso arbeitslos sind).

Ich fuhr durchs offenstehende Tor und parkte meinen Wagen neben der Scheune. Minuten später saß ich mit Lucksana draußen mit einem Kaffee in der Sommersonne. Gott sei Dank: Von Cock-and-ball-torture hielt sie

---

[15] Ich fragte sie im Vorfeld, warum sie sich »C. Noir« statt »C. Noire« nannte. Sie hatte den Fehler nicht bemerkt und meinte obendrein, in ihr stecke genug Männliches, um die männliche Form zu rechtfertigen ... *Der Verleger*

auch nichts. Noch ein paar Dinge klären, ein bißchen Konversation: Hat sie keine Angst vor fremdenfeindlichen Skinheads? Nö. Anscheinend hatte sie von denen noch gar nichts gehört. Sie fand es ja (in einem späteren Gespräch) sogar überraschend, daß es hierzulande im August bis nach acht Uhr abends hell blieb.
Auf der Website des Notre Damm las ich später, daß sie ihre Autorität vor allem durch Anschreien des Gefangenen sicherstelle – und dazu gab es Bilder von ihr mit bedrohlich weit aufgerissenen Augen.
Nuuun jaaaa ...
»Gerade eben trinkt man noch gemütlich Kaffee, und wenige Minuten später liegt man schon in Ketten in einem modrigen Verlies«, schrieb ein Stammgast über einen seiner Besuche im Notre Damm[16]. Ähnlich war es auch bei mir.
Ich durfte gerade noch mal aufs Klo, dann mußte ich alles bis auf die Unterhose ausziehen. Daß auch die Socken und Schuhe verboten waren, machte mir, der ich schon immer zur Frostbeule tendierte und besonders von Kindesbeinen an unter kalten Füßen litt, besonders zu schaffen. Auch die Brille solle ich besser ablegen, hieß es.
Es folgte ein »Verhör«, das aber wegen der erwähnten mangelnden Sprachkenntnisse etwas unbefriedigend verlief. Mit den Worten »Da hast du Zeit zum Nachdenken!« legte sie mir Hand- und Fußschellen an und sperrte mich in die Dunkelzelle: eine Matratze, umgeben von fensterlosen Wänden. Ein Belüftungsrohr oben in der Wand und eins knapp über dem Boden, beide gewunden angelegt, damit kein bißchen Licht in die Zelle in die Zelle hereinfallen kann – und es muß auch nicht immer die gesunde mecklenburgische Landluft durch die Röhren strömen, seid gewarnt, ihr Häftlinge in spe ...[17]
Einen kleinen »Schönheitsfehler« hatte die Dunkelzelle allerdings noch: Durch Ritzen am Türscharnier konnte man nach draußen sehen. (Die Zelle blickdicht und vor allem noch schalldicht abzudichten sei zu teuer, so die Herrin später in ihrem Forum.) Aus meiner Sicht angenehm und beruhigend: So wenig zimperlich ich bei Rohrstockhieben auf den Hintern bin, so große Schwierigkeiten habe ich, mich bei solchen »Gefängnisszenarien«, so geil sie in der Phantasie auch sein mögen, völlig vertrauensvoll »fallen-

---

[16] Auf dem zur Website www.notre-damm.de gehörigen Forum. *Der Verleger*
[17] Man kann die Lüftungsrohre verschließen oder alle möglichen Gase durch sie leiten ... *Der Verleger und Autor dieser Reportage*

zulassen«. Als ich mich also an diversen Phantasien aufgeilt und abreagiert hatte, wurde ich allmählich unruhig. Am unangenehmsten war mir der Entzug meiner Armbanduhr, die »Zeitlosigkeit«, die er auslöste.
Durch die Türritzen konnte man sehen, wie draußen die Abenddämmerung einsetzte. Das Kinderlachen und Rasenmäherknattern in der Ferne hatte aufgehört. Wie spät mochte es jetzt sein? *Wohl so gegen zehn ... Wie lang muß ich noch hierbleiben? Etwa bis morgen früh? Scheiße, und ich hab nix zu trinken ... und auch keinen Pinkeleimer, und der Kaffee muß raus ... Mist.*
Ich behalf mir ähnlich wie einst im OWK-Kerker: Ich pinkelte mir in kleinen Portionen in die hohle Hand und trank es dann selbst ...
Ich war erleichtert, als Geräusche endlich davon kündeten, daß Lucksana wieder da war, daß die Stunden des Alleingelassenseins ein Ende hatten. Draußen wurde das Licht angeknipst.
Ich klopfte laut an die Tür, rief, daß ich mal müßte (mußte ich auch – trotz meiner Notmaßnahme). Sie öffnete schimpfend, stellte mir einen Eimer 'rein; als sie sah, daß ich über ihr Kommen wirklich erleichtert war, durfte ich 'raus und im gynäkologischen Stuhl ein wenig entspannen, leicht an den Stuhl gefesselt zwar, aber immerhin. Ein bißchen Konversation – bei der aber Vorsicht geboten war: Freundlich gemeinte Bemerkungen bekam sie leicht in den falschen Hals (– absichtlich?). »Ich hätte nicht herkommen sollen«, sagte ich in einem Anflug von Selbsterkenntnis. Irgendwie plagte mich in Kerkern oder Fesseln immer der Alptraum, vergessen zu werden – oder daß der einzige, der von meinem Aufenthaltsort weiß, plötzlich von einem Herzinfarkt oder so dahingerafft wird und daß es dann auch mit mir aus und vorbei ist, nur langsamer und qualvoller. Ganz unwahrscheinlich eigentlich – aber die Angst ist da und kann sich gelegentlich zu einer Panik steigern ...
Immerhin habe sie zur Nacht einen »luxury room« für mich, meinte Lucksana ironisch lächelnd. Ich wußte dank Internet schon, was mich erwartete: Falltür auf, Leiter 'runterschieben, 'runter in ein finsteres Loch, einen Tiefkerker von vielleicht zehn Quadratmetern, auf dessen Boden ständig knöcheltief das Wasser schwappte; in trockenen Sommern wurde es mit dem Gartenschlauch aufgefüllt ... Für den hier untergebrachten Gefangenen gab es eine seitlich herunterklappbare schmale Wandpritsche. Aber noch durfte ich es mir nicht »bequem« machen. Bibbernd saß ich, mit nichts als meiner Unterhose bekleidet, auf einem Holzklotz, die Füße auf einer halbwegs aus dem Wasser ragenden Palette, dem einzigen halbwegs trockenen Flecken

hier auf dem Fußboden. Bestimmt eine Stunde saß ich so, die Arme eng um den Körper geschlungen. *Frieren ist ganz und gar unerotisch ... und das alles im August, bei sonnigem Sommerwetter von tagsüber 25 Grad ... Wie mag es da erst im Winter sein?* (Ja, auch im Winter hat dieser Kerker mitunter Insassen, dann aber wenigstens in Thermo-Schlafsäcken oder so ...)

Endlich kam Lucksana wieder, und ich erhielt die Erlaubnis, die Pritsche auszuklappen. Zwei Decken gab's außerdem (»eine mehr als gewöhnlich! Aber vielleicht wird die wieder entzogen!«), als »Abendessen« gab's steinhartes trockenes Brot, das man erst mal mühsam bröckchenweise aus der Dose kratzen mußte, irgend etwas (wieder Brot?) in so strammer Plastikverpackung, daß sie ohne Schere oder Messer kaum aufzubekommen war, außerdem eine Flasche Mineralwasser (»aber die muß die ganzen zwei Tage reichen!«), außerdem ließ Lucksana mir kurioserweise eine Gasmaske da mit der Bemerkung, möglicherweise würde ich die ja brauchen. Mir wurde etwas flau zumute, hatte ich doch im Vorfeld meines Aufenthalts mit Comtesse Noir in Mails die Frage angerissen, was sie unter der »Gasbehandlung« verstand, die sie anbot ...

Lucksanas Abschieds- und Gutenachtgruß bestand aus zwei Holzstumpen, die sie durch die Luke zu mir herunterwarf, so daß das Wasser hoch aufspritzte und leider auch mich und meine Decke traf ...

Ich war erleichtert, als nach kurzer Finsternis eine bläuliche, zugleich triste und grelle Notbeleuchtung eingeschaltet wurde und das geschäftige Trappeln über mir irgendwann aufhörte. *Aha, doch »Feierabend«,* dachte ich. *Da kann ich's mir ja nun bis morgen früh »gemütlich« machen.*

Als jedoch ein, zwei Stunden später das normale Licht in meiner Zelle anging und die Geschäftigkeit über meinem Kopf erneut begann, war ich sofort wieder hellwach und mißtrauisch. Zu Recht: Mit einem heftigen Zischen wurde durch den schrägen Lichtschacht über meinem Kopf ein nebliges Zeug in meine Zelle gepustet und füllte diese in Sekundenschnelle bis in den letzten Winkel aus, begleitet von einem entsetzt-angeekelten »Ääh!!« meinerseits. In Panik griff ich nach der Gasmaske, stellte aber nach ein paar Schrecksekunden fest, daß es sich nur um lästigen, aber harmlosen »Diskonebel« handelte. Klar – bei Lichte (und ohne Nebel) betrachtet, würde eine Domina niemals (wissentlich) etwas tun, was einem zahlenden Gast ernsthaft schaden könnte – nur ist der nüchterne Verstand in solchen Momenten in der Nacht eher abgemeldet ... Psychoterror vom feinsten ...

»Are you okay?« hörte ich Lucksana nach einigen Momenten von oben fragen.
»Ja!« rief ich auf englisch zurück. »Aber mach das bitte nicht noch mal!«
Und nun war tatsächlich Ruhe bis zum Morgen. Die Notbeleuchtung ersetzte wieder das weiße Licht. Konnte ich anfangs kaum die Hand vor Augen sehen, so lichtete sich nun der Nebel von Minute zu Minute. Im Wasser gluckste und plätscherte es – irgendwelche Lurche, Amphibien, Frösche. Letztere sollen gelegentlich auch mal über die Insassen hinwegspringen.
Die Pritsche war so schmal, daß man selbst bei größter Sorgfalt kaum verhindern konnte, daß irgendwann mal ein Zipfel der Bettdecke ins Wasser hing, vor allem wenn man mal kurze Zeit richtig einschlief.
Länger als jeweils ein paar Minuten konnte das allerdings kaum gewesen sein, das verhinderten schon meine kalten Füße. Keine Methode des Anwärmens funktionierte, weder Reiben noch Autogenes Training. Zum Essen, Trinken und Pinkeln mußte ich mich sowieso erheben und mit den Füßen wieder ins kalte Naß tauchen, anders ging es nicht.
Einige Hardcore-Stammgäste sollen es hier unten schon bis zu sieben Nächte lang ausgehalten haben, tagsüber nur herausgeholt für irgendwelche Folterungen. Doch auch dem »Rekordhalter« sei es einmal passiert, so Comtesse Noir später mir gegenüber, daß er »eine Woche bestellt« habe, aber bereits in der zweiten Nach in dem muffigen Loch angefangen habe zu kriseln, »da fing das Ganze an zu kippen.« Und da habe sie ihm noch eine Supersession spendiert, und mit dieser hätten sie den auf zwei Tage verkürzten Aufenthalt dann ausklingen lassen.[18]
Teure Session, kann man dazu nur sagen, denn das zu viel bezahlte Geld wird nicht zurückerstattet – nicht die einzige Parallele zum tschechischen

---

[18] Daß bei vielen Menschen die Augen größer sind als der Magen, ist ein altbekanntes Phänomen. Die Gäste eines Domina-Studios machen da keine Ausnahme: »Viele bestellen drei Tage, und spätestens am Nachmittag des zweiten Tages haben sie die Schnauze gestrichen voll, wollen nur noch nach Hause und den Rest ihres Geldes zurück«, so drückte es Lady Dana, die letzte interviewte Domina dieses Bandes, einmal mir gegenüber aus. – Im Forum des Notre Damm feierte das »Rekorddenken« fröhliche Urständ – als ginge es darum, wer am meisten aushalten kann, und nicht darum, Spaß und Befriedigung zu haben, wenn auch in harten Formen – *per aspera ad astra* (»durch das Rauhe zu den Sternen«). – Der besonders harte Aufenthalt als »Prisoner of War« war die Lieblingsaufenthaltsart der Comtesse Noir, denn da könne sie ihrer folterischen Kreativität am ehesten freien Lauf lassen ... *Der Verleger*

OWK, als dessen rustikalere Variante sich das Notre Damm auch sieht. Hier wie dort ist eine vorzeitige Entlassung aus einem einmal gebuchten »Erziehungsaufenthalt« nur möglich aus »ernsten beruflichen, familiären oder gesundheitlichen Gründen«, so heißt es offiziell. (De facto können die dort natürlich keinen gegen seinen Willen dabehalten, das wär ja Freiheitsberaubung …)
Hier wie dort ist den »Zöglingen« das Onanieren verboten, sie sollen ja erzogen werden und nicht sich amüsieren – und hier wie dort wird die Einhaltung dieses Gebots nicht kontrolliert …
Daß das Runterholen bei mir trotz Kälte und Nässe noch funktionierte, war ein gutes Zeichen, aber als es hell wurde und sich scheinbar stundenlang nichts regte, hatte ich doch allmählich die Nase gestrichen voll. *Durch den (nicht vergitterten) Luftschacht könnte ich zur Not abhauen,* dachte ich mir beim Herausschauen und versuchte die Uhrzeit zu schätzen. *Bestimmt ist es mal wieder längst nicht so spät, wie du vermutest,* dachte ich und versuchte mich in Geduld zu fassen, aber nach mir endlos erscheinender Zeit (draußen tat sich nichts, nur Comtesse Noirs großer Hund war schon unterwegs) fing ich durch den Luftschacht an zu rufen.
Nach einiger Zeit erschien Lucksana, bereits voll aufgedreßt und auch ziemlich ungehalten. Sie bestimme, wann ich 'rausgelassen würde, nicht ich, schimpfte sie; auch schätze sie es nicht, morgens noch unvollständig zurechtgemacht loshetzen zu müssen.
Immerhin ließ sie mich trotzdem aus dem Verließ 'raus, und ich durfte mich einige Zeit lang, im Gynstuhl angebunden, erholen – das tat wohl.
Dann erschien sie wieder, verkündete ironisch, nach all der kühlen Feuchte bräuchte ich nun dringend Sonne und Wärme, und zog mich so rasch durch die Halle und über den Rasen (»Nicht so langsam! Los!«), daß die Fußschellen, die ich jetzt wieder trug, schmerzhaft in die Knöchel einschnitten.
Draußen wurde ich von ihr an den Pfahl gebunden, an den Marterpfahl gewissermaßen. Anschließend verband sie mir die Augen und umwickelte mich stramm mit breiten Bahnen Plastikfolie; mit Mühe, aufkeimender Panik und energischem Kopfschütteln erreichte ich wenigstens, daß Mund und Nase frei blieben.
»Enjoy the sun!« rief Lucksana mir noch fröhlich-ironisch nach, dann war sie verschwunden. Aha, Schwitzkur war also angesagt. Es herrschte jenes Wetter, das im Wetterbericht »heiter bis wolkig« genannt wird. Solange ein

Lüftchen wehte und Wolken die Sonne verdunkelten, war es sogar ganz angenehm. Sobald es aber windstill wurde und dazu noch die Sonne wieder hinter den Wolken hervorkam, wurde es unerträglich heiß – wie unterm Brennglas …

Und das soll so weitergehen bis morgen abend? Mit einer Flasche Mineralwasser? Allmählich wurde mir klar, daß ich den angestrebten Fototermin morgen abend nicht mehr in arbeitsfähigem Zustand erreichen würde, wenn es so weiterging. Das sagte ich Lucksana auch, als sie nach ich weiß nicht welcher Zeit wiederkam. Ich hätte mich überschätzt und wolle – Geld hin, Geld her – abbrechen, um hier auf Comtesse Noir zu warten, die ja heute von Hamburg her eintreffen wolle.

Lucksana verstand mich, befreite mich aber zunächst nicht, sondern fesselte mich nur etwas lockerer an den Pfahl und entfernte sich dann wieder.

Einige Zeit später kehrte sie zurück, band mich los und führte mich in dem großen Gebäude, der ehemaligen Scheune, in eine kahle Zelle an der Außenwand, mit Milchglasfenster, fragte mich dann, ob ich noch ein Spiel mit ihr wollte. *Nun, wenn's nicht zu doll ist, kann ich eine Session schon noch vertragen,* dachte ich und bejahte. Dann müsse sie noch etwas holen, antwortete Lucksana, schloß mich in meine Zelle ein und verschwand.

Es wurde still. Die Zeit verrann. 20 Minuten. 30 Minuten. *Vielleicht* 30 Minuten – ich hatte ja immer noch keine Armbanduhr. *Um Himmels Willen, wie lang braucht die denn, um den für die Session nötigen Kram zusammenzusuchen?* Inzwischen hatte ich jede Lust auf Sessions, gleich welcher Art, verloren und wollte nur noch abbrechen. Komplett abbrechen. Als ich wieder Geräusche im Gebäude hörte, bummerte ich daher in regelmäßigen Abständen an die Leichtmetalltür meiner Zelle und rief laut: »Lucksana, please open the door!«

Endlich erfüllte sich mein Wunsch. Lucksana öffnete und kam herein, ich war schon dabei, dankbar und erleichtert einen Schritt vor die Zelle zu machen, da sagte sie hinter mir: »No – please don't go out!« Es klang wie ein ehrlich bekümmertes: »Bitte, bitte nicht die Spielregeln brechen!«

Wenigstens hatte Lucksana jetzt begriffen, daß ich wirklich keine Lust mehr hatte. Ob ich am Handy mit Comtesse Noir sprechen wolle? Nein, ich würde warten, bis sie persönlich da sein würde. *Kann ja nicht mehr allzu lange dauern.*

Ich könne oben im »Café« auf Comtesse Noir warten (und mich dabei frei bewegen) oder hier unten in der Zelle; *wenn* ich aber in der Zelle bliebe, dann müsse entweder die Tür verschlossen bleiben (und ich eingesperrt),

oder ich müsse mit einem Handgelenk an die Wand gekettet werden; dann könne die Zellentür offen bleiben ...
Das klang irgendwie logisch. Entweder man war Gefangener, oder man war es nicht. Ich entschied mich natürlich fürs »Café«, eine Art Teeküche im Obergeschoß, ergänzt durch ein Sofa und ein flaches Doppelbett – hier konnte man es sich gemütlich machen. Eine Zeitlang trug ich noch die unbequemen Fußketten, bis Lucksana sie mir abmachte. Sie hatten tiefe Rillen an den Knöcheln hinterlassen.
Ich ging spazieren, sah meine Zelle von außen. *Wär ja wirklich bescheuert gewesen, diesen herrlichen Spätsommertag – einen der letzten vielleicht – untätig in dieser dämlichen kleinen Zelle zu verbringen.*
Draußen war's zwar auch nicht sonderlich aufregend, aber wenigstens war's ein schöner Tag, und es war noch Bier im Kühlschrank ... Das war auch ganz gut so, denn die Dorfstraße bot weder eine Bierkneipe noch irgendeinen Laden. Das Notre-Damm-Gelände bot auch nicht mehr viel zu erkunden. Neben meinem Dacia stand jetzt ein Wagen mit Pariser Nummer; offensichtlich ein inzwischen gekommener neuer »Gefangener«.
Natürlich hatte ich mir inzwischen wieder meine Klamotten angezogen und meine Armbanduhr angelegt. Erst gegen Abend traf die Comtesse ein. Hätte ich ohne Uhr in der Zelle warten müssen, ich hätte sicher wieder Zustände gekriegt ...

»Du bist schon im Abflug?« fragte mich Comtesse Noir, als sie die Stufen zum Café heraufkam.
»Nein, ich hab mich nur maßlos überschätzt ...«
Wir kamen darin überein, die Fotosession noch diesen Abend zu machen (statt 24 Stunden später). Ich brauchte ein oder mehrere Titelbilder für eine Romantrilogie, die die Entführung und Abrichtung eines Sklaven zum Inhalt hatte. Ein Bild wie das auf der Startseite der Notre-Damm-Website (www.notre-damm.de) wäre gerade richtig ... (Schauen Sie, verehrter Leser, doch mal bei Tag und mal bei Nacht auf diese Startseite – nachts wird ein bei Nacht aufgenommenes Bild gezeigt und tagsüber dasselbe Motiv, nur bei Tage aufgenommen. – Von der Comtesse erfuhr ich sogar, daß der an das Scheunentor gefesselte Sklave ein flüchtiger Bekannter von mir war).
Leider war das Scheunentor inzwischen mit Militär-Tarnnetz behängt. (Schaulustige aus dem Dorf hatten wiederholt durch die breiten Ritzen des Holztors gespäht, vor allem bei Film-Dreharbeiten). Vor dem Tor war

inzwischen überdies eine Grube für die zu filmenden Schlammringkämpfe gegraben worden, so daß ich von der Grube aus mit einer Leiter über drei Meter hätte hochklettern müssen, dann dort auf einem Balken balancieren und hoch über meinem Kopf meine Handfesseln mit dem Karabiner an den Ring am Tor einklinken – nein danke. Ich bin nicht schwindelfrei.
Schließlich schossen wir in verschiedenen anderen Posen und mit verschiedenen Perspektiven und Beleuchtungen mehrere Fotoserien – mit guten Ergebnissen, muß ich sagen. Die Auswahl der besten fällt wirklich schwer … Vorher noch den Schädel kahlrasieren, und ein paar Striemen ließ ich mir vorher von der Lady noch auf den Hintern applizieren, von denen man aber im Scheinwerferlicht nicht mehr viel sah. (Die Lady stöhnte: »Hast du 'ne Lederhaut?« Bei mir sieht man stets relativ wenig Spuren).
Ja, Modeling ist schon richtig Arbeit …

Bis zu meiner Abreise morgen früh könne ich es mir ja auf dem Doppelbett im Café bequem machen, sagte die Comtesse, doch ich widersprach mit wiedergekehrter Lust: Die letzte Nacht könnte ich ja doch stilvoll in der Kerkerzelle mit Fenster verbringen, mit Brille, Armbanduhr und Socken, aber auch mit meinem Neosteel-Keuschheitsgürtel.
Bisher hatte ich den maximal ein paar Stunden getragen – »und jetzt gleich eine ganze Nacht lang!?« fragte die Comtesse skeptisch-besorgt.
»Wenn ich nur liege und nicht auf den Beinen bin, geht das schon«, entgegnete ich. *Außerdem ist der Gürtel durch meine Gewichtsabnahme so angenehm locker geworden, daß ich ihn zur Not sogar abstreifen könnte*, ergänzte ich in Gedanken. *Allerdings könnte ich ihn danach wohl nicht mehr so ankriegen, wie er vorher war ...*

»Bequem ist das aber nicht!« sagte die Comtesse mit Blick auf mich, wie ich im stählernen KG auf der hölzernen Pritsche saß. »Na gut – jeder, wie er mag.« Und schloß die Tür von außen und drehte den Schlüssel 'rum.
Nachtruhe kehrte danach im Notre Damm allerdings noch lange nicht ein. Immer wieder wurde es draußen vor dem Fenster laut, und auch aus dem »Verhörraum« nebenan war einiges zu hören: Lucksana und Fotograf Sven verhörten offenbar den Franzosen. In holprigem Englisch machten sie ihm klar, daß die Genfer Konvention hier im Notre Damm nicht galt …
Endlich war es wieder ruhig, jedenfalls was menschliche Stimmen anbelangte. Dafür entlud sich jetzt ein gewaltiges Gewitter, krachender Donner und sintflutartig rauschender Regen. Gern hätte ich mir das durchs offene Fenster angeschaut, aber ich konnte das Fenster ja leider nicht öffnen. (Am

anderen Morgen stellte ich dann verblüfft fest, daß der Fenstergriff, der am Nachmittag gefehlt hatte, auf einmal wieder da war, ja schon die ganze Nacht über dagewesen war, so daß es doch möglich gewesen wäre. Er war lose aufgesteckt, und man konnte ihn ganz leicht entfernen oder wieder aufstecken, je nachdem, ob man dem Häftling den Blick aus dem Fenster gestatten wollte oder nicht …)
»Na, schon ganz wundgescheuert?« fragte die Comtesse anderntags nach dem »Zellenaufschluß« morgens um neun.
»Nö, durchaus nicht«, erwiderte ich.
Im Vorfeld meines Besuchs hatten wir zwei per Mail das Wichsverbot und seine Durchsetzung und Überwachung diskutiert. Ich hatte geschrieben, daß ich meinen Neosteel-Keuschheitsgürtel keinesfalls mehrere Tage lang tragen könne, höchstens mal über Nacht (das wollte ich, da vorher noch nie praktiziert, eigentlich vor meiner Abreise zu Hause noch mal üben, kam aber mal wieder nicht mehr dazu). Die Comtesse hatte erwidert, dann müsse eben durch entsprechende Fesselungen sichergestellt werden, daß ich da nicht 'rankönne mit meinen Fingerchen …
Ich: »Ich bin jetzt doch neugierig auf Ihre Anti-Wichs-Fesselungen. Ich möchte gern einen Tag verlängern.«
Sie: »Einverstanden. Aber heute vormittag hab ich Termine in der Stadt. Erst mittags bin ich wieder hier. Bis dahin mußt du eben einfach warten.«
Und fort war sie – und ich wieder alleine in meiner Zelle. An einer Seite hatte diese Zelle eine große, von einem rechteckigen Blech verkleidete Lüftungsklappe, eingebettet in bröseligen Putz – hier könnte man zur Not ausbüxen, wenn man wollte …
Der Franzose hatte die Nacht offenbar in dem muffigen Tiefkerker verbracht. Irgendwann hörte ich durch die Luftklappe, wie Lucksana ihn herausholte. Auf ihre Frage, wie es ihm gehe, antwortete er mit schwacher Stimme »schlecht« oder »nicht so gut«, genau weiß ich's nimmer. *So so, er hat dieses nasse Loch also auch nicht besser vertragen als ich ...*

Als Comtesse Noir endlich wieder da war (später als geplant), schlang sie mir eine Kette um meine Hüften und fesselte mir dann die Hände auf den Rücken und verband sie mit der Kette. *Nützt aber nix,* stellte ich experimentell fest, als SIE wieder fort war. *Nützt gar nix.* Der Hüftgürtel ließ sich nämlich seitlich um die Hüfte verdrehen … Es war ein schnell erreichter, sehr intensiver Orgasmus.

Ein, zwei Stunden lang bekam ich eine Fesselung, bei der meine Hände relativ eng mit einer Kette an ein aus derselben Stahlkette geformtes »Halsband« gefesselt waren. Damit könne ich nun wieder meine Wasserflasche, aber nicht meine guten Sachen erreichen, erläuterte die Comtessa der neugierig zusehenden »Lerndomina« Lucksana. So? Also im Schneidersitz und vorgebeugt konnte ich noch ganz andere Dinge erreichen als nur die Wasserflasche, ermittelte ich wenig später erneut experimentell.
(Das einzige, was vermutlich wirklich sicher ist: Die Hände einzeln an die Wand ketten, möglichst weit auseinander, und den Häftling in Windeln legen, eventuell seine Füße auch anbinden).
Am späten Nachmittag wurde ich aus meiner Zelle geholt[19] und in die große Halle gebracht, den Mittelpunkt der ehemaligen Scheune, dort, wo auch die Fotosession stattgefunden hatte. Hinknien. Kapuze übern Kopf. Sprechen nur, wenn man gefragt wird, z. B.: »Ist elektrischer Strom für dich ein Tabu?« *Oh Gott, plant die etwa für die kommende Nacht ein »militärisches Verhör« mit ihrem zu Elektroschockzwecken umgebauten Feldtelefon?* fragte ich mich und dachte an unsere diesbezügliche E-Mail-Korrespondenz im Vorfeld meines Besuchs.
Aber nein, sie hatte nur an die leicht brutzelnden Hiebe gedacht, die sie meinem Hintern mit einer Elektro-Fliegenklatsche verabreichen wollte und auch tatsächlich verabreichte. Eigentlich nicht der Rede wert, aber »für manche ist Elektro ein absolutes Tabu«, so erklärte es mir die Comtesse am nächsten Tag. Da hatte ich nun den halben Abend lang unnötig vor einer Elektro-Session gebibbert, die in Wirklichkeit längst vorüber war ...[20]
Zuvor hatten mich Lucksana und die Comtesse die Treppe hinuntergeführt – ich hatte ja die Kapuze übern Kopf –, und nach der kurzen Session führten sie mich irgendwohin, wenige Meter nur, lehnten mich sitzend irgend-

---

[19] ... und hier fielen dann auch die Worte: »Sind wir hier bei ›Wünsch dir was‹, oder wie!?« (Meine Mineralwasserflasche war leer, und ich hatte den Wunsch nach einer neuen geäußert.) Ähnlich wie Robert Lembke in »Was bin ich?« am Schluß einer jeden Raterunde die vor ihrem Beginn gemachte »typische Handbewegung« erläuterte, so mache ich das hier mit dem Titel der Reportage ... *Der Verleger*

[20] Meine Empfehlung: Gehen Sie, verehrter Leser, doch mal zu einer versierten »Klinikerin«, die nicht nur mit den üblichen TENS-Geräten, sondern auch mit »schärferen« Reizstromgeräten umzugehen vermag. Man (oder vielmehr frau) kann die Reizintensität durchaus so hochdrehen, daß es keinen gesundheitlichen Schaden zufügt, aber das Opfer brüllen läßt – und alles gestehen läßt, was die Folterherrin will ... *Der Verleger*

wo an und schärften mir ein: »Wenn wir irgendwann wiederkommen, dann ist die Kapuze noch über deinem Kopf – klar!?«
Aber ein bißchen gucken wird man doch noch dürfen, dachte ich und hob später, als alles ruhig war, verstohlen die Kapuze. Ich war in einem Metallkäfig im Zentrum der weiten Halle angekettet. Sägemehl am Boden, die seitlichen Gitter übermannshoch, nach oben hin offen. Das Ganze hatte irgendwie so einen Touch von Zirkus und Raubtierkäfig ... Brav setzte ich die Kapuze wieder auf.
Irgendwann kam eine der zwei Ladies wieder, nahm mir die Kapuze ab, kettete mich los, gab mir einen Fragebogen zu meinen Neigungen zum Ausfüllen (*ist das nicht ein bißchen spät jetzt?*), und ich durfte es mir mit Decken im Sägemehl des Käfigs bequem machen. Danach ging die Lady zu dem großen Sarg zehn Meter weiter, klappte einen Teil des Deckels hoch und sprach flüsternd mit jemandem. Erst jetzt merkte ich, daß ich hier nicht allein war. Offenbar erholte sich der Franzose im »gemütlichen« Sarg von seiner Nacht im modrigen Verlies.
Auch ich machte es mir bequem. Wieder prasselte ein Gewitterguß herunter, ein donnerndes Geräusch auf dem ungedämpften Hallendach, viel lauter, als man es sonst gewohnt ist. *Soll ich etwa die ganze Nacht hier bleiben?*
Nein. »Und das war's dann bis morgen früh?« fragte ich die Comtesse, als sie mich wenig später aus dem Käfig holte. »Schau'n wer mal«, erwiderte sie vielsagend und schloß mich wieder in meine Zelle ein. *Aha – also kommt doch noch was ...*

Ich solle den Fummel anziehen und mich schminken, sagte Lucksana, als sie mir einige Zeit später aufschloß, und stellte mir gnädigerweise sogar ihre eigenen Schminkutensilien zur Verfügung[21].
Nun war ich in Verlegenheit, denn für meine eigenen TV-Phantasien hatte mir immer weitgehend die Phantasie gereicht – die ist sowieso fast immer besser als die Realität –, allenfalls dann und wann ein Fummel, aber die Kunst des Schminkens beherrschte ich gar nicht, schon gar nicht in einer unbeleuchteten Zelle in der Abenddämmerung ...[22]

---

[21] Für TVs (=Transvestiten) ist dieses rustikale Studio, um es mal zurückhaltend auszudrücken, nicht sonderlich gut ausgerüstet ... *Der Autor und Verleger*
[22] Was ich einmal über das Schminken gelernt hatte, hatte ich ebenso flugs wieder vergessen. *Der Autor und Verleger*

Lucksana erkannte mein Defizit, half mir sehr freundlich, und dann wurde es ernst: In Ultra-High-Heels[23] ging's die Treppe hoch, und dann hieß es im Fummel und auf Knien das Bad putzen. (Wenn man ankreuzt, daß man TV-Rollenspiele mag, kommt immer so was ähnliches heraus ...)

Anschließend sollte ich mir vor Lucksana einen abwichsen – keine ganz leichte Sache, so »abgenudelt«, wie ich bereits war. Aber es klappte – und immerhin war so der »Ertrag« geringer, den ich anschließend vom Fliesenboden auflecken »durfte« ...

Bevor sie mich wieder in meine Zelle einschloß, entschuldigte sich Lucksana noch ganz süß, daß sie vielleicht etwas getan habe, was mir echt unangenehm sei, aber sie sei nun mal nur angestellt und müsse sich an die »Dienstvorschriften« halten ... (Bei einer anderen Gelegenheit zuvor hatte sie schon mal den Fenstergriff entfernen wollen, es aber auf mein Bitten hin doch unterlassen).

Eine letzte Nacht in der Zelle, in halb weiblichen Kleidern (Strümpfe, Body) und mit angelegten Handschellen. In der benachbarten Dunkelhaftzelle kurierte der Franzose laut schnarchend sein Schlafdefizit aus.

Am anderen Morgen um neun »Aufschluß« durch die Comtesse, Duschen, Gespräch mit ihr im »Café«.

»Anfangs, als die Halle noch nicht fertig war, war der Kerker noch unter meinem Wohnhaus. Da hatte ich mal einen Gast, der hatte seinen eigenen Sträflingsanzug mitgebracht, und morgens machte der auf einmal einen Mordslärm. Das hätte ich normalerweise einfach ignoriert, aber dann klingelte auf einmal mein Handy, und auf dem Display sah ich, daß er das war. Er hatte sein Handy wohl mit dem Sträflingsanzug mit hineingeschmuggelt. Er sagte mir, daß er dringend ein Herzmittel nehmen müsse. Ich war stinksauer! Mir so etwas nicht vorher zu sagen!«

Man sieht, die Comtesse ist verantwortungsvoll; das Restrisiko, daß auch einem Gesunden mal was zustoßen kann, während er stundenlang außer Rufweite Svens und der Herrinnen hier eingekerkert ist, muß man eben eingehen – oder auch nicht ...

---

[23] In einem Fetischladen in San Francisco war das Regal mit solchen Schuhen treffend als »The ouch department« bezeichnet. *Der Autor und Verleger*

Unheimlich kann's dem Besucher des Notre Damm werden: »Halt! Hier Grenze!« heißt es da wie einst an der tödlichen Zonengrenze ...

»Privat! Sperrgebiet!« – das muß man manchen allzu neugierigen Dörflern hier immer wieder sagen ...

»Die bildliche Darstellung ist verboten« – und wie werde ich jetzt bestraft?

Stacheldraht und ...

... furchteinflößende Warnschilder

In Ruhe packte ich meinen Kram zusammen und spazierte noch mal übers Gelände, unter anderem um Bilder zu schießen; eine Auswahl davon sehen Sie auf den vorstehenden Seiten. (Absichtlich beschränkte ich mich darauf, fast nur von der Straße aus zu knipsen ...) Eine Schlange im Gras nahm eilig vor mir reißaus. In der großen Halle, der ehemaligen Scheune, sollte es sogar Fledermäuse geben – genau wie bis vor kurzem noch im Arbeitszimmer der Herrin im Wohnhaus. Im Rauhputz hingen sie dort an der Wand 'rum ... Das Notre Damm liegt eben wirklich am Busen der Natur. An seinem hinteren Ende gibt es keinen Feldweg, sondern übergangslos Äcker und Weiden – trotzdem marschierten hier schon häufig »zufällig« Spaziergänger umher ...
Gegen Mittag fuhr ich los. Das Treffen mit befreundeten Eignern eines Traditionsseglers klappte mal wieder nicht – sie hatten wegen widrigen Wetters eine andere Route nehmen müssen, erzählten sie am Mobiltelefon, das ich handyloser Zeitgenosse aus der Telefonzelle heraus anrief, und waren gerade weit entfernt und auf dem Weg nach Südschweden, wenn ich mich recht erinnere.
Am Abend war ich bei Hamburg. Die B 73 ist im Südwesten *die* Hamburger Ausfallstraße. Nach Cuxhaven führt sie, stark befahren, unfallträchtig, häufig verstopft. Innerhalb der Stadtgrenzen Hamburgs heißt sie »Cuxhavener Straße« und bringt es nach etlichen Kilometern bis auf Hausnummer 540 oder 570, bevor endlich die Stadtgrenze erreicht ist.
Kurz vor der Stadtgrenze befand sich einst eine Kaserne und daneben das Lokal »Haus Fischbeker Heide«, »deutsche Küche«, »Soldatenheim«. An das Lokal angeschlossen ein Gästezimmertrakt; eine Handvoll Zimmer mit einem Bad an einem und einem am anderen Ende des Korridors, die Nacht zu 40,- DM; so hatte ich das in den Jahren 2000 und 2001 kennen- und schätzengelernt. Frühstück gab's keins, das konnte man sich (außer sonntags) rund einen Kilometer weiter ostwärts in der nächsten Supermarkt-Cafeteria besorgen, und für sonstige leibliche Genüsse gab's den chinesischen Imbiß ein paar Dutzend Meter schräg gegenüber.
Morgens konnte man sich um sieben noch mal gemütlich 'rumdrehen, während man durchs offene Kippfenster hörte, wie der Spieß auf dem Sportplatz die Rekruten beim Frühsport herumscheuchte (da haben wir doch wieder den Militär- und SM-Bezug!).
Doch die Kaserne war nicht mehr in Betrieb, Unkraut wucherte an der Einfahrt, ein Investor wurde gesucht. Auch das einstige Hotel war verwaist, denn wo es keine Soldaten mehr gab, da war auch kein »Soldatenheim«

mehr vonnöten. Doch eine gemütliche Pension war nicht weit, knapp jenseits (d. h. westlich) der Stadtgrenze, die chinesische Imbißbude war auch noch da mit ihrem Tsingtau-Bier, und ein paar hundert Meter weiter bediente in einer Kneipe an der B 73 die hübsche Ilona aus Litauen ...
Der nächste Tag brachte mich zur Fehnkolonie Papenburg nahe der niederländischen Grenze. Nettes Städtchen (wenn man von der unsympathischen Meyer-Werft absieht, die dauernd verlangt, daß ihretwegen aus Steuergeldern die Ems immer noch tiefer ausgebaggert wird), viele Kanäle, schöne Spaziergänge, hübsche Fotomotive. Für die Jugendherberge war's schon zu spät, aber es fand sich ein Hotel, das mir ein ganzes kleines Zwei-Zimmer-Appartement billig vermietete.
Am Samstagmorgen saß ich im Papenburger Zentrum in einer Internet-Kneipe – so muß man es wohl nennen, »Internet-Café« hätte es nicht getroffen, es war eine richtige Bierkneipe mit Internet-Terminals. Während ich dort meine Mails sichtete, dachte ich verblüfft darüber nach, daß ich, wäre alles nach dem ursprünglichen Plan gelaufen, erst heute morgen aus dem »Notre Damm« entlassen worden wäre – und ich war eigentlich froh darüber, daß es anders gekommen war. *Was ich in den zwei Tagen seitdem alles gesehen habe ...!* Das Notre Damm ist natürlich auch eine interessante »Sehenswürdigkeit«, aber, verehrter Leser, verbringen Sie nicht mehr Zeit in öden Kerkerzellen, als Sie sich realistischerweise zutrauen können und wollen.

Wochen später besuchten mich SMer aus Berlin, die über die Hintergründe des Notre Damm und seiner Betreiberin mehr wußten als ich, auch über Persönliches, das vielleicht hinter den Veränderungen im Notre Damm stand. Doch dazu möchte ich nicht mehr sagen ... (siehe Vorwort). Lady AlexXandra/Comtesse Noir (zwei Namen für ein und dieselbe Herrin) hat sich jedenfalls mittlerweile komplett nach Hamburg zurückgezogen und das Notre Damm dem Fotografen Sven und der Thai-Domina Lucksana Viper überlassen, die sich bemühen, es weiterzuführen. Die Homepage des Notre Damm wurde angepaßt und ausgedünnt.
Auskünfte über die Erlebnisse der »neuen Alex«[24], der »Sklavia Alex Nova« gibt ihr Blog http://alex-nova.myblog.de/. Unter »Mein SM« schreibt sie dort: »Als Sklavin bin ich weniger die gehorsame und unterwürfige

---

[24] Seit Mitte Februar 2008 ist Alex beruflich als Sklavin tätig, laut Selbstauskunft in ihrem Blog oder Forum. *Der Verleger und Autor dieses Berichts*

Dienerin, sondern vielmehr das versaute kleine Miststück, das es zu bändigen gilt. Meine Erfüllung finde ich, wenn ich hemmungslos benutzt werde und dir als Lustsklavin ausgeliefert bin. Allein wenn du mir schon die Hände auf den Rücken fixierst und mir anordnest, meine Beine zu spreizen, spüre ich, wie die Erregung in mir hochsteigt.« Auch Vergewaltigungsspiele und Ohrfeigen schätzt sie.

Falls Sie dies auch einmal selbst ausprobieren möchten, verehrter Leser – hier finden Sie weitere Informationen und Kontaktmöglichkeiten: www.studio-labyrinth.com/alex-nova.php

Lady Arachne: »In vielen Studios ist Lust ein Tabu.«

Ein Buch über Dominas in Deutschland wäre auf keinen Fall vollständig ohne einen Abstecher zum Stuttgarter SM-Studio Arachne, dem vermutlich größten und bekanntesten Studio unseres Landes. Schon seine Website (www.arachne.de) stellt mit ihren umfangreichen Inhalten und ihrem kundenorientierten Angebot die meisten anderen Einrichtungen dieser Art in den Schatten.
Eine eigene Sektion nehmen dabei zahlreiche Presseartikel ein. »Arachne, bürgerlich Nicole, gehört das gleichnamige SM-Studio in Stuttgart-Zuffenhausen, in dem 30 Frauen arbeiten«, berichtete etwa die Stuttgarter Zeitung vom 16.9.2006. »Die ausgebildete Erzieherin hat im April diesen Jahres den Schritt in die Öffentlichkeit gewagt. An ihrer Seite hatte sie damals den ehemaligen Daimler-Chef Edzard Reuter, der sie ›in die Mitte der bürgerlichen Gesellschaft‹ zurückführen wollte.« Äußerungen wie diese liegen »Lady Arachne« allerdings eher quer: Ihrer Ansicht nach hat sie die Mitte der bürgerlichen Gesellschaft nie verlassen.
Als ich mit Lady Arachne telefonisch Verbindung aufnahm, stieß ich auf ein ebenso kluges wie warmherziges und charmantes Energiebündel; sie war gerne zu einem Interview mit mir bereit.

Arne Hoffmann: *Wie sieht dein Job aus, welche Aufgaben hast du? Peitschst du noch selbst oder thronst du über allem?*

Lady Arachne: Sorry, für mich ist das kein Job, sondern eine riesige Aufgabe, und ich bediene auch nicht gerne das Klischee vom Thronen und Peitschen!
Leider komme ich nur noch in meinem Privatleben dazu, in die Stiefel zu hüpfen und Sessions zu genießen.
Lange Zeit habe ich noch den Spagat zwischen Leitung und eigener praktischer Arbeit gewagt und meine Gäste empfangen. Doch mit dem Wachsen des Studios und des Teams blieb immer weniger Zeit dafür. Es ist mir sehr schwer gefallen, mit den Sessions aufzuhören. Ich wollte mich für ein klares Ja oder Nein entscheiden – und es grenzte ja schon an »seelische

Grausamkeit«, meinen Sklaven ewig warten zu lassen, bis ich wieder mal genügend Zeit für ihn hatte.

Kurzum: Das Management des Studios ist für mich seit einigen Jahren nicht mehr mit der praktischen Arbeit mit meinen Gästen vereinbar, vor allem aus Zeitgründen.

Zu meinen Aufgaben gehören heute das Coachen von inzwischen 28 Frauen, Aus- und Fortbildung der Mitarbeiterinnen, Teambesprechungen, Werbung und Fotoshootings organisieren, Videos erstellen, der Einkauf, alle Reparaturen organisieren, die Umbauten und laufende Renovierungen. Dann ist da noch der Kontakt zu Ämtern und Behörden sowie zur »nichtkommerziellen« SM-Szene.

Zudem habe ich noch viel Kontakt zu Gästen – persönlich, telefonisch und per Email. Ich erhalte alleine per Mail ungefähr 100 Anfragen pro Woche.

Und dann sind da natürlich auch noch langweilige Aufgaben wie die Buchhaltung, die auch eine Domina quälen, sowie die Arbeit im SM-Shop und Versand. Momentan arbeiten wir an einer eigenen Latexkollektion.

Mit einem Satz: Die Leitung eines Dominastudios und eines SM-Shops ist heute eine echte Fulltime-Aufgabe.

Arne Hoffmann: *In einem Presseartikel über euch wurden eure auch für mich überraschenden Öffnungszeiten genannt. Von wann bis wann sind die gleich – und warum?*

Lady Arachne: Wir sind im Schwäbischen, das heißt, wir machen morgens um sieben Uhr auf (Kehrwoche) und servieren unseren ersten Fans zur Auflockerung ihrer Außentermine Kaffee und gute Laune.

Dafür wird es abends nur so spät, wie die Gäste sich ankündigen – und die Ladys noch Lust haben. Die meisten Menschen haben jedoch die Vorstellung, in einem Dominastudio ginge es nachts hoch her, weil alles Verdrängte nur im Dunklen geschieht.

Arne Hoffmann: *Du warst früher Kindergärtnerin. Konntest du Kenntnisse aus der Zeit später als Domina gebrauchen?*

Lady Arachne: Ja. Die Ausbildung umfasst ja vier Jahre, in denen in Theorie und Praxis der Umgang mit Menschen professionalisiert wird. Manche Aspekte – zum Beispiel das Erstellen einer Konzeption für einen Betrieb, Kenntnisse in Methodenlehre, Pädagogik, Psychologie und Spieltheorie – waren sehr gut zu gebrauchen.

Ich habe dann drei Jahre eine Einrichtung im pädagogischen Bereich mit zahlreichen Mitarbeiterinnen geleitet. Auch diese Erfahrungen konnte ich gut auf die Teamarbeit im Studio übertragen.

Wichtiger als alles Wissen und die Erfahrungen war jedoch das täglich neue, unvoreingenommene, neugierige Zugehen auf Menschen, ohne Filter, das aufrichtige Stehen zu mir selbst und das Standing auch in problematischen Situationen.

Arne Hoffmann: *Problematischen Situationen?*

Lady Arachne: Na, sagen wir eher Herausforderungen als Probleme. Sämtliche Situationen, die mit dem Arbeiten mit Menschen zu tun haben. Vor allem wenn da Dinge wie Scheu und Scham mit ins Spiel kommen. Menschen zu führen. Das Ganze ist ja ein stark tabubelasteter Bereich, und dadurch kommt es manchmal auch zu extremen Reaktionen. Wenn du da zum Beispiel einem Manager gegenüber stehst, der sich vor dir fallen lassen soll, dann versucht er vielleicht schon mal, dich vorher in einer Art intellektuellem Machtspiel auszutesten, ob du auch eine ebenbürtige Frau darstellst. Herausfordernd kann es auch sein, einer Sklavin, die endlich ihren SM leben will, den Weg zwischen ihren Wünschen und der Studiorealität zu zeigen. Und schließlich befindet man sich in einer ständigen Auseinandersetzung mit Behörden. Ein Dominastudio existiert ja normalerweise nur auf der Basis einer Duldung und wird im Laufe seines Bestehens x-mal zugemacht, auch wenn eigentlich alles glatt läuft, einfach aus »baurechtlichen Gründen«.

Arne Hoffmann: *Von all meinen Interviewpartnerinnen bist du wohl die einzige, die nicht nur selbstständig arbeitet, sondern sogar über zahlreiche Mitarbeiterinnen verfügt. Wie hat sich das bei dir entwickelt, bis du dahin kamst, wo du jetzt bist?*

Lady Arachne: Ich glaube, das lässt sich nur aus der Lebensgeschichte erschließen. Ich genoss eine Bilderbuchkindheit in der Kleinstadt mit Ballettunterricht, Blockflöte, Chor, Kinderkirche und vielen Freiräumen.
In der Pubertät beschäftigte ich mich intensiv mit Pädagogik und Psychologie, Mythologie und Feminismus. Die weiblichen Rollenbilder in dem kleinstädtischen Milieu erlebte ich schon sehr früh als einengend.
Mit dem Erwachen der eigenen Sexualität öffnete sich für mich ein weiter Raum, der leider mit den Erwartungen meiner Partner und der bürgerlichen Welt an ein »typisches Mädchen« kollidierte. Also ging ich auf Ent-

deckungsreisen auf der Suche nach der erfüllenden Erotik, ärgerte und verführte die Jungs, rebellierte auch in der Sexualität gegen die bestehenden Normen. Dabei entstand der erste Kontakt zu SM mit Machtspielen, Fesseln und Augenverbinden. Ich wechselte zwischen Verdrängung, Irritation, Faszination und Lust.

Wir haben experimentiert mit Fesseln und Augen-Verbinden, und ich habe gemerkt: Es kribbelt, das beeinflusst meine Sexualität positiv, und so hat sich das entwickelt. Sehr langsam, denn das war alles mit Scham besetzt. Es begann mit Wäscheklammern und Seilen zum Schnüren, was es halt so im Haushalt gibt, ans IKEA-Regal binden ... Das kann ich übrigens nicht empfehlen, es fiel um. Wir haben uns lange nicht in einen Sexshop getraut, wir gingen in den Baumarkt.

Der größte Wunsch meiner Eltern war: Die Tochter soll eine höhere Beamtin werden. Bei der Aufnahmeprüfung zur Beamtenlaufbahn bin ich absichtlich durchgefallen, um Erzieherin zu werden.

Auch in den Jahren meiner Berufstätigkeit als Erzieherin erlebte ich intensive SM-Erfahrungen, und die Suche nach den »Wie« und »Warum« wurde immer stärker.

Rituale faszinierten mich immer mehr. Damals entstanden die ersten Ansätze zu dem, was heute noch mein Thema ist: Die Zusammenhänge von Ritualen, der Suche nach Religiosität und körperlichen, auch sexuellen Grenzerfahrungen (wie es in vielen Bereichen des SM möglich ist).

Tanzen (Sufi-Tanz, Trance-Tanz, ägyptische Folklore, indischer Tanz) wurde ein sehr wichtiger Lebensinhalt, Tanzen in ritueller und erotischer Form eröffnete mir einen weiteren, tiefen Zugang zu Ritualen. Ich lernte und verfeinerte mein Können bei wichtigen Lehrern und Lehrerinnen.

Außerdem habe ich mehrere therapeutischen Ausbildungen durchlaufen.

Meine Faszination an der Vielschichtigkeit der Sexualität ist übrigens ungebrochen. Ich suche immer weiter nach Informationen und Erfahrungen mit Menschen.

Gut, schließlich habe ich an einem SM-Gesprächskreis teilgenommen, bei dem ich viele Männer über die schlechten Standards in Dominastudios klagen hörte. Meine Idee, Domina zu werden, festigte sich immer mehr. Ich wollte etwas »besser« machen, Menschen glücklich machen.

Meine ersten Bewerbungen um eine Stelle als Domina verliefen allerdings erfolglos. Kein Studio wollte mich nehmen. Angeblich war ich zu jung, wirkte zu anspruchsvoll und zu ehrgeizig. Auch verlangten viele, dass ich zunächst als normale Hure oder Sklavin arbeiten sollte, ehe sie bereit wären, mich anzulernen. Und das kam für mich überhaupt nicht in Frage.

Mit viel Mut wagte ich einen Realitätscheck, was selbstständige Arbeit anging, in dem Spielzimmer der Wohnung eines befreundeten Pärchens. Dabei durfte ich auch gleich die ersten Erfahrungen mit der Reaktion der Nachbarn machen – und der Baugenossenschaft auf meine »unmoralische« Tätigkeit!

Dennoch: Die ersten Sessions, die ich hier erfahren konnte, erlebte ich als absolutes Glück. Ich hatte einfach total das Gefühl, das Richtige zu tun, konnte den Menschen etwas geben, erlebte sie als toll und die Sessions als intensiv und befriedigend.

Um weiterem Ärger aus dem Weg zu gehen, habe ich mein Spielzimmer in dieser Wohnung aufgegeben und das erste Mal Kontakt zum »Milieu« gesucht. Dann habe ich ein eingerichtetes Studios in einem kleinen Bordellbetrieb angemietet, für Werbung und Equipment gesorgt und mich dort zunächst drei Tage die Woche vergnügt. Im folgenden halben Jahr durfte ich viele schöne und weitgehende Erfahrungen sammeln. Die Menschen, die zu mir kamen, waren begeistert und kamen wieder.

Ernüchternd war nur das Umfeld des Bordellbetriebes. Schon bald war klar, dass ich unbedingt weiter als Domina arbeiten wollte. Daraufhin habe ich das Geld für den Traum vom eigenen Studio gespart.

Es folgte ein hartes Jahr Aufbauarbeit alleine, dann die erste Beschäftigung einer Mitarbeiterin, um Telefondienst und anderes sicherstellen zu können. Danach kamen immer mehr Frauen dazu. Aus zwei Räumen wurden vier, dann fünf ... Heute sind es 13 Räume, die von insgesamt 28 Mitarbeiterinnen genutzt werden.

In all diesen Jahren habe ich mich weiterhin in mehreren Bereichen fortgebildet – speziell in Trauma-Arbeit, Tantra, Yoga, sowie der Verbindung von Magie und Sexualität. Ich war einige Male in Indien und habe mehrjährige Seminarfolgen zur Ausbildung als Hypnotherapeutin hinter mich gebracht.

Nicht zuletzt habe ich meinen Mann kennengelernt und geheiratet und 1997 unseren SM-Shop und Versand gegründet.

Arne Hoffmann: *Hast du dich bei deinen verschiedenen Aufenthalten in Indien auch damit beschäftigt, welche Rolle SM dort spielt?*

Lady Arachne: Indien wird von den meisten Menschen noch mit Kamasutra und Sinnlichkeit assoziiert, doch die Realität der Geschlechtsbeziehungen ist eher prüde. Der durchschnittliche Inder hat nur einen Sexualpartner im Leben, den suchen noch immer die Eltern aus, und eine Scheidung wird – des guten Rufes wegen – auf jeden Fall von der Großfamilie verhindert. Na ja, das hat ja dann vielleicht auch eine SM-Komponente. Ich bin mir sicher, dass SM-Vorlieben auch in diesem kulturellen Umfeld vorkommen, konnte aber weder Pornos kaufen noch Prostituierte fragen. Generell gilt: No sex – wir sind Inder.

Dafür gibt es natürlich den ganzen Asketismus, Yogis, die mit ihren Körper unglaubliche und schmerzvolle Dinge tun, und Feste, an denen sich Tausende von Menschen selber geißeln und piercen. Das letzte Menschenopfer, um die Göttin Kali gütig zu stimmen, war angeblich in den Achtzigern. Der Kult soll aber im verborgenen noch gepflegt werden.

Arne Hoffmann: *Zurück ins Hier und Heute. Angenommen, meine (fiktive) Freundin Regina käme auf den Gedanken, sich bei euch zur Domina ausbilden zu lassen. Was genau käme da auf sie zu?*

Lady Arachne: Viel Spaß, tolle Erlebnisse und jede Menge Selbsterfahrung im sicheren Rahmen.

Arne Hoffmann: *Was sollte eine Nachwuchs-Domina denn mitbringen, damit sie bei euch einsteigen kann?*

Lady Arachne: Wirkliches Interesse, mentale Stärke, eine offene Haltung und Freude an der Sexualität, das heißt offen für immer wieder Neues. Selbstbewusstsein, Bescheidenheit und Aufrichtigkeit.

Arne Hoffmann: *Kennst du auch Frauen, die als Domina gescheitert sind?*

Lady Arachne: Ja, in verschiedener Weise: menschlich, psychisch und finanziell.
Als ich damals auf der Suche nach einer Arbeitsstelle in einem Dominastudio war, waren viele Studios noch vom Rotlichtmilieu geprägt, und ich hatte ich den Eindruck »Entweder die Tätigkeit als Domina macht verrückt oder nur Verrückte arbeiten als Domina.« So extrem kamen mir manche Kolleginnen vor.
Ich glaube, dass auch heute die Arbeitsbedingungen in manchen Betrieben nicht sehr frauenfreundlich sind: hohe Mieten, Mietschulden, extrem lange Arbeitszeiten, der Druck, möglichst viele Praktiken anbieten zu müssen, Druck, jeden Gast annehmen zu müssen, Konkurrenzdruck, Existenz-

angst … Das wirkt sich auf die Psyche aus. Viele Frauen hoffen auf das schnelle, große Geld, bringen aber zu wenig Einsatz oder leben auf großem Fuß, was oft im finanziellen Fiasko endet.

Bei den Frauen in meinem Studio hat bisher keine eine Bauchlandung hingelegt. Wir coachen und unterstützen uns als Team aber auch so, dass Probleme und Überforderung rechtzeitig thematisiert werden.

Inzwischen kenne ich viele gute Dominas, die sich und ihr Studio im Griff haben, alltagstauglich, menschlich geblieben sind und eine gute Arbeit leisten.

Arne Hoffmann: *Du sprichst auf deiner Website auch sehr offen über Dominas, die du für unseriös hältst. Gibt es viele davon in Deutschland? Kann man dem Kunden hier sinnvolle Tipps geben?*

Lady Arachne: Darüber ist schon so viel geschrieben worden, was ich hier nicht wiederholen möchte. Man kann sich gut darüber im Internet informieren, auf den entsprechenden Seiten und den gängigen Internetforen.

Arne Hoffmann: *Was bedeutet eigentlich der Begriff »studiogeschädigt«?*

Lady Arachne: Weiß ich auch nicht …

Arne Hoffmann: *In unserem telefonischen Vorgespräch hatte ich erwähnt, wie toll ich es finde, dass du sehr darauf achtest, dass jede deiner Frauen auch ein anderes berufliches Standbein hat, so dass sie frei ist, den Dominaberuf auch wieder zu verlassen, wenn immer sie das wollte ...*

Lady Arachne: Ich möchte einfach, dass die Frauen bei mir noch einen sicheren Background haben, auf den sie sich gegebenenfalls zurückziehen können, wenn persönliche Lebensumstände das erfordern. Es ist natürlich für eine junge, SM-begeisterte Frau reizvoll, im Studio zu arbeiten. Damit ist aber auch die Gefahr verbunden, dass sie Ausbildung und Beruf vernachlässigt. Daher dränge ich meine Ladys zum Studium, zur Ausbildung und zum Nebenjob … denn junge Frauen sind noch sehr wandelbar, und ich möchte, dass die Zeit im Studio für sie eine schöne Erfahrung ist. Dazu gehört auch, dass sie sofort aufhören können, wenn der Spaß nachlässt, sie sich verlieben oder warum auch immer.

Arne Hoffmann: *Wissen deine Eltern und/oder Freunde über deine Tätigkeit Bescheid? Wenn ja: Was sagen sie dazu?*

Lady Arachne: Natürlich wissen bei mir alle, was ich so – privat wie auch beruflich – treibe ... und es ist keine Frage, dass sie mich so mögen und achten, wie ich bin.

Arne Hoffmann: *Wie gestaltet sich für dich die Trennung zwischen deinem Dominajob und anderen Teilen deines Lebens?*

Lady Arachne: Es gibt keine Trennung!

Arne Hoffmann: *Mit welchen Problemen müssen die Partner von Dominas zurechtkommen und wie löst ihr sie? Oder gibt es Probleme bei der Suche eines neuen Partners?*

Lady Arachne: Ich hatte nie Probleme, einen Partner zu finden und eine liebevolle Beziehung zu leben. In den intensiven Aufbaujahren blieb jedoch nicht viel Zeit für Gemeinsamkeiten, und das Studio stand einfach an erster Stelle. Doch das hat mein Partner selbstverständlich akzeptiert. Zu mir hat auch noch kein Mann gesagt »Ich hol dich hier raus!« Bei mir war es umgekehrt: Ich habe meinem Mann gesagt, ich hole dich aus dem Management bei Daimler-Chrysler raus, und dann kümmerst du dich um unseren SM-Shop, so dass wir heute mehr Zeit gemeinsam genießen können.

Arne Hoffmann: *Ihr trennt auf eurer Website zwischen Bizarrengeln, Bizarrladys und Dominas. Was ist der Unterschied?*

Lady Arachne: Die Begrifflichkeiten sind nicht klar abzugrenzen, da sie zum Teil ineinander fließen. Ein Bizarrengel ist ein »Wanderer zwischen den Welten«. Frauen, die sich bei uns als Bizarrengel vergnügen, bevorzugen eher das erotische Spiel im SM. Sie tragen sowohl dominant-sadistische als auch devot-masochistische Neigungen in sich. Sie agieren eher im soften SM-Bereich und leben lustvollen Fetischismus und ähnliches. Sie spielen mit Erotik und der Lust am SM. Sie sind weniger Sklavin und auch weniger Herrin, dafür aber »Verbündete« in der erotischen Welt des SM.

Eine Bizarrlady liebt das dominant-sadistische (aktive) Vergnügen – ebenfalls im starken Zusammenspiel mit der Erotik. Sie trägt in sich – im Gegensatz zu den Bizarrengeln – jedoch keine devot-masochistischen Anteile. Bizarrladys bringen ihren Körper und ihre eigene Lust stark mit in ihr Spiel ein und schätzen »berührbare« Nähe mit ihren Sklaven.

Eine Domina lebt den Anteil ihrer dominant-sadistischen Neigung auch im psychischen Bereich. Für sie ist der Kick nicht allein das Spiel mit der Lust oder Fetischen, sondern sie ist die Herrin. Mit Macht und Schmerz, psychisch und physisch.

Arne Hoffmann: *Hattet ihr je weibliche Gäste? Wäre das für euch überhaupt vorstellbar?*

Lady Arachne: Weibliche Gäste, die alleine einen Studiobesuch wagen, sind sehr selten. Einige wenige suchen ihr sexuelles Vergnügen auch bei uns, meistens mit ihrem Partner oder ihrer Partnerin. Da einige unserer Ladys bisexuelle Leidenschaften in sich tragen, ist das für uns natürlich auch ein (seltener) Genuss.

Arne Hoffmann: *Was haltet ihr vom momentanen Bild der Domina in den Medien?*

Lady Arachne: Mich amüsiert es! Manch einer hat im Kopf, eine Domina sei: Frau in Stiefeln, die beim Sex oben sitzt und mit der Peitsche knallt, und die meisten Menschen kennen auch diesen Telefonsexspot, wo die obszön wirkende Domina versucht, ganz böse zu gucken, und »Ruf mich an!« zum Peitschenknallen kreischt.
Das Bild der Domina in den Medien ist häufig sehr verzerrt und von einer abstrusen Schwarz-Weiß-Moral getränkt. In Krimis z. B. wird die Domina oft als eine Art »verruchte Hure« mit deutlichem Hang zur sinnlosen und brutalen Gewalt dargestellt. In dieser Darstellung führt sie häufig kein geregeltes Leben, erfreut sich an jeder Art Betrug und Boshaftigkeit und ist am Ende des Liedes dann nicht selten die »Täterin«.
Die lustvolle und einfühlsame Frau, die Freude und Erfüllung in sexuellen Spielarten des SM findet und außerdem eine liebende Ehefrau, Mutter und Freundin für ihr Umfeld ist, zusätzlich über eine abgeschlossene Ausbildung verfügt, sich oft in ihrer Freizeit für psychologische und ganzheitliche Betrachtensweisen von Menschen interessiert und sich auf diesem Gebiet fachlich weiterbildet, ist kaum in einer Darstellung »der Domina« zu finden.
Dennoch finde ich, dass das Bild vielfältiger wird – es gibt nun auch tolle Fetischgirls im weißen Lackoutfit, die für Handys werben, gefesselte Models in der »Elle«, und manch eine Domina outet sich in den Medien. Erwähnenswert ist der Film »24/7«, in dem eine Domina weder als Opfer noch als Täterin, sondern einfach als Mensch dargestellt wurde.

Meine persönlichen Erfahrung mit den Medien (Literaturhaus, Presse und Radio) sind gut.

Arne Hoffmann: *Wird man als Domina heute noch diskriminiert?*

Lady Arachne: Diskriminierung findet – wie in jeder Form dieser Abwertung – selten in einer direkten Auseinandersetzung mit Thematik und Hintergrund statt. Wenn zum Beispiel eine Frau öffentlich zu ihrer Vorliebe zum SM steht, erlebt sie in der Regel indirekte Reaktionen. Das heißt z. B.: Das befreundete Pärchen, mit dem man sich regelmäßig zu gemeinsamen Aktivitäten traf und dem gegenüber man in der vergangenen Woche in einem Nebensatz andeutete, dass man SM ja gar nicht generell schlecht oder pervers fände, meldet sich plötzlich kaum noch. Oder die Nachbarin, die neulich im Treppenhaus sagte: »Gestern war ein Bericht über Dominas im Fernsehen, und eine davon hätte glatt Ihre Schwester sein können«, und der man mit einem freundlichen Lächeln antwortete: »Nein, das war ich selbst«, beobachtet plötzlich (versteckt hinter der Gardine) misstrauisch jeden Besuch und hat das Grüßen eingestellt. Außerdem meldet sie neuerdings jedes etwas lautere Geräusch sofort dem Vermieter, was sie vorher nie störte.

Arne Hoffmann: *Während ich diese Interviews durchführe, schreibt zufällig auch die aktuelle Ausgabe der feministischen Zeitschrift »Emma« (1/2007) über Dominas und tut das auf eine sehr kritische bis abwertende Weise. Beispielsweise heißt es dort: »Diese Hemmungslosigkeit. Früher hatten die Freier wenigstens noch ein schlechtes Gewissen. Das gibt es heute nicht mehr. Sie wollen immer mehr.« Kannst du diese Entwicklung bestätigen?*

Lady Arachne: Ehrlich gesagt, bin ich über das Wort »Freier« erschrocken. Niemand von uns nimmt dieses Wort in den Mund. Wir denken es nicht einmal. Menschen, die zu uns kommen, sind unsere Gäste – gern gesehene und liebe Menschen, über deren Besuch wir uns freuen.
Okay – nun zu der Frage: Wünsche und Fantasien sind unseres Erachtens nie »maßlos«, denn wer definiert das Maß?
Wir machen uns und unsere Vorlieben nicht zum »Maß der Dinge« und bemessen Gäste nicht an ihren Fantasien. Eine Fantasie ist eine Fantasie – und eine ausgefallene Fantasie kann man ebenso gut mit Kreativität gleichsetzen.

Ebenso ist es doch auch mit den Wünschen. Ein Wunsch ist ein menschliches Gefühl oder ein Gedanke, der als positiv empfunden wird. Wie schön, wenn man dieses Gefühl oder diesen Gedanken in der Realität umsetzen kann!

Wir können lediglich feststellen, ob wir diesen Wunsch teilen und ob wir bereit oder in der Lage sind, ihn umsetzen zu wollen und umsetzen zu können (Ambiente, Tools etc.). Da diese Entscheidung von jeder von uns frei getroffen werden kann, stößt sie sich an keinem »Maß«.

Arne Hoffmann: *In der erwähnten »Emma« behauptet die Berliner Domina Ellen Templin: »Alle Frauen hier sind auf dem Rachefeldzug. Wie könnten wir sonst den Familienvater von nebenan erniedrigen und quälen? Hier im Studio ist nicht eine einzige Sadistin, keine, die das Quälen lustvoll findet. Ich habe in den vielen Jahren meiner SM-Prostitution überhaupt noch nie eine Frau getroffen, die es lustvoll findet, Männer so zu quälen, wie sonst Männer Frauen quälen.« Was sagt ihr dazu, wie schaut das bei euch aus?*

Lady Arachne: Das widerspricht total meiner Erfahrung. Ich weiß aber, dass in vielen Studios das Thema Lust ein Tabu ist. Zeigt eine Frau Lust und Spaß an Ihrer Tätigkeit, dann wird sie als »Schlampe« betitelt. Aber Schimpfen und Lästern über die Gäste und zur Schau getragenes Angewidertsein, das erhebt andere Frauen in vielen Studios zur Lady mit dem entsprechenden Respekt der Kolleginnen – eine wundersame Welt …

Außerdem: Für uns geht es überhaupt nicht ums Quälen. Schau, SM ist ein faszinierendes Spiel, in dem Menschen lustvolle Fantasien realisieren. Das Erleben heftiger psychischer und körperlicher Reize führt zu einem Ausstoß körpereigener Glückshormone wie Endorphine, was wiederum zu Lust und ekstatischen Zuständen führt. Wer hat das nicht gerne? Menschen tun viel für diese Hochgefühle; auch Fallschirmspringen, Bungee-Jumping, Marathon und anderes lösen sie auf ähnliche Art aus.

Arne Hoffmann: *Kann man eigentlich unterschiedlichen Typen von Dominas auch jeweils einen unterschiedlichen Typ Gast zuordnen?*

Lady Arachne: Ja. Wenn ich vom Fenster runter schaue, wer am Eingang steht, kann ich sagen, was der Mensch sich erträumt und welches Gegenüber er als passend erleben würde. Das ist die Folge von einem breiten Erfahrungswissen und viel Intuition.

Arne Hoffmann: *Hat euer Job die Art verändert, wie ihr Männer privat wahrnehmt? Oder Frauen?*

Lady Arachne: Mein Männerbild ist durch die Arbeit differenzierter geworden. Mir ist nichts Menschliches mehr fremd. Ich kann Männer gut so lassen und genießen, wie sie sind. Ich habe Hochachtung vor Menschen, die zu ihrer devoten Seite stehen und den Mut haben, sich einem zunächst fremden Menschen in dieser Totalität auszuliefern. Viele denken, als Domina würde man die Achtung vor Männern verlieren. Ich erlebe das Gegenteil.

Arne Hoffmann: *Seht ihr euch eher als Therapeutinnen oder als Künstlerinnen?*

Lady Arachne: Wir definieren uns nicht. Das würde uns doch einschränken.

Arne Hoffmann: *Hat eine von euch jemals so viel Lust empfunden, dass es mit einem Gast zu mehr gekommen ist? Oder zu einer privaten Freundschaft?*

Lady Arachne: Natürlich, zwischen Mann und Frau kribbelt es immer! In unserem Studio erzählen wir uns immer wieder diese Situationen. Wenn eine Session so richtig gut ist, ist das einfach so emotional aufgeladen, dass Distanz und Absprachen vergessen sind und alles möglich ist.
Als Domina geht man durch alle Emotionen, vom Mitgefühl, oft schon im Vorgespräch, über Hochgefühle bis zu Mitleid und Freude, wenn nach einer Session beide glücklich sind und lachen. Diese emotionale Nähe begünstigt natürlich auch die Liebe. Manch eine Beziehung ist im Studio entstanden, und zwei Hochzeiten haben wir auch schon erleben dürfen. Und diese Ehen halten bis heute.

Arne Hoffmann: *Wenn du zurückdenkst an deine aktive Zeit – gibt es da Sessions, Wünsche oder Pannen, die dir besonders in Erinnerung geblieben sind?*

Lady Arachne: Oh je, sooo viel! Es gibt diese rührenden Momente, die in Erinnerung bleiben. Wenn der 1,90 Meter große XXL-Mann sich im Ballett-Tütü stolz vor dem Spiegel dreht und glücklich ist, wenn ihm das ganze Team applaudiert. Oder der 18-Jährige, der an seinem Geburtstag mit rotem Kopf stotternd mit dem Ausweis in der Hand vor der Domina steht und gesteht, dass er seit einem Jahr diesen Moment herbeigesehnt hat. Oder die Ehefrau, die einen Termin für sich und ihren Mann vereinbart, um noch mehr Dominanz zu lernen – die aber in der Session bei jedem Kommando der Domina, bei jedem Patsch mit der Gerte mehr zusammenzuckt als ihr Mann.

Anderes, was für Außenstehende bizarr erscheint, ist für uns oft gar nicht mehr nachdenkenswert. Der Arzt, der sich wünscht, als Patient von der strengen Schwester zuerst behandelt und dann bestraft zu werden, weil er ständig an ihr herumzutatschen versucht. Der Berufstaucher, der, obwohl er täglich im Taucheranzug steckt, im Studio komplett in Gummi-Anzug und Maske gehüllt werden will.

Oder Erlebnisse, über die wir heute noch grinsen, wie das Missverständnis einer Domina, die den leise geflüsterten Wunsch »dienen« als »dehnen« verstand, beherzt ans Werk ging und alle ihre Künste vollführte. Im Nachgespräch gestand er, dass er tapfer durchgehalten hätte, weil er geglaubt hätte, auf diese Weise ihrer Lust perfekt zu dienen …

Oder das Schauspiel, das sich bot, als eine etwas nervöse Nachwuchsdomina den Schlüssel für die Handschellen vermisste. Der Gefesselte wurde schnell mit einer Augenbinde versehen und von einer Frau beschäftigt, um zu verbergen, wie drei völlig aufgelöste Frauen alle Ritzen und Spalten an Fesselbank und anderen Möbeln absuchten. Nach einer halben Stunde war der Schlüssel wieder da[25].

Arne Hoffmann: *Welche bekannte Persönlichkeit würdet ihr gerne einmal als Gast empfangen?*

Lady Arachne: Harald Schmidt. Wir hätten garantiert viel Spaß!

Arne Hoffmann: *Manche bisherigen Interviewpartnerinnen haben mir berichtet, es gebe gerade einen Trend hin zur »berührbaren« Domina. Gibt es auch andere Trends und Entwicklungen, die ihr über die letzten Jahre wahrgenommen habt?*

---

[25] Der in SM-Kreisen beliebte (und schon recht abgenutzte) Scherz »Ich hab die Schlüssel für die Handschellen verloren!« (um den Sklaven zu erschrecken) ist also manchmal auch mehr als ein Scherz … In Berlin gab's für solche SM-Unfälle (nämlich für solche Fälle, wo der Schlüssel auch nach sorgfältigem Suchen nicht mehr auftauchte) vor Jahren sogar einen speziellen … ja, wie soll man sagen … »SM-Schlüsseldienst und Befreiungsservice«, sozusagen. *Der Verleger*

Lady Arachne: Die Zeiten ändern sich, aber nicht die menschlichen Bedürfnisse. Der sich selbst kasteiende Mönch des Mittelalters wäre in der Römerzeit zu flagellantischen Orgien gegangen und heute zu uns ins Studio.

Wenn ich die Leidenschaften der Menschen durch die Jahrhunderte betrachte, so bemerke ich wenig Wandlung, einzig die Moral scheint sich zu ändern.

Es ist auch nicht so, dass die Fetische wie Stiefel, Korsagen, Strümpfe jemals out sein werden. Einzig die neuen Materialien wie Latex und Lack bringen etwas Abwechselung. Und natürlich erleben weniger Schüler in ihrer Kindheit die Wonnen des Rohrstocks, aber er ist trotzdem noch gefragt!

Die scheinbaren Trends kommen meines Erachtens zustande, weil sich manche Kolleginnen neue Schlagworte zulegen für Eigenschaften, die es genauso lange schon gibt, wie die Menschen SM und Bizarres genießen …

Aber frag doch bitte mal eine »Money-Mistress« oder »Lifestyle-Domina«, vielleicht hab ich auch einfach den neuesten Trend verpasst *(lacht)*.

Lady Leona: »Manchmal bin ich high von den Sessions.«

Auf ihrer Website (www.ladyleona.de) bietet Lady Leona unter der Überschrift »SM zwischen Kommerz und Passion« ein ungewöhnlich reichhaltiges Menü. Schnell merkt der Besucher, dass für Leona SM und alles, was damit zu tun hat, weit über das reine Geschäft hinausgeht, sondern wirklich eine Herzensangelegenheit ist. Sich selbst stellt die Lady unter anderem mit folgenden Worten vor: »Ich träume von einem angemessenen Umgang mit Sadomasochismus durch die Gesellschaft, auch mit professionellem SM. Vom Berufsbild ›Domina‹ oder ›M-Frau‹, von SMlern, die ihrer Lust auf SM oder der Befriedigung ihrer Fetischsehnsüchte offen und/oder gegen ein adäquates Entgelt nachgehen können. Ich wünsche mir mehr Öffnung der SM-Studios hin zur Gesellschaft und zur SM-Szene über politische Arbeit und neue, ungeborene und vielleicht noch ungedachte Projekte. Ich schaffe Räume, in denen es in der ›realen Welt‹, neben der virtuellen, möglich ist, SM-Kultur zu leben. Wo neben Künstlern und Profis auch Privatleute Platz für Fantasien finden oder auch in Therapien oder Supervisionen mit dem SM-Hintergrund gearbeitet werden kann. (…) Ich wünsche mir eine Vermischung der Szenen, Überschneidungen der Kreise, Vernetzung eben. Aber auch eine Rückzugsmöglichkeit für den einzelnen in seine eigene schwarze Welt.
Wofür ich mich noch ganz besonders einsetze, ist das Zurechtrücken von vielen verdrehten Bildern, die über meinen Beruf, über professionelle Sessions und Schubladenzugehörigkeit in den meist männlichen Köpfen herumspuken.« Da das Korrigieren von Klischees und verzerrter Wahrnehmung auch ein Ziel dieses Buches ist, wollte ich Leona mit einem Interview gerne Gelegenheit dazu geben.

Arne Hoffmann: *Leona, wie hast du bei dir zum ersten Mal entdeckt, dass du dominant sein kannst?*

Lady Leona: Ich habe meine Neigungen schon ziemlich früh entwickelt, konditioniert und auch gespielt. Hatte gute Voraussetzungen, eine für mich positive und leidensfreie SM-Passion zu entwickeln, eine Freundin zum

Spielen und Entdecken, und eine missbrauchsfreie Kindheit. Die Spiele von damals unterscheiden sich gar nicht so sehr von vielen Spielen, die ich heute noch gerne mache: Rollenspiel mit einer guten Portion Macht und Schmerz. In der Pubertät habe ich mich dann zurückgezogen. Es gilt ja zu lernen, wie man sich als Erwachsene verhalten kann. Da kann man als Mädchen nicht gleich an SM-Praktiken denken. Früh habe ich dann aber einen Mann kennengelernt und geheiratet, mit dem ich sehr intensiv SM leben konnte. Habe Kinder bekommen, ein Haus gebaut und im psychosozialen-therapeutischen Feld gearbeitet. Erst nach meiner Familienphase bin ich zur Szene gekommen, habe dort meine Basis und meinen jetzigen Mann gefunden. Wie ich zum ersten Mal Dominanz spürte? Ich empfinde, wie gesagt, alles als Teil eines Ganzen: Macht bedingt Ohnmacht und umgekehrt. Dominanz braucht Unterwerfung, sonst greift sie ins Leere. Ich hatte frühe Fantasien von Züchtigung in Internaten. Da spielte der Rohrstock auf Jungenhintern die Hauptrolle. Ich habe allerdings als Kind niemals jemanden an einen Baum gefesselt oder verbal aufgetrumpft, wie ich es so oft von anderen aktiven Frauen höre. Ich glaube, ich war schon immer eher weiblich und fühlend. Der pure unreflektierte Sadismus und die kalte Arroganz sind für mich eher Rollenspiel-Accessoires als gelebter dominanter Charakterzug. Was ich schon immer liebte, ist das Spiel von Bestrafung und Zwang, aber auch von freiwilliger Unterwerfung und Riten wie eben Initiationsriten.

Arne Hoffmann: *Wie verlief die Zeit, in der du in die SM-Szene hineingewachsen bist?*

Lady Leona: Wie gesagt, hatte ich eine langjährige Ehe mit SM, aber vollkommen ohne Szene. Außer dem SCHLAGZEILEN-Abo und ab und an mal einem Sadanas-Heftchen gab es keine Szene und Kontakte schon gar nicht. Aber jede Menge gute und heftige Spiele. Danach hatte ich es sehr schnell satt, Stinomännern[26] was über SM zu erzählen, und ohne wollte ich es nicht. Ich erinnere mich an eine kurze Beziehung zu einem wunderbaren passiven Mann. Der diente wirklich hingebungsvoll, las mir jeden Wunsch von den Augen ab, massierte mich und ließ sich von mir gerne drangsalieren. Aber wenn ich das ganze SM nannte oder gar heftiger werden wollte, weigerte er sich. So etwa ein Jahr nach meiner Trennung setzte ich dann eine Anzeige in die Schlagzeilen. Ich war nach dieser Zeit völlig

---

[26] »Stino« = »stinknormal«, also nicht SM. *Der Verleger*

hungrig nach SM, hatte die Nase voll von den »normalen« Männern. Auf die Anzeige erhielt ich dann auch die Zuschrift eines sehr erfahrenen SMlers. Ich traf ihn, spielte ohne Netz und doppelten Boden sofort am ersten Treffen sehr heftig. Ich war einige Wochen mit ihm zusammen. Das reichte, um den ersten Stammtisch kennenzulernen. Beim Stammtisch fühlte ich mich wie zu Hause angekommen, das war wirklich ein großes Erlebnis für mich. So viele Menschen, die wie ich fühlten und so leben wollten. Natürlich war das damals sehr neu und auch unreflektiert. Und dieser Stammtisch war, wie viele damals 1998, eine kraftvolle Gruppe am Anfang einer Zeit der Öffnung der Szene. Und ich war wirklich sehr glücklich dort. Hatte einige Abenteuer, neue Freunde und eine schöne Beziehung mit einem toleranten Mann.

Ich spielte auch zum ersten Mal ein Spiel mit einem fast fremden Mann, den ich öffentlich und in einem Hotel ziemlich hergenommen habe. Heute finde ich diese Session eher einfach, damals aber war es ein riesiges Abenteuer für mich. Ich war damals am Stammtisch. Dieser Kerl, auch sehr hübsch, war ausgesprochen schüchtern und hatte einen ziemlich heftigen Film. Diese Hintergrundfantasien kann ich nicht weitergeben, da sie manchmal so extrem und fremdartig sind, dass dieser Mann sich in der Geschichte wiederfinden könnte. Das will ich aber nicht. Ich habe also im Gespräch mit ihm einen Treffpunkt in einer Bar ausgemacht. Mein damaliger Freund und Spielgefährte fand das übrigens gut; er wollte, dass ich Spaß habe und Erfahrungen mache.

In dieser Bar ließ ich ihn … ach Gott, wie war das aufregend für mich damals … in der Toilette Klammern anlegen, das Kettchen musste am Reißverschluss der Hose sichtbar sein. Irgendwie gabelten wir in dieser Bar dann nachts um zwölf ein Hotelzimmer in der Nähe auf. Dem Barmann erzählte ich, dass ich Kerzen für den anstehenden Geburtstag meines Begleiters brauchte. Ich war so nervös, so unvorbereitet, so spontan. Im Zimmer musste er dann jedes vorher abgeschlagene Wachsplättchen vom Teppich einsammeln. Rohrstock und Seile hatte ich natürlich dabei. Ich war so stolz, dieses Abenteuer gemeistert zu haben, war so heftig zu ihm, wie er und ich es mochten.

Ein halbes Jahr später machte ich die Bekanntschaft mit einer Domina, bei der ich dann einige Monate war. Ich lernte auf der passiven Seite viele wichtige Inhalte zum Beruf SM-Arbeiterin. Das war eine gute Lehrzeit in Sachen Berufskunde. Sie war eine tolle Lady, mit viel praktischer Erfahrung in Gesprächsführung, Werbung und Organisation. In dieser Zeit besuchte ich noch mehrere andere Studios in Deutschland, das war eigentlich meine Lehrzeit als Domina. Ich habe einige sehr unterschiedliche Studio-Konzepte kennengelernt. Vom völlig durchorganisierten Betrieb mit der Zielsetzung, alle seltsamen Wünsche unreflektiert zu erfüllen, bis hin zu einem Erlebnis in einem chaotischen Freudenhaus mit »normalen« Mädchen, wo ich als SMlerin schräg angesehen wurde. Das hat mir sehr geholfen, mein eigenes Konzept zu entwickeln.

Arne Hoffmann: *Gibt es eigentlich bestimmte Kriterien, an denen ein Kunde ein gutes Dominastudio erkennen kann?*

Lady Leona: Och, erwarte doch von mir keine Tipps »Wie finde ich eine gute Domina?«!! Da sind ja von Regeln in vielen Internet-Portalen bis hin zu Bewerbungstrainings für Sklaven schon alle Fragen oft beschrieben.
Was ist denn ein guter Kunde? Jeder hat da doch andere Filme im Kopf. Was dem einen eine Nummer eins, wäre dem anderen ein Gräuel.
Ich glaube, da kommt es auf die Zielsetzung an: Wenn Mann einen Film von arroganter Dominanz im Hirn hat, von fetischgestählter, bis zu den Haarspitzen geschnürter weiblicher Perfektion, dann würde er eher eine Lady besuchen, die zielsicher diese Kundengruppe im Kopf hat. Die wird dann wahrscheinlich seinen Film gut bedienen und für ihn eine gute Session spielen.
Wenn er aber dann zusätzlich erwartet, dass sie das aus Spaß tut und weil es einzig ihre Passion ist und aus Liebe zu den Männern … muss ich doch etwas lächeln.
Ich sehe grade, du möchtest Kriterien für gute Studios, nicht Dominas. Wenn ein Studio läuft, machen die dort auch etwas richtig, sonst würde es schnell verschwinden.
Wenn ein Mann sich in einem Haus für normalen Sex mit Studio eine SM-Session erhofft, wird er sicher enttäuscht werden. Wenn er Sex mit Stiefeln will, geht das vielleicht gut, den kriegt er in unserem Studio nicht.
Ich nehme die Studios in den »normalen Häusern« jetzt mal raus, da kenne ich mich auch nicht aus. Nur die Studios sind ja schon alleine sehr unterschiedlich. Es ist wie auf dem normalen Markt auch: Es gibt Discounter und Fachgeschäfte. Was nicht heißen muss, dass die Ware beim Discounter schlecht ist, nur die Rahmenbedingungen stimmen da nicht immer: Druck aufs Personal, unausgebildete Hilfskräfte, ökologisch nicht vertretbar, nicht ganz sauber oder »Made in sonstwo«. Im Fachgeschäft dagegen ist es dann

eben teurer. Trotzdem gibt es überall die Möglichkeit einer Fehlentscheidung.
Mein Mann und ich haben uns mal über ökologische SM-Artikel Gedanken gemacht. Da kauft man aus ethischen Gründen kein Fleisch, aus politischen Gründen nicht »Made in China« und aus gesundheitlichen Gründen unbehandelte Baumwolle. Aber wenn es um unser Thema geht, fragt keiner. Das ist mal auf jeden Fall ein Projekt für meine Homepage: Wie handle ich als SMlerin, SM-Arbeiterin und Studiobetreiberin ökologisch und was für Möglichkeiten gibt es? Dauert aber noch, weil die Recherche nicht einfach ist.
Das ist wohl ein nicht zu Ende gedachtes Thema. Oder eben so individuell wie alle Kaufentscheidungen. Ob ich mir jetzt Gedanken mache, welches Sportstudio ich besuche, welches Auto ich kaufe oder ob ich Discounter verweigere. Es ist sehr persönlich. Und oft nicht durchschaubar.
Natürlich sind solche Fehlentscheidungen für Gäste teuer, aber es gibt nichts anderes, als sich auf sein eigenen Gespür zu verlassen. Wenn ich eine Session kaufen würde, würde ich wahrscheinlich auch reinfallen, weil mein Beuteschema »Mann« vielleicht nicht mit dem übereinstimmt, was ich mir in einer gelungenen Session vorstellen würde.
Ich hatte mal eine misslungene Session mit einem SMler, der eigentlich sehr nett war. Wir hatten einen guten Draht, eine aufregende Vorbereitungszeit per Mail, und es fing gut an. Ich begann mit einer heftigen Fesselung und überließ ihn dann wie besprochen einer Gastfrau.
(Gastfrauen sind Frauen aus privatem Kontext, die Lust haben, mal einen Mittag unentgeltlich im Studio zu verbringen.) Jetzt ist es aber so, dass ich diese Gastfrauen nicht immer ins Vorgespräch einbeziehe. Das ist ja auch ein Kick dabei für den Gast: Sie kommt rein, und er weiß nicht, was auf ihn zukommt.
Auf jeden Fall war sie nicht sein Typ, machte nur Sachen, die er nicht mochte, und brachte ihn so zum Aufgeben, zum Rausgehen aus der Situation. Weißt du, was ich meine? Er reagierte nicht mehr angemessen. Ich spürte das schon, hatte aber keine gute Möglichkeit einzugreifen, weil sie eigentlich sehr gut spielte, aber eben nicht auf ihn angemessen reagierte. Sie fuhr ihren eigenen Film. Das ist eben so: Diese Gastfrauen kommen, weil sie sehen möchten, spielen, lernen, aber nicht um zu verdienen und nicht, um Dienst zu leisten. Ich beendete es dann und er war völlig unzufrieden. Er schimpfte und beschwerte sich. Ich bot ihm eine kleine weitere Session zu einem anderen Termin an.

Wer lag daneben? Der Gast oder ich? Er wollte dieses Kribbeln des Ungewissen, aber ich hatte mich auf eine Situation eingelassen, die für mich auch schwer einschätzbar war. Ein gleichzeitiges Spiel mit zwei Fremden kann schon daneben gehen.

Kurz darauf hatte mich ein Mann, der mit seiner Partnerin das Studio gemietet hatte, gebeten, am Ende seiner Session noch eine halbe Stunde mitzumachen. Ich erwartete ein gemeinsames Spiel mit einem Herrn und seiner Sklavin. Als ich hereinkam, saß er im Sessel, die Sklavin präsentiert und geschmückt, und der Meister wollte eine Vorstellung sehen. Ich spielte also mit dieser Frau, die ich nie zuvor gesehen hatte, von deren Vorlieben ich keine Ahnung hatte, die mich nur mit hungrigen Augen ansah. Und es war ein Leichtes, sie zu nehmen. Das hat mich sehr beruhigt.

Arne Hoffmann: *Was macht denn umgekehrt einen guten Kunden aus?*

Lady Leona: Einer, der reflektiert, der sich nicht später beklagt, sondern vorher fragt. Der sich nicht nur von den Klamotten lenken lässt, der sein Gegenüber mit Respekt behandelt. Der weiß, was er sucht, oder bereit ist, sich einzulassen. Und der zu seiner Neigung steht, soweit er eben kann, auch wenn mal was schief gegangen ist.

Arne Hoffmann: *Um ein gutes Dominastudio am Laufen zu halten, muss man vermutlich mehr auf dem Kasten haben, als nur die Peitsche schwingen zu können. Welche Fähigkeiten und Kenntnisse benötigt man hier eigentlich? Erzähl doch bitte mal von deinen eigenen Erfahrungen – du hattest »Gesprächsführung, Werbung und Organisation« erwähnt ...*

Lady Leona: Ich bin in meinem früheren Beruf therapeutisch tätig gewesen, mag nicht näher darauf eingehen. Aber er hat mir sehr geholfen, mit allen möglichen Gästen umzugehen. Ich will auf keinen Fall den Eindruck erwecken, ich hielte meine Gäste für therapiebedürftig. Für mich ist SM eher das Gegenteil: Wenn jemand SM für sich entdeckt hat, hat er vielleicht einen Weg gefunden, mit vielen Sehnsüchten selbst klar zu kommen. Und das gilt für alle SMler. Auch wenn sie in Studios gehen. Natürlich sind SMler deswegen keine besseren Menschen, sie gehen sicher genau so oft zu irgendwelchen Therapien wie andere Leute. Auf jeden Fall habe ich aus diesem Beruf das Thema Gesprächsführung und einiges an therapeutischem Wissen. Werbung und Organisation, na ja, das eignet man sich eben an. Es gibt ja keine Ausbildung und Literatur zur Berufskunde »Domina«, da sucht man sich halt Wissen zusammen. Man strukturiert und konzipiert

Investitions- und Organisationspläne. Setzt Jahresziele und prüft den Erfolg. Wie bei jedem anderen Unternehmen auch. Dazu noch Grafik und Layout, Fotografie und Werbetexte, genauso orientiere ich mich an Marktforschung, suche nach Zielgruppen und Themenschwerpunkten für mein Studio. Wo positioniere ich mich, was sind Stärken und Schwächen?! Wie ist der Standort Stuttgart für meinen Betrieb? Dann die Rechtslage, Steuern, Arbeitsrecht, Gewerberecht und den Umgang mit den Ämtern. Ich glaube, da findet man keine großen Unterschiede zu anderen Betrieben. Nicht zu vergessen die Weitergabe von Wissen an neue Mitarbeiterinnen: Technik, Hygiene, Psychohygiene und SM-Wissen. Hintergründe und Erfahrungen usw. sind wichtige Organisationspunkte. Ich habe vor Jahren einen Geschäftsplan mit Zielfestsetzung gemacht. Da schaue ich ab und zu mal rein, um Ziele zu verfolgen, zu ändern oder weiter zu denken und wieder neue Ziele einzubringen. Aber eigentlich haben sich meine Visionen nicht geändert. Die sind immer noch, wie auf meiner Homepage beschrieben.

Arne Hoffmann: *In deinem Studio finden manchmal auch bestimmte Veranstaltungen statt. Was kannst du darüber berichten?*

Lady Leona: Das sind verschieden gelagerte Events mit ganz unterschiedlichen Zielgruppen. Zum einen sprechen wir natürlich männliche Gäste mit verschiedenen Vorlieben an, aber mir geht es auch um Frauen. Nicht um neue Mitarbeiterinnen oder um den besseren Verdienst aufgrund höherer weiblicher Beteiligung. Sondern um Themen, die Frauen und ihren eigenen Umgang mit SM und SM-Sexualität betreffen. Meiner Meinung nach gibt es genauso viele Frauen wie Männer, die SM mögen. Nur ist es aufgrund verschiedener Faktoren (gesellschaftlich? biologisch? kulturell?) eben dazu gekommen, dass SM-Studios hauptsächlich von Männern besucht werden, und vor allem dazu, dass fast nur Männer bereit sind, auch für ihre SM-Kicks zu zahlen. Das ist schade. Es ist mir schon klar, dass Frauen nicht dafür zahlen wollen oder müssen, aber spielen wollen sie eigentlich genauso gerne wie Männer. Ich vermute, dass Frauen ganz andere Bilder von Studios haben als Männer. Ich möchte den kleinen Rahmen, den ich zur Verfügung habe, nutzen, um mit Frauen zusammen etwas zu erleben. Dafür haben wir ganz verschiedene Veranstaltungen.
Es gibt eine Veranstaltung für Paare, die nur ganz privat und quasi mit Einladung in der Szene genutzt wird. Dann veranstalte ich mit Sharka,

meiner Partnerin, zusammen Femdom-Abende[27]; erst vor kurzem war wieder einer. Wir waren sieben Frauen, zum Teil Dominas, zum Teil unerfahrene Frauen aus der privaten Szene, und sieben Männer/Gäste, die wir ins Studio eingeladen hatten.

Das Spiel war eigentlich einfach: Aus der Situation der Vorstellung zu Beginn ergab sich hinter unserem Rücken ein Getuschel und Geschwatze der Sklaven. So konnten wir einen der Männer in einer Verhörsituation vor den Augen der anderen über das Gerede ausfragen, das sich erwartungsgemäß um die Ladys gedreht hatte, und ihn »foltern«. Ganz leicht ergab sich daraus ein Spiel, das nach einer Sekt- und Rückzugspause für die Damen dann in einem intensiven Setting endete.

Jede hatte ihr eigenes Spiel darin gefunden, und ich denke, auch die Sklaven hatten einen aufregenden Abend. Bei diesem Abend lassen wir keine Tabus von Seiten der Sklaven zu. Es werden keine Wunschlisten berücksichtigt. Erfahrungsgemäß geht es den Frauen nicht ums superharte Spiel, auch nicht um bizarre Praktiken, sondern um das gemeinsame spielerische Erleben dieser SM-Atmosphäre nach ihren eigenen Vorstellungen. Das erleben Frauen vielleicht etwas einfacher als Männer, die sich in ähnlicher Situation wohl eher produzieren müssten. Als weiteres Event gibt es noch das Kaffeekränzchen, das unsere reife schwäbische Herrin veranstaltet. Da geht es tatsächlich eher um Wunschlisten der Männer, genauso wie bei der Bizarrparty, die wohl die typischste Studioparty ist. Auch toll, mit den großen Dominas des Hauses, aber eben auf die Wünsche der männlichen Studiogäste zugeschnitten.

Was wir in den letzten beiden Jahren noch versuchten, ist tatsächlich, Szeneleute und Studiogäste zusammen zu bringen. Beim Sonntagsbrunch kann man sowohl eine Session buchen als auch ganz normal zur Party kommen und mit einer eigenen Spielpartnerin Spaß haben – oder nur das Buffet genießen. Allerdings haben wir gerade so viele Veranstaltungen und Vermietungen, dass wir das ein wenig einschränken müssen.

Die Studiovermietung ist auch eine Möglichkeit für Frauen, zu uns zu kommen, die immer mehr genutzt wird. Es gibt Paare, die kommen aus einer anderen Stadt und verbringen hier eine Nacht mit Städtekurzurlaub, das Hotel haben sie sich gespart. Das alles fühlt sich für mich sehr gut und richtig an.

---

[27] »Femdom« = dominante Frauen, devote Männer. *Der Verleger*

Arne Hoffmann: *Du gibst auch Fernerziehungen per Email. Wie genau darf man sich das vorstellen?*

Lady Leona: Email-Erziehung ist eine hübsche Sache, die nebenher läuft. Ich stelle mich auf den Gast ein, habe mehr oder weniger frei die Wahl, wann und wie oft ich mich damit vergnüge, und er hat die Möglichkeit, so etwas von überall aus zu erleben, ohne ins Studio zu kommen.
Meine Einladung zu einer Email-Erziehung sieht so aus:

Lieber xxx,

Ich freue mich an Ihrem Interesse an einer Emailerziehung. Das ist eine Sache, die sehr erregend und tief sein kann. Man kann per Email sehr intensive Erziehungen veranstalten. Ich werde Sie und Ihre Gedanken in meiner Macht haben. Wenn Sie glauben, das ist ja ganz einfach, man muss ja nicht immer die Wahrheit schreiben, ist das ein Trugschluss. Wenn Sie mir gegenüber nicht offen sind, verderben Sie sich Ihr eigenes Spiel.
Zuerst einmal möchte ich mehr über Sie wissen. Was sind Ihre Träume, Ihre Fetische, Ihre Vorlieben? Wie viel Erfahrung haben Sie schon? Zu mir haben Sie ja schon einiges auf meiner Homepage gelesen. Vielleicht ist da ja etwas dabei, das Sie erregt.
Dann zum Thema Lohn:
Vor Beginn der eigentlichen Erziehung werden xxx,- EUR auf mein Konto überwiesen, das heißt also, wenn Sie mir Ihre Vorstellungsmail geschrieben haben und ich mich entschieden habe, Sie als Zögling zu akzeptieren.
Die Erziehung stelle ich mir so vor: Sie bekommen Mails von mir, Anweisungen, Situationen, Wünsche. Diese sollten befolgt werden! Es werden unterschiedlich viele sein, aber mindestens eine längere pro Woche. Kurzen Austausch kann es auch mehrmals täglich geben, das kommt auf unsere PC-Nutzungsgewohnheiten an. Denkbar wäre auch ein Treffen im Chat, oder mal per SMS.
Nun erwarte ich eine Bewerbungsmail, oder zumindest eine kurze Absage.
Mit freundlichen Grüßen

Leona

Ein Anfangsbrief, nachdem ich den Bewerbungsbogen erhalten habe, könnte dann vielleicht bei diesem speziellen Gast so aussehen:

Lieber xxx,

Zur Keuschheit: Ich finde es sehr erregend, wenn Du mir sagst, wann Dich etwas geil gemacht hat. Kommen wirst Du dann, wenn ich es Dir erlaubt habe (gilt nicht am Wochenende). Ansonsten möchte ich, dass Du keusch bleibst.

Zum Abbinden: Jeden Tag solltest Du zwei Stunden abgebunden sein. Was mir daran gefällt sind herausfordernde Situationen, z. B. beim Kundengespräch. Natürlich wirst Du diese Dates noch besser gestalten als die ohne Band. Denn Du tust das ja dann für mich, Deine Herrin!!!

Ich möchte, dass das zu bestimmten Zeiten ist, so dass ich weiß: Jetzt ist er prall und unfrei :–))

Am besten wäre nachmittags von 14.00 bis 16.00 Uhr.

Zum Essen: Ich kenne Dich nicht, weiß nicht um Deine Gewohnheiten, ich selbst versuche gesund und natürlich zu essen, möglichst ohne Fleisch. Deshalb wird das vielleicht etwas schwierig für Dich. Unter der Woche wirst Du auf jeden Fall auf so was Zuckerhaltiges wie Berliner verzichten müssen. Gegen Obst (am liebsten Äpfel aus Deutschland) habe ich nichts.

Zum Kontakt: Wir werden nicht täglich Kontakt haben; ich bin Mittwoch bis Freitag im Studio, jetzt gerade bin ich privat, da werde ich sicher nicht so frei und aufregend SMS schreiben. Aber das wird sich noch einspielen. Wenn Du ein wirklicher Sklave bist, Dich zurückhalten kannst, nicht sofortige Befriedigung Deiner geilen Gedanken forderst, auf die Gewohnheiten Deiner Herrin Rücksicht nimmst und versuchst zu tun, was auch Ihr gefällt :–) , werden wir eine gute und intensive Zeit haben.

Ich habe bisher einen spannenden und guten Eindruck von unserer Beziehung, ich bin neugierig auf Dich und habe Lust auf Spielchen. Das ist klasse und macht mich an.

Also: Du kannst mir so viele SMS schreiben, wie Du Lust hast, aber erwarte nicht, dass ich immer antworte. Das tue ich nach meiner Lust.

Ich wünsche Dir einen schönen Tag.

Leona

So beginnt es vielleicht, und was danach kommt, ist meistens sehr aufregend oder auch lustig. Da man das sehr individuell gestalten kann, ist es auch jedes Mal ganz anders. Da gibt es eben je nach Wünschen ganz unterschiedliche Beziehungen.

Vor Jahren hatte ich mal eine wunderbare Beziehung zu solch einem Sklaven. Er war wirklich sehr neu und befolgte alle meine Befehle ganz wunderbar – bis ich ihn eines Tages in einen SM-Shop schickte, wo er sich einen Anzug kaufen sollte. Leider ist er aus diesem Shop nie wieder herausgekommen, jedenfalls habe ich nie wieder etwas von ihm gehört. Sicher hat er dort etwas ganz Wunderbares getroffen. *(lächelt)*
Mit ihm habe ich sehr aufregende Sachen erlebt. Immer wieder bekam ich eine nette SMS, zum Beispiel aus einem Zelt irgendwo in der Wildnis, wo er dann irgendwelche wichtigen Aufgaben seiner Herrin mit Gummibändern, Handschuhen und Wäscheklammern befolgen musste. Und ich bin sicher, er hat das getan. Ich bin da ein gutgläubiger Mensch.
Oder es gab einen Mann, der sehr viel mit seinem Wagen unterwegs war und den ich immer von irgendwelchen besonderen Etablissements oder Wohnwagen fernhalten sollte. Was es da nicht alles gibt! Ich sorgte also dafür, dass er für eine gewisse Zeit anständig geblieben ist. Oder ich habe ihm selbst befohlen, solch einen Wagen zu suchen. Dann sollte er hineingehen und der Dame erzählen, dass er das für seine Herrin tun muss.
Und man kann die Sklaven natürlich auch sehr schön keusch halten ... oder sonstwie trainieren. Zum Beispiel zu bestimmten Zeiten zur Toilette zu gehen, oder Fesseln zu tragen, verrückte Bilder mit der Webcam zu machen oder ohne Unterwäsche zu arbeiten ...
Das macht sehr viel Spaß und eigentlich kickt es mich auch, so wie eben Geschichten kicken können, die sich im Kopf abspielen.

Arne Hoffmann: *Mit welchen Problemen müssen die Partner von Dominas zurechtkommen, und wie versuchst du da zu helfen?*

Lady Leona: Helfen kann ich da vielleicht gar nicht, aber berichten. Partner der Dominas, oder Partnerinnen der Gäste, das sind beides interessante Gruppen, und sie haben auch sehr viel gemeinsam, auch wenn man das auf den ersten Blick nicht so sehen muss. So müssen beide sich damit auseinandersetzen, dass der geliebte Partner sich mit anderen Menschen in SM-Situationen begibt, sei es aus finanziellen Gründen oder um SM-Wünsche zu befriedigen. Ich habe auch aus meinen eigenen Gelüsten heraus angefangen, professionellen SM anzubieten; damals habe ich mir über einen Partner keine Gedanken gemacht. Als ich dann meinen Mann kennenlernte, musste er sich mit der Situation auseinandersetzen. Und das war nicht immer leicht. Eigentlich sind wir ein eher eifersüchtiges Paar, legen sehr viel Wert auf Ehrlichkeit und Einhaltung der Abmachungen zwischen uns.

Trotzdem möchte ich ihm natürlich eigene Abenteuer nicht vorenthalten. Ich finde, als SM-Paar sind wir in der großartigen Lage, uns gegenseitig Freiheit und die Möglichkeit der Erfüllung unserer Träume zu bieten. In einer normalen Beziehung ist das ja kaum möglich. Fremdgehen bedeutet da eben Untreue. In einer SM-Beziehung ist noch so viel mehr möglich als sexuelle Begegnungen. Nun war mein Partner damals in der Situation, mich zwar privat als SMlerin am Stammtisch kennengelernt zu haben, aber schon als professionelle Domina, die eben auch mit anderen Männern spielt. Er versuchte nie, mich zu ändern, und doch war er eifersüchtig. Mit der Zeit lernten wir, zwischen Studio und privat zu trennen, zwischen Partnerschaft, Liebe und meinen manchmal erregenden Abenteuern auch im Studio. Abenteuer haben wir auch gemeinsam, auf Partys oder mit anderen SMlern. Ich organisiere manchmal auch Spiele, an denen Leute teilnehmen, die einfach Lust auf so ein Spiel haben.

Unsere Gäste im Studio erregen uns auch, fördern unsere Kreativität, und wir erleben mit ihnen oft gute Sessions. Manchmal bin ich high von den Sessions und rufe nach einer Session voller Tatendrang zu Hause an, lasse ihn sich vorbereiten auf ein großes Spiel und kann es kaum erwarten, bis es losgeht. Trotzdem kann es sein, dass er nicht sofort erregt in die SM-Geschichte eintauchen will. Ich vergesse dabei eben ein klein wenig, dass er ja auch in seiner Berufswelt ist, die so weit weg ist von meiner Studiowelt.

Im Studio wollen unsere Gäste gute, fantasievolle, erregende Abenteuer erleben. Kreative und einfühlsam konsequente Herrinnen, die perfekt gestylt sind. Das kann auch sehr anstrengend sein. Manchmal bin ich am Ende leer und müde, kann keine Stiefel mehr sehen ... und mag nur noch kuscheln. Aber wie erklärt man einem geliebten Partner, dass man nach einem Tag voller SM nun ausgerechnet auf ihn keine Lust mehr hat?

Und damit muss unsere Beziehung leben. Mein Partner muss bereit sein, mich so zu ertragen, wie ich drauf bin. Ich hoffe, dass ich ihm dann bei anderen Gelegenheiten etwas dafür zurückgeben kann. Na ja, er hat die Domina mit dem SM-Wissen (und dem Kleiderschrank ...), um die ihn die Sklaven beneiden. Viele Spiele im Studio oder privat inspirieren mich, machen mir Lust auf mehr; davon profitiert dann auch mein Partner.

Dieses Thema ist sehr schwierig, aber passiert das nicht in anderen Berufen auch? Dass die Karriere die Beziehung aushöhlt?

Ich bin immer noch der Meinung, es gibt zu wenige Hilfsangebote für die speziellen Probleme dieser verschiedenen Gruppen. Aber diese Angebote kann man ja auch schaffen. So ist es bei uns im Studio inzwischen fast üblich, Supervisionen zu machen. Und das ist ziemlich gut.

Warum bildet sich z. B. in der »Sklavenzentrale« im Internet nicht ein Zirkel zum Thema: Meine Partnerin ist Profi, oder mein Mann geht ins Studio?

Vielleicht ist das aber auch gar keine berufsbezogene Geschichte, sondern eher eine normale SM-Laufbahn: Menschen lernen einander kennen, finden endlich nach vielen Versuchen den Partner, der scheinbar in all seinen Wünschen und Sehnsüchten passt, und erleben nach einiger Zeit, dass scheinbar nichts so ist wie gedacht. Sie vergessen, dass nicht alles vom passenden SM-Kick abhängt, sondern vom aufmerksamen Umgang miteinander. SM kann man immer wieder neu für sich erfinden, die Achtung vor dem anderen und den Wunsch, auch Sehnsüchte des anderen zu erfüllen, vorausgesetzt. Inzwischen glaube ich, dass der Unterschied zwischen SMlern und »Normalen« viel kleiner ist, als SMler gerne annehmen: Wir sind nicht besonders toll, nicht besonders krank, und auch nicht so benachteiligt, wie wir uns gerne manchmal sehen. Wir haben nur etwas andere Probleme in manchen Bereichen.

Arne Hoffmann: *Du hast erklärt, dass Macht und Ohnmacht für dich zwei Seiten derselben Medaille seien. Könntest du dir vorstellen, bei SM-Spielen auch die devote Rolle einzunehmen? Darf man solche Wünsche als Domina überhaupt laut äußern, oder wird man dann nicht mehr als ausreichend dominant wahrgenommen? Wie sieht das mit deinen Kolleginnen aus?*

Lady Leona: Das ist die Frage der Fragen. Leona und ohnmächtig, das gibt es natürlich nicht! »Ohnmächtig« bedeutet für eine Domina ja Kontrollverlust, und das geht nicht. Zumindest nicht für Leona. Es gibt im Studio auch bei uns viele Switcherinnen, die gut dominant oder sadistisch oder beides sein können und dazu in einer anderen oder sogar der gleichen Session auch devot oder/und masochistisch spielen. Das ist eine Fähigkeit, die die Frauen entwickeln und ausleben, wenn sie das mögen, wenn sie das aushalten und für sich so entschieden haben. Ich habe das Gefühl, dass sich in der Zeit, in der ich mich in der Szene bewege, die Anzahl der eindeutig Aktiven und Passiven verringert hat; die Tendenz geht allgemein zum Switchen. Leona kann das nicht, sie ist die kühle, blonde Herrin, die zwar auch mal für sich Lust im Spiel zulässt, wenn es passt, die auch mal etwas von sich zeigt und erotisch spielt. Aber nur kontrolliert in ihrem Spiel. Niemals würde sie sich fügen und devot spielen.

Arne Hoffmann: *Niemals?*

Lady Leona: Ich werde mich nicht unterwerfen, aber: Ja, ich habe Erfahrungen damit. Ich habe alles, was ich anderen tue, schon selbst gespürt. Ich bin Switcherin mit Leib und Seele – und doch kann man Leona nicht dominieren! Ich bin Leona mit der ganzen Aura der Autorität und Macht. Alles andere wäre ein Verbiegen und würde nicht funktionieren. Und selbst wenn mein Beruf natürlich auch eine Dienstleistung ist, so kann ich nur mit dem dienen, was ich beherrsche, und da gehört der Spagat des Switchens eben nicht dazu. Lieber der Spagat von ganz verschiedenen Rollen.
Ich liebe Rollenspiele, habe einen riesigen Fundus an Fantasien und Klamotten dazu, erzähle supergerne in den Sessions abgefahrene Geschichten und lebe dann sehr schnell auch in diesen Situationen. Da ist die »Herrin« nur die dominante Spitze des Eisbergs. Wie berührend ist es, einen beschämten »Schüler« vor sich zu haben oder aber einen souveränen Geschäftsmann in die Knie zu zwingen, mit Worten, Berührungen, Klischees, Gesten … Da heiligt der Zweck die Mittel, und ich werde so gerne zur puren Erotik oder zur bösartigen Erzieherin. Wie gut kann es ankommen, wenn ich unschuldig beginne und dann mit hammerharten Sätzen einen gestandenen Mann in meine kleine gefügige Freundin verwandle … Oder wenn ich zulasse, dass mein Spielobjekt im wahrsten Sinne des Wortes zum Schwein werden kann, mit Maske und Stall. Und wenn der sonst so kleine Mann hier groß und hart im Nehmen sein kann, stolz die Strafe aushält, die ihm die Chefin aufbrummt, und dabei ihr erotisches Opfer sein darf. Ach, da gibt es so wunderbare Spiele! Das ist das eigentliche Feld der meisten Kicks: Rollen zu spielen, die so gut in unserem Bauch ankommen, uns so berühren und für kurze Zeit in ein Fantasieland beamen, das wir nur hier erleben können.

Arne Hoffmann: *Du hast mich gebeten, in diesem Interview auch einen Punkt anzusprechen, der dich seit einiger Zeit beschäftigt: Was macht eigentlich ein Gast, der mit einem Absturz aus einem Studio geht …?*

Lady Leona: Nun ist es ja so: Ein Mann geht in ein Studio, erwartet die ultimative Session und bekommt vielleicht viel mehr, als er wollte. Ich meine vor allem die Gäste, die kommen und sich wünschen, dass eine Herrin sie ohne Gnade schlägt oder ähnliches. Und die Herrin tut das dann auch, auf seinen direkten Wunsch hin. So etwas gibt es nicht selten. Ich selbst nehme diese Gäste nicht gerne an, die wirklich darauf bestehen, mit

Knebel und gefesselt völlig verdroschen zu werden. Weil ich diesen Wunsch eben nicht wirklich erfüllen kann. Nun also – ein Mann wünscht sich diese Session und bekommt sie. Dabei merkt er dann, das er das doch nicht aushält, aber er wollte ja »ohne Gnade«. Also tut sie mehr, als er erträgt. Er steht das irgendwie durch und sagt hinterher wahrscheinlich, dass es »schon in Ordnung« war. Wahrt die Contenance und geht. Was dann? Bricht er draußen zusammen? Ruft er seinen Freund an? Jammert er bei seiner Frau? Geht er zum Psychologen? Ich habe einmal einen Gast in dieser Situation erlebt, der ist tatsächlich gleich noch im Studio heftig abgestürzt. Das war in diesem Moment auch gut und richtig für ihn. So etwas passiert im SM-Leben. Über Abstürze will ich jetzt auch gar nicht reden, aber über Gäste, die danach einfach weg sind. Da gibt es zum Beispiel einen Mitarbeiter vom SM-Notfalldienst, von dem ich hörte, dass ein Gast eines Studios immer wieder angerufen hat, weil er bei einer Langzeiterziehung eine traumatische Situation erlebt hatte und damit nicht klar kam. Er ging nicht zur Domina zurück und redete mit ihr, er suchte sich einen Weg … irgendwie. Oder ein Mann, der in einem Studio einen körperlichen Schaden an Brustwarzen, Hoden oder Narben davongetragen hat (ich will gar nicht wissen, wie viele Schäden durch Katheter entstanden sind), kommt zu mir als Gast und erzählt mir von seinem Malheur. Aber zu der Dame, die das sicher auf seinen Wunsch getan hat, geht er nicht mehr. Ich will nicht die Dominas angreifen, rede auch nicht von Frauen, die verantwortungslos alles machen, was gewünscht wird, sondern von erfahrenen Herrinnen, die eine gute und intensive Praxis beherrschen und ausführen. Die tun ja oft auch nur das, was ausdrücklich gefordert wurde. Woher sollen sie denn auch wissen, was danach passiert, wenn sich der Gast dann nicht mehr meldet? Ich meine auch nicht die Beschwerdegäste, die nie genug bekommen, denen die Sessionzeit zu kurz ist oder für die immer etwas nicht stimmt. Ich meine die gesunde Reflexion oder die Aussage, aus der die Dominas vielleicht mal lernen könnten, was zu viel war und warum. Jetzt im Erzählen fällt mir ein, dass ich ja bei uns im Hause so eine anonyme Adresse einrichten könnte, wo die Männer eben das loswerden können … Müsste ich mal drüber nachdenken. Vielleicht wäre die »Sklavenzentrale« im Internet ja auch so ein guter Ort. Ich hätte auf jeden Fall ein besseres Gefühl bei meinen besonders heftigen Sessions, wenn ich wüsste, dass das Lob auch wirklich stimmig ist und es nicht diese männliche Contenance gibt, die Stärke, Mut und Zähigkeit zeigen muss – sondern ein Gast eben auch mal zugeben kann, dass zu viel passiert ist, er zu viel gefordert hat, und nun gemeinsam versucht werden kann, damit umzugehen. So wie es eben unter privaten Spielern auch passiert.

Arne Hoffmann: *Wie stellst du dir deine Zukunft vor?*

Lady Leona: Ich möchte bei SM bleiben, vielleicht ja in anderer Form, es ist mein Thema und es fesselt mich noch immer. Es gibt viele Möglichkeiten, damit zu arbeiten.

Ein Thema, das ich gerne mehr bearbeiten möchte, ist: Wie werden SMler im Alter leben? Sind SM-WGs ein Weg? Ist spezielle Betreuung gefragt? Spezielle Spielformen, zum Beispiel Rollenspiele, die weniger extrem sind oder die eben nicht ein ganzes Studio benötigen? Meine ursprüngliche Ausbildung dreht sich um die psychischen Bedürfnisse und Betreuungsformen alter Menschen. Ich kann mir schon vorstellen, dass ich diese beiden Berufe miteinander verknüpfe und daraus einen neuen Weg finden werde.

Einerseits will ich nicht ohne Sessions sein, andererseits kann ich mir aber schon andere Arbeitsformen vorstellen, als das Studio zu leiten. Auf jeden Fall möchte ich gerne weiter praktisch mit Frauen und mit Männern arbeiten. Ich habe für mich schon einige interessante Perspektiven im Kopf.

Ich würde natürlich noch gerne sehr viel mehr erzählen. Die ganzen liebenswürdigen, lustigen und auch ernsten Geschichten, die so im Studio-Alltag passieren. Aber das würde wohl mehr als ein Buch füllen.

»Warum gibt es die Flagellanten alten Schlages heute nicht mehr, Lady Dana?« Der Wandel der SM-Szene in den letzten 20 Jahren

Rüdiger Happ: *Lady Dana, ich hoffe, man tritt Ihnen nicht zu nahe, wenn man Sie als eine der wohl dienstältesten Dominas in Deutschland bezeichnet. Seit wann sind Sie im Geschäft?*

Lady Dana: Seit 1988.

Rüdiger Happ: *1988 – das war die Zeit, wo sich eine Domina nicht mehr (wie im Bayern der 70er Jahre) verschleiernd als »selbstbewußte Frau« anpreisen mußte, es gab schon Sex-Shops und in ihnen den Domina-Führer, es gab das in Stuttgart von Kastley herausgegebene Magazin »Club Caprice« und allererste SM-Stammtische in Wien, München und Hamburg und somit erste Ansätze zu einer privaten Hetero-SM-Szene, die SCHLAGZEILEN bereiteten ihre allererste Ausgabe in Miniauflage vor, das Internet als Informationsquelle existierte noch nicht, und die ganze heutige SM-Subkultur aus Verlagen (wie diesem hier ...), Fetischkleidungsherstellern, SM-Parties und -stammtischen war noch im Anfangsstadium. – Beschreiben Sie uns doch bitte, wie der Studio-Alltag im Jahre 1988 ablief. Was für Gäste kamen, und was wünschten die sich meistens?*

Lady Dana: Die Gäste damals waren ganz anders als die Gäste heute. Die damaligen Gäste waren sehr viel älter als die heutigen Gäste. Der durchschnittliche Gast war damals Ende 40 bis ungefähr 70 Jahre alt. Dadurch, daß diese Gäste in ihrer Kindheit in den damals üblichen Schulen und Internaten waren, von Erzieherinnen erzogen wurden, bei Vergehen auf harte, strenge, »englische Weise« abgestraft wurden, entstand in ihnen der Wunsch, diese Dinge aus der Kindheit wiederzuerleben. Der normale Studiogast damaliger Zeiten war also ein passiver Flagellant[28]; der Studio-

---

[28] von lat. »flagellum« (»Peitsche«). Einer, der es liebt, gepeitscht zu werden. »Englische Erziehung«: Schläge mit dem Rohrstock. *Der Verleger und Interviewer*

Alltag bestand hauptsächlich aus Sessions mit englischer Erziehung für eben diese Flagellanten, aus Kasernenhofdrill, aus »Verhören«, aus »SS-Verhören«, »Gefängniseinbuchtungen«, »Schulerziehungen« – *harten* Schulerziehungen. Gang und gäbe war damals der Rohrstock; ohne den Rohrstock lief keine Session.

Rüdiger Happ: *Haben Sie nicht einmal erzählt, daß Sie in Ihrer Anfangszeit mindestens einen Rohrstock pro Arbeitstag verbraucht, d. h. regelrecht zerprügelt hätten?*

Lady Dana: Mindestens. Die damaligen, älteren Gäste waren zum einen nicht nur viel schmerzgeiler als die heutigen, sie konnten auch sehr viel mehr ertragen. Heute wird der Rohrstock sehr selten angewandt. Vielleicht ein, zwei Gäste pro Monat sind von »diesem alten Schlage« und wünschen den Rohrstock. Früher war der »gelbe Onkel« aus dem Studio-Alltag überhaupt nicht wegzudenken.

Rüdiger Happ: *Nun ja – einem Studio würde doch auch heute ohne Rohrstock irgend etwas fehlen, oder nicht? – Bedauern Sie diese Entwicklung, finden Sie sie gut, oder stehen Sie diesem Wandel neutral gegenüber?*

Lady Dana: Ich muß sagen, ich stehe dieser Entwicklung neutral gegenüber ... Die Gäste sind heute sehr viel jünger geworden. Es fängt an bei ca. 20 Jahren, frühestens; die wenigen älteren Gäste, die es heute noch gibt, kann man an einer Hand abzählen. Die jüngeren Gäste sind durch die neuen Medien wie z. B. das Internet schon ganz vertraut mit der Welt der Studios und betrachten sie als etwas Normales. Das Studio war früher eine sehr spannende, aufregende Geschichte und etwas ganz Besonderes, auch für die Gäste. Heute ist ein Studio nichts anderes mehr als ein Bordell – ganz normal geworden und an der Tagesordnung. Jeder junge Gast kennt sich extrem gut aus; die jungen Gäste lieben diese Fetisch-Geschichten. »Fetisch« heißt: Nichts Strenges mehr.

Rüdiger Happ: *Können wir dann davon ausgehen, daß es die Leute mit anderen Phantasien – etwa »Klinikerotiker«, Transvestiten, »erwachsene Babies« – in den 80er Jahren auch schon gegeben hat, auch in jugendlichem Alter, daß die sich aber nicht so recht getraut haben, ins Studio zu gehen, weil in den Studios damals fast nur Flagellantismus und »strenge englische Schulerziehung« praktiziert wurden und das eben nicht jedermanns Geschmack war?*

Lady Dana: Ja, genau, das kann man gut so sagen. Die Randgruppen gab es damals auch schon. Was sehr häufig vorkam, war Trans-Sex, also Transvestiten …

Rüdiger Happ: *Das gab's damals in den Studios auch schon?*

Lady Dana: Das gab's damals auch schon. Das kam sehr häufig vor, eigentlich noch häufiger als heute.

Rüdiger Happ: *Also 90 % aller Sessions waren mit dem Rohrstock, aber es gab auch viele Transvestiten – wollten die dann* **als Transvestiten** *versohlt werden, oder wie?*

Lady Dana: Ganz genau so.

Rüdiger Happ: *Als ungezogenes Mädchen …?*

Lady Dana: Als ungezogenes Mädchen, oder Schulerziehung eben als Schüler*in*, im Internat oder im »Erziehungsunterricht«. Klinikerotik, würd' ich behaupten, das waren so rund fünf Prozent – was jedoch *immer* am Ende mit 'nem Rohrstock ausging; oder der Beginn war mit 'nem Rohrstock – von dieser strengen Frau Doktor, die eben dem Patienten den Hintern verklopft hat, weil er in geraumer Zeit nicht so und so viel Kilo abgenommen hat oder die Liegestützen während der Klinik-Session nicht ordentlich absolviert hat.

Rüdiger Happ: *Erstaunlich. Rohrstöcke und Liegestützen in der Klinik – das erinnert fast an einen gewissen Monty-Python-Sketch, wo die Patienten mal so richtig auf Vordermann gebracht werden.*

Lady Dana: Ganz genau. Das kommt auch daher, daß sich die Männer früher bei der Aufnahme in die Bundeswehr medizinischen Tests unterziehen mußten …

Rüdiger Happ: *Das ist jetzt, glaub' ich, immer noch so. Ich hab zwar meine Musterung in den frühen 80er Jahren erlebt, aber einer erzählte mir stolz, daß er während der Kniebeugen die Luft angehalten habe, damit der Blutdruck möglichst hoch sei … (lacht)*

Lady Dana: Genau so. Und zu damaligen Zeiten waren eben auch diese Ärztinnen und Ärzte – wie auch immer – sehr hohen Alters – meist waren's Amtsärzte – und haben mit sehr, sehr strengen und konsequenten Untersuchungen den jungen Probanden auf Vordermann gebracht. Dabei war u. a.

auch oft sehr strenge Zucht mit an der Tagesordnung – jedenfalls laut den Erzählungen der Gäste damals …

Rüdiger Happ: *… wobei manches davon sicherlich der Fantasie entsprungen sein wird; aber einiges davon könnte durchaus real sein.*

Lady Dana: Mit Sicherheit, ja. Das höre ich heute immer wieder bei diesen älteren Gästen, die sich an solche Sachen noch erinnern können.

Rüdiger Happ: *Wohingegen heute die Rohrstockerziehung ja meistens die pure Fantasie darstellt, denn kaum ein jüngerer Mensch hat das ja noch real erlebt …!?*

Lady Dana: Keiner von denen. Die jüngeren wollen auch definitiv keine Rohrstockerziehung.

Rüdiger Happ: *Rund fünf Prozent Klinikerotiker – das muß man doch irgendwie (rein kaufmännisch) beim Aufbau des Studios beachten, denn wenn man eine Riesenausrüstung für nur fünf Prozent der Gäste kauft, dann lohnt sich das vielleicht gar nicht, so daß vielleicht schon von daher das Augenmerk mehr auf die »preiswertere« Schulerziehung mit dem Rohrstock gelegt wird!?*

Lady Dana: Zur damaligen Zeit waren die Studios – da muß ich widersprechen – insgesamt viel hochwertiger eingerichtet als heute, größer, geräumiger. Die Studios waren damals meist in einzelnen freistehenden Häusern, die absolut in jeder Beziehung top-eingerichtet waren, mit allen Schikanen, die Klinikräume genauso wie die Studioräume. In den heutigen Zeiten kommt es immer wieder vor, daß Studios in normalen Wohnräumen sind. Das wäre damals schlicht und einfach nicht möglich gewesen, da es nicht erlaubt war, in Wohnräumen oder Wohnhäusern solch ein Gewerbe auszuüben.

Rüdiger Happ: *Mit anderen Worten: Sie sprechen da so eine Art Sperrgebietsverordnung an.*

Lady Dana: Genau.

Rüdiger Happ: *Aber es ist doch bemerkenswert: Sie scheinen doch in eine damals bereits seit langem funktionierende Studiokultur hineingewachsen zu sein.*

Lady Dana: Es gab damals in Stuttgart definitiv **drei** Studios.

Rüdiger Happ: *Und die haben vermutlich schon so etwa seit den siebziger Jahren existiert?*

Lady Dana: Ganz genau.

Rüdiger Happ: *Also man kann nicht sagen, es wäre eine SM-mäßige Wüste gewesen, aber es unterschied sich doch erheblich von der heutigen Art, das alles zu erleben?*

Lady Dana: So ist es.

Rüdiger Happ: *Wie sieht heutzutage das durchschnittliche Spektrum an Studiogästen und verlangten Praktiken aus?*

Lady Dana: Das ist eine einfache Geschichte: Der durchschnittliche heutige Studiogast sieht SM als kleine Alternative zum »normalen« Sexprogramm. Viele der Gäste haben da natürlich ihre Probleme, da zu Hause die Freundin oder die Frau SM nicht mitmacht oder diesen Fetisch nicht mitmacht ...

Rüdiger Happ: *... oder man(n) überhaupt nicht wagt, sich ihr anzuvertrauen ...*

Lady Dana: Genau – und dann lebt man das eben im Studio aus! Der Fetischbereich beinhaltet heute in der Regel auch kein Sklave-Herrin-Spiel mehr – allenfalls noch in 20 Prozent aller Fälle; 80 Prozent möchten die besondere Umgebung haben, gefesselt sein, ausgeliefert sein, mit der Sklavin oder Zofe sexuelle Erlebnisse haben, etwa als »Vergewaltigungsspiel« oder in Fetischwäsche ...

Rüdiger Happ: *Allerdings dürfte es früher auch so gewesen sein, daß viele Rohrstockliebhaber sich nicht getraut haben, ihren Frauen von ihrer Vorliebe zu erzählen, vermute ich mal.*

Lady Dana: Das stimmt nicht.

Rüdiger Happ: *Sie glauben, daß damals die Mehrzahl der Ehefrauen davon gewußt hat?*

Lady Dana: Sehr viele der Probanden haben damals SM in dieser harten Form auch zu Hause praktiziert.

Rüdiger Happ: *Oh – da hatten die ja eigentlich gar keinen Studiobesuch mehr nötig, oder?*

Lady Dana: Die hatten einen Studiobesuch nötig, da die Domina doch eine neutrale Person ist und da es doch anders ist, von einer Domina den Arsch versohlt zu bekommen als zu Hause von der Frau, die dann eventuell zu schnell Mitleid haben könnte.

Rüdiger Happ: *Fast könnte man sich vorstellen, daß die Frau ihren Mann absichtlich ins Studio schickt, damit er dort mal so richtig abgestraft wird.*

Lady Dana: Das war im einen oder anderen Fall auch so.

Rüdiger Happ: *Interessant! – Auf der Website eines Karlsruher Dominastudios findet sich der Hinweis auf eine Herrin Anfang 20, die glänzend aussieht wie ein Model und tatsächlich auch schon für bekannte Fetisch-Zeitschriften posiert hat. Ein großes Stuttgarter Studio bewarb vor einigen Monaten eine 18jährige Domina, die hauptberuflich noch Schülerin sei. Sie war herrlich anzuschauen, und ohne Zweifel gibt es auch Männer, die darauf stehen, von unreifen Gören gedemütigt zu werden, aber können solche sehr jungen Dominas wirklich gegenüber 40jährigen, lebenserfahrenen, »gestandenen« Mannsbildern, und seien sie auch noch so devot veranlagt, die nötige Autorität ausstrahlen? Ist nach Ihrer Erfahrung, Lady Dana, ein reiferes Alter eher vorteilhaft oder eher nachteilig für eine Domina?*

Lady Dana: Ähm … *(denkt kurz nach)* … ich denke, auf jeden Fall vorteilhaft, da ich heute, im reiferen Alter, ungefähr das Fünffache an Resonanz habe als die, die ich hatte, als ich jung war, da der Erfahrungswert, in dieser Richtung mit Menschen zu arbeiten – möchte ich mal so sagen –, einem keiner nehmen kann; man wächst mit der Zeit, man wächst mit der Aufgabe, man lernt die Menschen kennen. Junge Dominas wissen heutzutage nicht einmal mehr, wie ein Rohrstock geführt werden muß. Selbst mit einem Rohrstock umzugehen, bedarf es sehr viel Übung …

Rüdiger Happ: *Nun gut, das mußten Sie vermutlich auch lernen …*

Lady Dana: Ganz genau. Das mußte ich lernen damals, mit einem Rohrstock zu schlagen, da gab's diese harten Probanden als Übungsobjekte, die dann kamen mit eingeriebenen und eingefetteten Pobacken, daß die das richtig aushalten konnten[29], und dann mußte ich das üben. Es gibt heute

---

[29] 500 bis 1000 Hiebe können bei solch hartgesottenen alten Hasen schon mal zusammenkommen – ich hab' auch schon mal über 500 kassiert … *Der Verleger*

immer wieder – höre ich von Gästen – Dominas, die nicht einmal mehr den Rohrstock handhaben können. Der Rohrstock bedarf ordentlich Übung, um ihn ordentlich auf den Pobacken plazieren zu können.

Rüdiger Happ: *Wahrscheinlich nicht ganz so viel Übung wie eine Bullwhip, aber schon ordentlich Übung ...*

Lady Dana: Genau gleich.

Rüdiger Happ: *Genau gleich? (erstaunt)*

Lady Dana: Genau gleich. Die jungen Dominas heutzutage lernen auch eins, was damals und heute undenkbar war: Die junge Domina verkauft, wenn sie in den Sessions einfach nicht mehr weiterweiß, ihren Körper, d. h. sie animiert den Gast mit körperlichen Reizen, was ja auch bei diesen jungen Gästen hervorragend funktioniert, da die ja sowieso darauf aus sind, am Ende der Session prinzipiell ihre sexuelle Wollust zu befriedigen in Form von Geschlechtsverkehr, »französisch« oder sonstigen Praktiken.

Rüdiger Happ: *Aber ich nehme mal an, auch die Gäste in den 80er Jahren legten Wert darauf, am Schluß abzuspritzen – oder war das damals z. T. auch nicht so?*

Lady Dana: Das mußten die selbst tun. Die durften sich zum Schluß melken. Es gab keine Domina, die Hand angelegt hat – geschweige denn sonstiges ... Wenn der Gast es ausdrücklich wollte, gab es damals eine Zofe, die den Gast gemolken hat. Der Gast damals war in sexueller Hinsicht sehr genügsam.[30]

Rüdiger Happ: *Ja – ich erinnere mich, daß Sie in den vergangenen Jahren des öfteren darüber klagten, daß manche sich als Domina bezeichneten, in Wahrheit aber nicht »unberührbar« seien, wie sich das für eine Domina gezieme.*

Lady Dana: Die wenigsten Dominas sind unberührbar heutzutage.

---

[30] Und auch sonst konnten die Gäste damals – und z. T. auch noch heute – einiges mehr vertragen: Manche echt devoten Flagellanten »betraten« das Studio, indem sie auf Knien hereinrutschten und nach der Tracht Prügel wieder auf ähnliche Weise hinauskrochen – ohne gemütliches Vor- oder Nachgespräch »auf Augenhöhe«. Wie man sieht, finden sich solche strengen Sitten also durchaus nicht nur bei Lady de Cobra ... *Der Verleger*

Rüdiger Happ: *Ich könnte mir vorstellen, daß gerade die jüngere, fetischorientierte Klientel weniger auf eine Autorität »abfährt« als vielmehr auf ein fesches Äußeres, aber ich denke mir, daß gerade bei der traditionellen Klientel ein etwas reiferes Alter doch mehr von Vorteil ist.*

Lady Dana: Mit Sicherheit. Ich kannte eine der dienstältesten Dominas – die heute nicht mehr tätig ist – in Stuttgart; diese Dame hat bis zu ihrem letzten Tag eine Wahnsinnsresonanz in ihrem Studio gehabt, mehr als jede junge Domina.

Rüdiger Happ: *Die Jugend informiert sich sehr stark über das Internet ...*

Lady Dana: Genau!

Rüdiger Happ: *Ich könnte mir vorstellen, daß bei einem altetablierten Studio wie diesem hier die traditionellen Werbemittel, als da wären Mundpropaganda oder gedruckte Zeitschriften wie der Domina-Führer, eine wichtigere Rolle spielen als die Website.*

Lady Dana: Mit Sicherheit. Ich für meinen Teil bräuchte überhaupt keine Werbung mehr zu machen, da es für mich sehr schwierig ist, überhaupt noch neue Gäste anzunehmen.

Rüdiger Happ: *Aus Termingründen?*

Lady Dana: Aus Termingründen.

Rüdiger Happ: *Tja – da kann ich mich ja direkt glücklich schätzen, daß ich zur Stammklientel gehöre! (fröhlich)*

Lady Dana: Genau! *(fröhlich)*

Rüdiger Happ: *Aber das überleg ich mir, ob ich den Satz 'rausschneide! (lacht) – Ich hoffe, es geht nicht zu weit, wenn man sagt, daß die Website des »Instituts Cora«[31] bisher zwar sehr professionell gestaltet war, aber des öfteren nicht funktionierte und auch nicht allzu schnell repariert wurde, so daß sich der Gedanke unwillkürlich aufdrängte, daß hier andere Werbemittel eine höhere Bedeutung hatten.*

Lady Dana: Wir machen eben diese Werbung im Internet, weil alle Studios sie machen – um eben auch genauso »up to date« zu sein –, aber

---

[31] www.institutcora.com. *Der Verleger und Interviewer*

definitiv haben die Dominas, die in meiner Altersklasse arbeiten, ihre Klientel, und werben eigentlich nur noch ... *(denkt kurz nach)*

Rüdiger Happ: *... um Präsenz zu zeigen?*

Lady Dana: ... um Präsenz zu zeigen, genau!

Rüdiger Happ: *... und weil vielleicht doch mal einer von den alten Stammgästen wegbricht, wie ich das gelegentlich gehört habe ...*

Lady Dana: ... oder vielleicht mal ins Ausland geht, zurückkommt und seine Domina sucht, und dann weiß der ganz genau und ganz schnell, wo er sie zu finden hat.

Rüdiger Happ: *Lady Dana, könnten Sie sich vorstellen, auch privat mit einem devoten Mann zusammenzuleben, oder wäre das nichts für Sie?*

(Lady Dana räuspert sich; Interviewer lacht leise)

Lady Dana: Im privaten ... – nein, das wäre nichts für mich.

Rüdiger Happ: *Ich weiß aus Ihren früheren Erzählungen, daß Sie einen Haussklaven hatten, mit dem Sie auch ... relativ gewagte Dinge gemacht haben.*[32]

Lady Dana: Mit dem hab ich nicht zusammengelebt – war aber 'ne sehr angenehme Geschichte, da wir SM übers Studio hinaus betrieben haben. Er war für Putzdienste in meinen Privaträumen zuständig, zuständig für Einkäufe und sonstige Botengänge für mich und hat dafür bei mir zu Hause mit dem Teppichklopfer dann abends seine Abreibung bekommen. Es war mir möglich, ihn im Sklavengeschirr putzen zu lassen; zusammengelebt habe ich mit ihm aber nie.

Rüdiger Happ: *Lady Dana, wie ist rein äußerlich Ihr Idealbild eines Sklaven? Sie sagten einmal: nackt, muskulös, kahlgeschoren, in Ketten gelegt?*

Lady Dana: So sehe ich das Idealbild eines Sklaven! – Wichtiger ist für mich die Psyche eines Sklaven. Was für mich das allerwichtigste ist: daß diese Sklaven eine soziale Bindung haben, sprich: einen Arbeitsplatz – und daß sie auch in ihrem Privatleben etwas mit sich anzufangen wissen ...

---

[32] z. B. ihn über Nacht im Wagen der Herrin im Parkhaus in Stuttgart zu lassen, mit den Händen ans Lenkrad gekettet. *Anmerkung des Interviewers und Verlegers*

Rüdiger Happ: *... also nicht allein auf 24/7-Sklaverei fixiert sind ...* **Lady Dana:** ... nicht allein auf mich fixiert sind ... *(Interviewer und Lady reden durcheinander, fallen einander ins Wort)*

Lady Dana: 24/7-Sklaven – das ist 'ne sehr schwierige Angelegenheit, die eigentlich ungefähr in höchstens zwei Prozent aller Fälle funktioniert, um nicht zu sagen: fast gar nicht.

Rüdiger Happ: *Und dieser Idealsklave – der müßte dann auch auf den Rohrstock stehen oder auf andere Dinge stehen?*

Lady Dana: Was ganz wichtig für mich ist, ist, daß der Sklave eben im Studio meinen Fetisch teilt. Ich möchte mich nicht wegen eines Haussklaven, für den ich sowieso schon psychisch und physisch die Verantwortung habe ... – Ich als Domina denke sowieso, man hat sehr viel Verantwortung für diesen Menschen. Deswegen rate ich auch immer allen Dominas: Bitte nur einen Haussklaven – den richtig! – und nicht drei, die dann irgendwie in Vergessenheit geraten oder in psychische Probleme geraten. Für mich wichtig ist, daß er meinen Fetisch teilt. Ich kann mich nicht ...

Rüdiger Happ: *Mit Fetisch meinen Sie jetzt ganz allgemein das ganze Spektrum oder irgend etwas Spezielles?*

Lady Dana: Irgend etwas Spezielles. Dinge, die ich nicht mag, die sollte er auch nicht als Fetisch sehen.

Rüdiger Happ: *Damit Sie sich nicht genötigt fühlen ...*

Lady Dana: Würde ich nie tun!

Rüdiger Happ: *... ihm zuliebe das machen zu müssen.*

Lady Dana: Die Haussklaven gibt es nicht, wo ich mich nötigen lassen würde, ihnen zuliebe etwas zu tun.

Rüdiger Happ: *Schließlich gibt es genügend Auswahl.*

Lady Dana: Ganz genau. Aber sehr viel schlechte auch. Es gibt wenig gute Haussklaven. Die meisten guten Haussklaven sind ein Leben lang bei ihrer Herrin. Mein Haussklave ist seit 16 Jahren bei mir im Dienst.

Rüdiger Happ: *Lady Dana – wie sehen Sie die Zukunft der SM-Szene, der privaten und vor allem natürlich der Studiowelt? Wie wird sie sich wahrscheinlich entwickeln?*

Lady Dana: Also ich denke, das wird sich sehr stark trennen, die ganze Geschichte. Die Dominas, die sehr viele Jahre ihre Stammgäste haben – auf deutsch gesagt: die mit ihren Stammgästen alt geworden sind –, werden wahrscheinlich immer überleben können. Studios, die neu aufmachen, Dominas mit »no name«, die nicht bekannt sind, werden wahrscheinlich irgendwann wieder in der Versenkung verschwinden ...

Rüdiger Happ: *Ist es nicht in jedem Geschäftszweig so, daß es viele »Newcomer« gibt und sich nach einigen Jahren die Spreu vom Weizen trennt?*

Lady Dana: Doch, bestimmt, das ist auch in anderen Bereichen so, aber ich denke, daß im SM-Bereich die heutige Klientel durch diese ganzen Fetischgeschichten schon unheimlich gesättigt ist, durch diesen ganzen Input von außen – eben diese Internetgeschichte und diese sonstigen Sachen ... Also ich kann mir vorstellen, daß solche Jungdominas, die sich auch an dieser Gästeklientel orientieren oder eben auch nur diese Praktiken im Studio praktizieren wie diese Fetischgeschichten, daß die irgendwann wahrscheinlich – da ist es eben die Sache der Jugend! – älter werden, und dann sucht dieser Proband oder dieser Gast sich einfach dann die nächste, die wieder sehr jung ist und die wieder diese Fetischgeschichte mit ihm durchlebt.

Rüdiger Happ: *Könnte das Internet, könnte die mediale Sättigung nicht auch dafür verantwortlich sein, daß Gäste mehr noch als früher mit unrealistischen, übertriebenen Vorstellungen ins Studio kommen?*

Lady Dana: Das könnte genauso sein – aber die wahrscheinlich nie praktiziert werden dürfen, denn sonst würde der Gast vom Glauben abfallen, wenn's dann wirklich so wär ...

Rüdiger Happ: *Sie meinen, weil er sich wie üblich als zu hart einschätzt und es dann nicht verträgt?*

Lady Dana: Ganz genau. Ich hatte gestern einen Gast – Flagellant –, der auf Parties geht, der mir gestern gesagt hat, die Parties würden ihn unheimlich langweilen, da er wirklich einer von denjenigen ist, einer, der diesen

Rohrstock braucht und erträgt und haben möchte. Er hat mir gesagt, auf diesen ganzen Parties – hat er den Eindruck – sind nur noch Möchtegern-SMler, die irgendwie aufgeplustert mit tollen, schicken Fetischklamotten herumlaufen, und passieren tut nichts. Der Rohrstock völlig daneben, die ganzen Sessions dort sehen nur noch aus wie Möchtegern. Ihn hat es gelangweilt, er ging dann wieder nach Hause, da für seinen Fetisch nichts dabei war.

Rüdiger Happ: *Da sind meine Beobachtungen etwas anders. Was man auf Parties hauptsächlich sieht, ist ein bißchen Angebunden- und Durchgehauenwerden.*

Lady Dana: Auch langweilig.

Rüdiger Happ: *Richtig, das ist so – aber das kommt ja doch immerhin in die Nähe dessen, was der erwähnte Gast wollte. Was mich an Parties halt stört, ist, daß oft nicht die Ruhe da ist, daß zuviel Zuschauer da sind, um ein Rollenspiel wirklich machen zu können; oder man stelle sich vor, daß drei Paare drei unterschiedliche Rollenspiele in demselben Raum absolvieren – das wäre ja so, als liefen gleichzeitig drei verschiedene Fernsehprogramme ...*

1986 veröffentlichte Tomi Ungerer sein Buch »Schutzengel der Hölle«, in dem er etliche Dominas porträtierte, vor allem aus Hamburg. Diese Hamburger Dominas sprachen bereits damals von einem Wandel ihrer Klientel weg vom klassischen Flagellantismus und hin zu einer breiteren und auch irgendwie »softeren« Fetischorientierung. Anscheinend war Hamburg hier der Vorreiter einer Entwicklung, die später ganz Deutschland erfaßte. Auch die private SM-Szene in Form von SM-Stammtischen und Parties hat sich dort ja einige Jahre früher entwickelt als an den meisten anderen Orten.

Lady Dana: Natürlich. Es gab in Hamburg auch die ersten Dominas, die »Stiefelfrauen« auf der Herbertstraße – da wußte Stuttgart wahrscheinlich noch gar nicht mal, was 'ne Domina ist ...

Rüdiger Happ: *Die gab es dort wahrscheinlich schon in den 60er Jahren ...*[33]

---

[33] In Stuttgart gab es um 1987 ein Nebeneinander von auf der Straße arbeitenden »Stiefelfrauen« und »richtigen« Studios ... *Der Verleger und Interviewer*

Lady Dana: Ja. Da sind die Gäste, die damals 70 Jahre alt waren, nach Hamburg gepilgert – weil es sonst nichts gab –, um sich von den Stiefelfrauen den Hintern versohlen zu lassen!

Rüdiger Happ: *Mit anderen Worten: Wir können hier wahrscheinlich konstatieren, daß es diese anderen Neigungen – mehr fetischorientiert, »TV«[34] oder »Erwachsenenbaby« – wahrscheinlich auch schon gegeben hat, daß dieser Wandel in Hamburg aber nur deswegen früher stattgefunden hat, weil sich die Leute dort schon früher trauten, zu ihren wirklichen Neigungen zu stehen.*

Lady Dana: Ganz genau – und da sie dort ja auch fremd waren. Der Gast wurde ja dort überhaupt nicht erkannt, der war von Stuttgart, von anderen Städten, fuhr nach Hamburg zu irgend 'ner Stiefelfrau, die auf der Herbertstraße war. Also war die Geschichte noch sehr viel anonymer.

Rüdiger Happ: *In Hamburg ist also eigentlich nur etwas früher offen zum Vorschein gekommen, was im verborgenen schon immer und überall existierte?*

Lady Dana: Wir brauchen uns ja nur an das Buch »Venus im Pelz« zu erinnern ...

Rüdiger Happ: *... wobei das ja nun wieder eher die traditionelle flagellantische Klientel anspricht, die konventionelle Sklavenrolle. Gibt es eigentlich auch ältere Gäste, Stammgäste, die selber in sich diesen Wandel tragen, d. h. die im Laufe der Jahre auf einen anderen Geschmack gekommen sind?*

Lady Dana: Viele meiner Gäste – was mir heute auffällt –, die früher den Rohrstock geliebt haben und bei denen 90 Prozent des Studioprogramms nur über den Rohrstock lief, haben auch ihren Fetisch etwas geändert. Sie haben ihr Spektrum auf Klinikum, auf TV-Erziehung, auf sonstige andere Fetische erweitert, wo »der Rohrstock« nur noch 'ne kleine Rolle spielt, vielleicht 'n bißchen am Anfang oder 'n bißchen zum Schluß mit eventuell zehn Hieben, aber darüber hinaus haben die ihren Fetisch auch geändert oder ihre Neigung auch verlagert, im Alter.

---

[34] Transvestit, Crossdresser. *Der Verleger und Interviewer*

Rüdiger Happ: *Lady Dana – Sie haben uns über den Wandel der SM-Szene in den letzten 20 Jahren Interessantes berichtet. Vielen Dank für dieses Interview!*

Lady Dana: Hab' ich gerne gemacht. Schönen Tag noch, Rüdiger!

Nach dem Abschalten des Kassettenrekorders redeten wir in lockerer Atmosphäre noch ein bißchen über alles – darüber, wie prunkvoll die Studios in Stuttgart 1987 ausgestattet waren, wesentlich opulenter als heute, z. B. in einer großen, freistehenden Villa, mit Möglichkeiten, einen Sklaven mit einem Flaschenzug meterweit hochzuziehen ... bis die Stadt Stuttgart, der die Villa gehörte, entdeckte, daß es lukrativer war, sie mit Asylbewerbern vollzustopfen ...

Nicht nur die Studios waren damals prunkvoller, auch die Gäste waren offenbar solventer. In den üppigen 80er Jahren, so hatte mir Lady Dana früher einmal erklärt, hätten die Gäste noch das Geld gehabt zu experimentieren, mal zu dieser Lady zu gehen, mal zu jener. Das habe in den 90er Jahren ihren Beobachtungen nach weitgehend aufgehört ... Bei einer anderen Gelegenheit, so um 1995/96, erklärte sie mir mal, ihre Gäste zerfielen in zwei Gruppen: Die einen seien ganz normal verheiratet und gingen ab und zu – mit Billigung ihrer Frau oder heimlich – ins Studio, um ihren ganz speziellen Fetisch auszuleben; die andere Hälfte der Gäste lebe solo und habe sich so sehr in ihren Fetisch verrannt, daß sie nicht mehr zu einem normalen Fick in der Lage sei. (»Ich habe mich selten so geschämt wie damals, als eine Frau hierher kam in dem Glauben, hier seien Männer, die sie nehmen könnten, und dann war keiner dazu in der Lage. Und dann haben mir alle Männer hinterher immer nur gesagt: ›Ach Lady Dana, wir wollen doch gar keine Frau mehr, wir wollen nur unseren Fetisch ausleben ...‹« In der Tat hört man diese Klage gelegentlich von dominanten Frauen, daß ihre Männer nur noch zum Sex in der Lage seien, wenn man sie mit ihrem Fetisch reize ...). Das dürfte wohl eines der Dinge sein, die sich über die Jahre hinweg nicht geändert haben ...

Vor allem aber sprachen wir über das Bäumchen-wechsel-dich-Spiel in der SM-Szene, speziell bei den Stuttgarter Studios – wie sie gegründet wurden, blühten und vergingen, welche Lady wann von welchem Studio in welches andere ging, wie sie fusionierten und auseinandergingen, wie alles anfing ... Lauter Dinge also, über die ich mich hier im einzelnen leider nicht auslassen kann und möchte – zumal es mir auch im Kopf recht wirr wurde und ich mir gar nicht mehr alle Details merken konnte ... Hab ich noch was vergessen? Ach ja: Die Substanz, mit der Sie – nach gründlichem »Vorwärmen« durch leichte Schläge – Ihren Hintern einreiben sollten, damit Sie möglichst viel aushalten, ist Vaseline. Vaseline – nicht vergessen! Ohne die gibt's keine 500 Hiebe :-)

Rüdiger Happ, Verleger und Interviewer

Ins Röckchen gezwungen
von Glynis Dunnit und Rüdiger Happ
Frauen, die die Hosen anhaben; Männer in Schürzchen, Röckchen und unterm Pantoffel ... Zusätzlich Erlebnisberichte und Briefwechsel
3. Auflage – 172 Seiten – ISBN 978-3-9806104-3-8 – 15,- €

9 ½ Wochen
Roman von Elizabeth McNeill
Eine Frau fällt in eine immer tiefere Hörigkeit zu einem dominanten Mann. Die Romanvorlage zum Film – stand lange auf dem Index
2. Auflage 2003 – ISBN 978-3-9806104-1-4 – 160 Seiten – 15,- €

Morgendunkel
Alpenglühen in der Lederhose, unterm Dirndl wird gejodelt ...
... und andere heitere und ernste SM-Stories von Alexandra Schumacher und Rüdiger Happ
ISBN 978-3-936708-49-3 – 176 Seiten – 16,- €

Die Fremde
von Kay Kolmar
In der Begegnung mit dem dominanten Arzt Jerzy findet die Schriftstellerin Anna den Weg aus ihrer Schaffenskrise ...
ISBN 978-3-936708-09-7 – 114 Seiten – 13,50 €

FOX – wenn du verlierst, bist du Freiwild
von Cagliostro
Schöne neue (Medien-)Welt im Jahr 2012: Francine läßt sich aus Geldnot für eine Fernsehshow halbnackt durch die Straßen der Großstadt jagen
ISBN 978-3-9806104-7-6 – 160 S. – Format 22 x 27 cm – 16,50 €

Orgien für Anfänger
Ein Ratgeber von Arne Hoffmann
Dreiersex – Swingerclubs – Gang Bang – Erotikdiscos – Partnertausch – freie Liebe
ISBN 978-3-936708-48-6 – 168 Seiten – 16,- €

Windeln, Stöckchen, strenge Gouvernanten
von Pampersboy
Umsorgt, gefangen und bevormundet in Laufstall, mit Schnuller und in vollen Windelhöschen ...
ISBN 978-3-9806104-6-9 – 124 Seiten – 15,- €

My dark side
von Cat von M
24 Kurzgeschichten (meist maledom) einer talentierten österreichischen Autorin
ISBN 978-3-936708-01-1 – 160 Seiten – 16,80 €

Im Banne der Gräfin
von Henri Arradon
Eine launische, reiche Gräfin peinigt ihren Diener mit einem Wechselbad aus Fürsorglichkeit und Grausamkeit ...
ISBN 978-3-936708-02-8 – 112 Seiten – 13,50 €

Die Briefe der Lady S.
von Henri Arradon
Eine dominante Frau gibt einer unerfahrenen Freundin briefliche Anweisungen zur »Behandlung« ihres neuen Sklaven
ISBN 978-3-936708-08-0 – 116 Seiten – 13,50 €

DAS da wird dir Manieren beibringen!
von Neosteel, R. Happ u. a.
In Stahl gefaßte Männlichkeit – von IHR zur Keuschheit verdammt, wird er ganz brav ...
ISBN 978-3-936708-38-7 – 2. Auflage – 164 Seiten – 16,- €

Gynopolis – Stadt der dominanten Frauen
von Cagliostro
Macht korrumpiert: In der Stadt der dominanten Weiblichkeit läuft einiges anders, als die Hochglanzprospekte versprechen ...
ISBN 978-3-936708-10-3 – 288 Seiten – 20,- €

Apollonias Welt
Roman von Simone Maresch
In der unterirdischen Gegenwelt der absolut dominanten Frauen beginnt es zu kriseln ...
ISBN 978-3-936708-14-1 – 174 Seiten – 18,- €

Lustvolle Unterwerfung
Ein Ratgeber von Arne Hoffmann
Ratgeber für »SM-Einsteiger«, der das Wissen erfahrener »Szeneleute« kompakt zusammenfasst
ISBN 978-3-936708-11-0 – 194 Seiten – 18,- €

Don Juans letzter Flirt
Kurzgeschichten von N. N. Parker, Cagliostro u. a.
In die Falle gelockt, überrascht, versklavt – 13 »hardboiled short stories«, »Film noir« in Buchform
ISBN 978-3-936708-31-8 – 184 Seiten – 17,70 €

Des Widerspenstigen Zähmung
von R. Happ, Didi und Woschofius
»Halte auf Knien um meine Hand an!« – Geschichten und Bilder rund um den schönsten Tag des Lebens ...
ISBN 978-3-936708-18-9 – 212 Seiten, 32 Bilder – 16,60 €

Walters neue Welt
Fünf erotische Erzählungen von Why-Not
Das hätte sich Walter nicht träumen lassen, daß eine Flucht so ganz und gar unmöglich sein würde ...
ISBN 978-3-936708-34-9 – 172 Seiten – 17,- €

Fetish Art
Ein Bildband von Sibil Joho
Fetischkunst in Farbe und Schwarzweiß – Kunstdruckpapier
ISBN 978-3-936708-33-2 – DIN-A 4 – 118 S., 59 Abb. – 20,- €

Marterpfahl Verlag – Postfach 8 / Firstbergstr. 2 – 72147 Nehren